재일동포

서울대학교 사회과학연구원 사회과학연구총서 04

재일동포

초판 1쇄 발행 2018년 8월 25일
초판 2쇄 발행 2019년 12월 5일

지은이 정진성
펴낸이 오세정
펴낸곳 서울대학교출판문화원

출판등록 제15-3호

주소 (08826) 서울시 관악구 관악로 1
대표전화 02-880-5252 | **팩스** 02-888-4148
도서 주문 02-889-4424, 02-880-7995
이메일 snubook@snu.ac.kr
홈페이지 www.snupress.com

ISBN 978-89-521-1999-5 94330
978-89-521-1815-8 (세트)

서울대학교 사회과학연구원
사회과학연구총서 04

在日 재일동포 同胞

정진성 지음

서울대학교출판문화원

Koreans in Japan

Chung, Chin-Sung

Seoul National University Press

발간사

서울대학교 사회과학연구원 사회과학연구총서는 서울대학교 사회과학대학 여러 전공 교수들의 저서 집필을 지원하는 것을 기본적인 목적으로 한다. 특히 '출판해 내지 않으면 죽는다(publish or perish!)'라는 말처럼 대학에서 정년을 보장받고 살아남기 위해서는 빨리 많은 수의 논문을 생산해 내야 한다는 성과주의가 판치는 학계 풍토에서 보다 긴 호흡으로 사회과학의 학술적 연구를 수행하여 전문연구서의 형태로 결과물을 출판할 수 있도록 돕자는 취지가 중요하다.

이 책 『재일동포』는 저자가 평생을 통해 관심을 가지고 연구해 온 재일동포 문제를 다룬다. 주지하다시피 저자는 인권과 여성 분야에서 평생 왕성한 연구와 책임 있는 실천을 병행해 온 한국의 대표적인 지성이다. 이번 재일동포 연구는 재일동포 호칭에 대한 기본적 논의에서 시작하여, (저자가 30년도 더 전인 박사학위논문을 쓸 때 관심을 가지게 된 주제인) 일제강점기 조선인 이주 노동자에 대한 사회구조적 분석, 해방 후 남북한 분단의 역사를 통하여 전개되어 온 재일동포사회의 여러 주요 변화의 양상에 대한 역사사회학적 고찰, 최근 도쿄 신오쿠보 코리아타운을 중심으로 나타나는 뉴커머의 형성과 변화에 대한 전망에 이르기까지 복합적인 재일동포사회 역사를 전체적으로 조망하는 소중한 학술적 업적이다. 동시에 이 연구는, 머리말에서 "우리 역사의 중요한 한 부분이 여기 이렇게 살아 흘러가고 있다는 사실을,

아직도 그 역사의 무게를 온몸으로 받으며 버티고 있는 사람들을 알려야 한다는 마음의 짐 같은 것"이라고 표현하듯이, 재일동포에 대한 저자의 깊은 관심과 애정의 결과라 할 수 있다.

의미 있는 이 책에 이어 아직 호흡을 고르고 있는 다른 연구들도 곧 사회과학연구총서로 출판될 수 있기를 바란다.

서울대학교 사회과학연구원장
김의영

머리말

지난 2017년 9월 1일 보건복지부는 한국에 거주하는 한국적 재일동포 자녀들이 특별영주자격[1]을 포기하지 않고도 영유아보육료제도의 혜택을 받을 수 있게 되었다고 발표했다. 이상한 일이 아닌가. 한국 국적자인데 왜 그동안은 그 복지혜택을 못 받았던 것일까? 귀화하지 않고 사는 재일동포들이 일본에서만 제도적 차별을 받는 줄 알았다. 다른 한편 9월 13일 도쿄에서는 최근 일본에서 시작한 고교무상화 혜택에서, 재일본조선인총연합회(총련 또는 조총련)이 경영하지만 한국적 학생의 비율이 높은 조선학교만 제외된 데 반대하는 소송이 제기되었다.[2] 서울에서는 조선적(朝鮮籍) 재일동포의 한국 입국을 허용하라는 시위가 벌어지고 있다. 이렇게 재일동포는 우리 근현대사의 모순이 가장 집약적으로 응축된 부분이다.

필자가 재일동포의 문제를 접한 것은 지금으로부터 30년도 더 전인 박사학위논문을 쓸 때이다. 한국과 대만의 식민지화로 인한 사회구조 변화를 당시 주요 사회발전론으로 논의되었던 세계체제론의 관

---

1 일제강점기에 일본에 가서 계속 거주하며 일본 국적을 취득하지 않은 재일동포와 그 자녀들에게 일본 정부가 부여한 자격이다. 자세한 내용은 이 책의 제5장 참조.

2 히로시마에서는 패소했지만 오사카에서는 승소했다. 계속 최고법원까지 승소가 이어질지에 대해 그다지 낙관적이지 않은 이 소송에 한국 내 시민단체들도 응원을 보내고 있다.

점에서 비교한 논문이었다.[3] 두 나라에 대한 일제의 상이한 정책의 결과가 여러 형태로 나타났는데, 그중 하나가 식민지 조선으로부터의 대대적인 일본 이주였다. 대만으로부터의 이주는 거의 없는 것과 대조적이었다. 해방 후 귀국하지 못하고 남은 65만 명 정도의 사람들이 그 후 어떻게 되었는지 늘 궁금했다. 일본에서 연구년을 보낼 때, 또는 학회나 대학 간 교류 프로그램 등으로 일본을 갈 때마다 재일동포사회를 관찰할 기회를 찾았으나, 재일동포사회를 이해하는 일은 정말 어려웠다. 더욱이 그것을 분석하여 연구논문으로 압축하는 것은 필자에게 불가능해 보였다. 그럼에도 관심만으로 점점 더 애정이 생기고 일종의 책임감마저 들게 되었다. 우리 역사의 중요한 한 부분이 여기 이렇게 살아 흘러가고 있다는 사실을, 아직도 그 역사의 무게를 온몸으로 받으며 버티고 있는 사람들을 알려야 한다는 마음의 짐 같은 것 말이다.

특히 남북한 분단은 재일동포사회의 모든 고통의 줄기와 같다. 식민지 조선에서 일본으로 온 사람들은 해방 후 갑자기 두 집단으로 분리되고 남북한 관계가 가장 먼저 깊이 투사되는 곳이 되었다. 이들의 국적과 정체성, 호칭, 민족교육 등 모든 것에 남북분단의 그늘이 드리워 있다. 통일은 이들의 문제를 풀기 위한 첫 단계이다. 필자는 적어도 남북 관계의 그림자 아래 늘 재일동포사회가 존재한다는 사회적 자각이 이루어져야 한다고 생각했다. 아직도 재일동포사회의 극히 적은 부분밖에 알지 못하지만 그동안 조금씩 써 놓았던 글을 모아 출판하기로 결심한 것은 이런 마음과 생각들의 결과였다.

재일동포는 세계 대부분의 소수민족집단과 다른 특수성을 가지고 있다. 일제강점기에 도일하거나 해방 직후 밀항한 사람들과 1965

---

3 Chung(1984). 이와 관련된 내용은 이 책의 제3장에 요약했다.

년 한일국교정상화 이후 일본에 입국한 사람들로 크게 구분된다. 두 집단 사이에 20년의 공백이 있다. 특수성을 나타내는 집단은 물론 식민지의 역사성과 남북분단의 모순이 얽혀 있는 전자이지만, 이런 이질적인 두 집단의 존재 자체가 후자 집단에도 큰 영향을 미치고 있다. 이 책은 이런 복합적인 재일동포사회를 전체적으로 조망하고자 했다.

먼저 제1장에서는 재일동포 호칭을 중심으로 재일동포사회의 구성을 전반적으로 보여 주고 있다. 다음에 이어지는 일제강점기와 해방 후 동포사회의 형성과 분화에 관한 논의에 기반이 되는 내용이므로 서장의 성격을 가진다. 동포사회의 집단에 따라 '재일조선인', '재일한국인', '재일한국조선인', '재일', '재일코리안', '재일동포' 등 여러 호칭들이 아직도 사용되며, 재일동포사회의 역사성과 현재성, 민족과 국가를 표상하고 있다. 일제식민지화와 남북한 분단의 상황으로 인한 현상이다. 이 책에서는 전체적으로 '재일동포' 호칭을 사용하면서, 때에 따라 '재일조선인', '재일한국인'도 병용한다. 이어지는 장들에서 참고할 재일동포 수, 귀화, 북송 등의 통계들은 될 수 있는 대로 이 서장에서 포괄하고자 했다.

이후 내용은 크게 일제강점기와 해방 후의 상황으로 구분해서 제1, 2부로 나누었다. 제1부인 제2-4장에서 다룬 내용은 일제강점기의 사회구조적 조건의 변화에 따라 대량 이주가 발생한 상황을 분석한 것으로서, 특히 같은 일본의 식민지였음에도 일본으로의 이주가 거의 발생하지 않은 대만과의 비교분석을 포함했다. 필자는 물리적 거리의 차이 외에 사회구조적 조건의 차이를 보다 근본적인 요인으로 보았다. 일본이 식민지들을 경제적으로 통합하면서 조선에서는 쌀단작을, 대만에서는 쌀과 사탕수수 생산에 집중했다. 대만에서는 사탕수수 생산을 둘러싸고 여러 산업이 발전하였으며 여기에 노동력이 흡수되었다는 것이 이 책의 분석이다. 주로 농촌에서 이주한 조선인들은 대부분 일본 대도시 공장지역과 탄광에서 노동자로 일했으며 이들의 조직운동은 엘리트 중심의 정치운동과 맞물리며 발전하였다. 일제강점기 조선인들의 이주는 경제적 동기에서 이루어진 임시이주의 성격이 강하여 제사나 명절을 지내기 위해 자주 귀국했다. 여기 실은 통계들은 주로 일본 정부 보고서를 참고하여 산출한 것이다.[4] 억압적 상황을 최소화한 통계라고 이해할 수 있을 것이다.

제2부는 해방 후의 상황이다. 탈식민이 이루어지지 않은 상태에서 남북한 분단의 조건이 덧입혀진 재일동포사회가 분화하는 모습을 고찰하고자 했다. 해방 직후 200만 명에 달한 재일조선인들은 필사적으로 귀국을 시도했다. 이에 성공하지 못한 사람들이 현재의 재일동포들이다. 하카타, 시모노세키 등지에서 귀국선을 기다리다가 결국 배를 타지 못하고 생계를 위하여 다시 일하게 된 사람들의 흔적이 그곳들에 남아 있다. 북한으로 귀국하고자 한 사람들도 결국 일본에 남게 되었다. 1959년부터 1985년까지 진행되었던 재일동포 '북송'은 그들을 일본에서 몰아내고자 한 일본 정부가 적십자사 본사 및 일본 적십자사, 총련 적십자사 등의 손을 빌려 벌인 것이다. 재일동포들의 국적(한국적/조선적)도 이들을 일본에서 내보내려 한 일본 정부와 남북한 분단 현실, 한일 관계 및 북일 관계가 주조한 것이다. 제2부의 첫 장인 제5장은 이러한 해방 후의 재일동포 상황을 설명하고 이들의 정체성이 민족과 국가의 틀에서 어떻게 형성되었는가를 분석했다.

재일동포사회에서 조선적, 한국적이란 국적은 사실상 무의미할지 모른다. 같은 커뮤니티 안에서 처음 다같이 '조선적'을 부여받았다가 한국적으로 바꾼 사람들이 늘어난 것이었기 때문이다. 그러나 이 국

---

4 일본 내무성 경보국(警保局)에서 발행한 『사회운동의 상황(社會運動の狀況)』에 실린 여러 정부기관의 보고서를 참고했다.

적이 중요한 곳이 재일본대한민국민단(민단)과 총련이다. 재일동포사회 속의 국가와 같은 것으로서 각기 남북한 정부와 긴밀한 관계를 맺어 왔다. 따라서 민단-총련 관계는 남북 관계와 양 정부의 성격에 예민하게 영향을 받아 왔다. 동포사회는 일본에서의 정주 경향이 명확해지면서 민단이나 총련에서 점점 떨어져 나왔지만, 여전히 벗어났다고는 할 수 없다. 제6장에서는 해방 후 민단-총련 관계를 추적하면서 재일동포사회의 변화를 파악해 보았다.

5세에 이르도록 귀화하지 않고 재일동포사회를 지키고 있는 사람들의 버팀목 같은 것이 민족학교이다. 일제강점기부터 재일동포들은 일본에서의 민족교육에 대한 열망이 있었으며 그것은 해방 후 민족학교 설립으로 연결되었다. 1970년대 정주의식이 고착되면서 민족학교 열기는 수그러들었으며 최근 그 숫자는 해가 다르게 줄어들었지만, 여전히 민족학교 없이 재일동포사회를 설명하는 것은 불가능하다. 해방 직후 민족학교가 좌파 조직에 의해 체계적으로 설립된 데다가 1955년 총련 설립으로 크게 확대되었으므로 민족학교 대부분이 '조선학교'이다. 조선학교는 처음부터 국적에 상관없이 동포를 받아들인 까닭에 한국적 동포가 과반인 곳이 대부분이다. 이곳에서 학생들은 모국어로 한반도의 역사를 배우고 평양으로 수학여행을 간다. 도대체 이 학생들의 정체성은 어떤 모습으로 형성되어 가고 있을까? 한국학교도, 한국적 동포들이 새롭게 시도하고 있는 민족학교들도 조선학교와 마찬가지로 통일 지향이 절실하다. 제7장에서 재일동포 민족교육의 전체적인 모습을 그려보았다.

마지막으로 제8장에서 도쿄 신오쿠보 코리아타운을 중심으로 뉴커머의 형성과 변화를 추적했다. 재일동포사회의 다른 한 부분을 이루며 그 수가 점점 더 늘고 있는 뉴커머(new comer)가 있다. 노동을 위해 오사카와 도쿄에 근접한 가와사키, 고토부키초 등지로 이주한 사람들이다. 그들은 초국적 노동이주의 전형을 이루며 일본의 저변노동을 점하고 있지만, 올드커머와의 연계를 통해 입국한 경우가 많으며 그들과의 독특한 관계가 지속되고 있는 점에서 특수성도 지니고 있다. 유학생과 사업을 위한 이주자들도 늘어나면서, 도쿄 신오쿠보 지역에 코리아타운이 형성되었는데, 이곳은 2000년대 들어 확산되고 있는 한국 혐오 시위의 대상이 되기도 한다. 새로운 코리아타운의 형성은 새로운 형태의 동포사회를 전망하게 하는 상징적인 일이다.

재일동포사회의 복잡하면서 깊은 내면을 필자는 아직도 다 이해했다고 말할 수 없다. 더욱이 그것을 표현하기에 이 책은 너무도 부족하다. 그러나 식민지 역사와 남북한 분단이 교차되는 모순 속에서 긴 시간을 살아온 의미 있는 사회적 존재에 대한 감동이 조금이라도 전달되었으면 좋겠다. 그리고 이들의 존재를 통해 탈식민과 탈분단의 절실함을 우리 사회가 깨닫게 되기를 소망한다.

마지막으로 부족한 글을 모아 한 권의 책으로 출판하게 된 계기를 만들어 준 서울대학교 사회과학연구원과 출판을 흔쾌히 맡아 준 서울대학교출판문화원에 깊이 감사드린다. 오래된 원고에서 일일이 연도와 통계수치의 정확성을 검토해 준 서울대학교 박사과정생 다무라 후미노리 군과 곽귀병 군, 재일동포의 감으로 전체 원고를 처음부터 읽어 주며 여러 제안을 해 준 김태식 박사에게 감사의 마음을 전한다. 무엇보다도 필자의 두서없는 대화 시도에 성의를 다해 임해 준 재일동포 모든 분께 필자의 따뜻한 마음을 전하고 싶다.

2018년 4월
정진성

차 례

제1부 일제강점기 재일동포사회의 형성

제2부 해방 후 재일동포사회의 분화

在日

제1장

재일동포의 호칭과 구성

同胞

I. '재일-'을 둘러싼 호칭들의 경합

재일한인 또는 재일동포, 경우에 따라서는 재일한국인으로 불리는 사람들[1]은 일본에 거주하는 한반도 출신의 사람들로서, 일본 국적을 취득한 사람, 한국 국적을 가진 사람, 조선적[2] 사람들을 모두 포함한다. 영어로 한다면 한국 출신 이주자라는 의미의 '코리안 인 재팬(Koreans in Japan)'으로 간단하고 명확하게 표현될 수 있는 이들의 호칭은 재일한인, 재일동포, 재일한국인 외에도 재일조선인, 재일한국조선인, 재일조선한국인, 재일, 재일코리안(コリアン), 재일교포 등 다양하게 나타난다. 이들 명칭에서 '재일'은 공통적이라는 점에서 볼 때, '코리안'을 어떻게 부르는가에 따라 차이가 나타난다는 것을 알 수 있다.

코리안으로 표상되는 것은 때로는 국가이고 때로는 민족이다. 재일한국인과 재일한국조선인, 재일조선한국인은 확실히 '한국'이라는 국가의 이름을 붙여 부르는 명칭이다. 그러나 재일조선인만 해도 이 호칭에서 조선이 북한이라는 국가를 의미한다고 믿는 사람, 분단 이전의 통일조국을 뜻한다고 생각하는 사람, 또는 조선반도라는 지역을 의미하는 것으로 보는 사람이 있는 것처럼 '조선'은 다양한 의미를 상상하게 한다. 그리고 재일동포와 재일교포는 남북한 사람들의 입장에서 같은 민족임에 근거한 호칭이지만, 주로 일본에서 사용되는 재일과 재일코리안은 재일한인의 존재 자체에 주목하면서 이 모든 국가와 민족이라는 측면을 지운다.

근대국가 형성 후에 이루어진 이주는 대부분 출신국가의 이름으

1 이하 특별한 구별이 필요한 경우를 제외하고는 이들을 아우를 때 '재일동포'라는 명칭을 사용한다.

2 일본 정부는 조선적은 국적이 아니며, 여기서 조선은 국명이 아니라 조선반도를 뜻한다고 설명한다. 이에 대해서는 제3장에서 부연할 것이다.

로 이주자들을 부르는 것이 보통이다. 일본에 거주하는 미국인, 영국인 등등이다. 다른 한편 우리는 해외에 거주하는 사람들을 별 문제 없이 동포 또는 교포로 부른다. 예를 들어 재미동포, 재중동포 등등이다. 그렇다면, 왜 하필 '재일-'의 경우에는 이주자들의 호칭이 때로는 국가를, 때로는 민족을 표상하거나 혹은 둘 다를 지워 버리는 형태로 나타나는 것일까? 그리고 이 호칭을 둘러싼 혼란은 왜 여전히 계속되고 있는 것일까?

이와 같이 다양한 호칭 속에서 민족과 국가가 표상되는 방식은 식민지 이후 한반도를 둘러싼 정치적·역사적 조건들과 결부되어 있으며, 각각의 호칭이 담고 있는 그와 같은 역사성을 고려하지 않고서는 호칭들의 경합이 갖는 현재적 함의를 살펴보기 어렵다. 정치적·역사적 조건들은 한국과 일본 사회가 이들의 존재를 어떻게 표상하는지뿐만 아니라 당사자들이 자신의 정체성을 이해하고 위치 짓는 자기해석의 과정과도 무관하지 않다. 이에 먼저 재일동포 등의 호칭을 둘러싼 갈등의 지점과 쟁점들을 살펴보고, 이것이 어떠한 역사성을 갖는지 재일동포 당사자, 한국과 일본의 정부와 사회, 관련 연구자들이 이들에게 부여하는 호칭들을 통해 알아보기로 한다.

이 책에서는 잠정적으로 '재일동포'라는 호칭을 사용할 것인데, 남북으로 분단된 국가의 이름을 아우르고, 분단을 넘어 통일을 지향하며, 우리나라 이름을 영어로 부르는 것도 피하고 싶은 동기에서이다. 호칭에 나라 이름이 명기되어 있지 않아 사실상 우리 한국인 사이에서만 통용될 수 있을 것 같지만, 영어 표현 'Koreans in Japan'을 사용할 수 있고, 일본어로도 재일동포라고 하면 한국인과 조선인을 통칭하는 한반도 출신자로 이해되는 것 같다. 재일동포 호칭의 역사성과 정당성에 관해서는 한일 양국 정부, 사회, 연구자 세 집단의 호칭 사용에 관한 논의 후 결론적으로 재점검할 것이다.

연구의 방법은 재일동포 관련 선행 연구들에 대한 문헌 분석, 그리고 신문 및 학술지에 나타난 재일동포 등 명칭의 등장 빈도와 추이를 양적으로 분석하는 것이다.[3]

II. 재일동포 호칭 혼란의 배경

재일동포 호칭과 관련해 혼란을 일으키는 지점들, 즉 민족과 국가의 명칭을 둘러싼 혼란이 초래된 역사적·사회적 배경은 무엇일까?

첫째, 일제의 강점과 분단으로 한국 국가의 명칭에 혼란이 발생하였다는 점이다. 한국은 근대국가를 지향하면서 '조선'에서 '대한제국(한국)'으로 국명을 바꾸었지만 얼마 되지 않아 일본의 제국주의를 거치면서 식민지 '조선'으로 불리게 되었다. 해방 후에는 북쪽에 '조선민주주의인민공화국(조선)', 남쪽에 '대한민국(한국)'이 건국되었지만, 남북은 각기 국가의 정통성을 주장하면서 서로의 국가 명칭을 인정하지 않고 있다.

그렇다면 현재의 국적에 따라 한국 국적은 한국인, 북한 국적은

3 주된 분석 대상 및 자료와 연구방법은 다음 표와 같다.

분석 대상	주요 자료 및 연구방법
재일동포	연구물
일본 정부	정부간행자료
일본 사회 일반	신문기사 검색
일본 연구자	국립정보학연구소 정보제공서비스(CiNii) 검색
한국 정부	국회도서관, 외교부 홈페이지 검색
한국 사회 일반	『조선일보』 기사 검색
한국 연구자	학술연구정보서비스(RISS) 통합검색

조선인으로 재일동포의 출신을 표현하면 되는 것일까? 하지만 그것은 분단 이전의 역사로 거슬러 올라가면 그리 간단한 문제가 아니다. 한국은 현재의 대한민국뿐 아니라 대한제국의 이름이기도 하고, 조선은 일제강점기 국명이지만 현재 북한 국명이기도 하기 때문이다. 게다가 조선은 한반도 전체를 의미하기도 한다. 일제강점기 재일동포들이 조국을 떠나올 때 분단된 남한과 북한은 존재하는 나라가 아니었다.

따라서 이러한 긴장은 둘째 배경, 한국 근대사의 굴곡과 함께 이루어진 복잡한 재일동포 이주의 역사와 그에 따른 국적의 분화와도 연결된다. 대부분 소수민족집단이 거주국에 입국한 시기에 따라 집단의 구조가 형성되었으나, 재일동포의 경우에는 국적에 따라 단절되는 몇 개의 집단이 존재하는 위에, 각기 다른 입국시기에 따른 구성이 더해져 그 구조가 더욱 복잡하다. 현재 일본에 거주하는 동포들의 대다수는 일제강점기 일본이 1차 세계대전 특수를 맞았을 때부터 '조선'에서 직업을 찾아 이주해 온 사람들과 2차 세계대전기에 강제 연행된 사람들을 1세대로 하여 형성된 집단에 뿌리를 두고 있다. 해방 후 한국의 정치적 · 경제적 불안으로 인하여 대규모 밀항이 이루어졌다. 북한은 일본과의 국교단절로 새로운 이주를 형성하지 않았지만, 한국의 경우 20년의 공백 후인 1965년 일본과의 국교수립 후 일련의 변화 과정을 겪으며 활발한 이주를 계속해 왔다. 일본에서는 재일동포들을 일제강점기에 이주한 올드커머, 공백기를 거쳐 1965년 이후 이주한 뉴커머로 나누어 부르기도 한다(그림 1-1 참조).

그렇다면 이 경우에는 현재의 국적이 아닌 이들이 이주할 당시의 나라 이름에 따라 각기 '재일조선인', '재일한국인'으로 부르면 되는 것일까? 이 역시도 앞서 언급한 국명의 변화 때문에 혼란을 초래할 수 있다. 더욱이 올드커머 재일동포는 다시 크게 한국 국적과 조선적 및 일본 국적으로 나뉘며, 조선적 재일동포는 심정적으로 북한 정

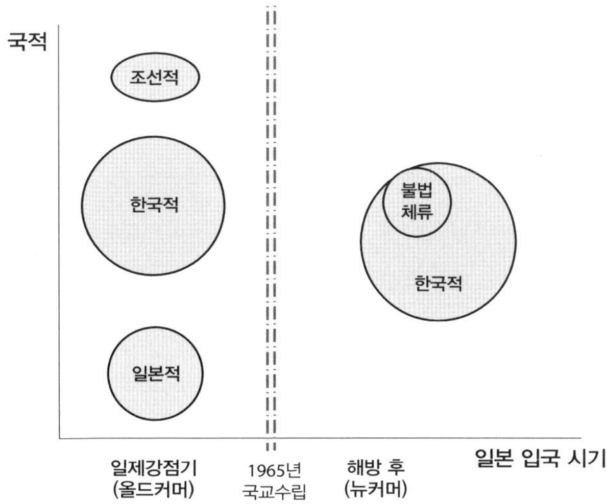

〈그림 1-1〉 재일동포의 구성

체성을 갖는 사람들과 분단 이전의 통일조국을 생각하는 사람들[4]의 다소 이질적인 두 집단으로 나뉘며, 한국적 동포도 마찬가지로 몇 개의 다른 집단의 구분이 나타나고 있다(제5장 참조). 이주 당시의 국적에 따른 분류 역시 마찬가지의 혼란을 가져오는 것이다.

셋째, 국적에 따른 분류가 어려운 또 다른 이유이자 가장 주목해야 할 지점은 대다수 재일동포들이 3, 4세대에 이르도록 일본 국적을 취득하지 않은 채로 살아가고 있다는 사실이다. 세계 대부분의 이주자는 한두 세대에 걸쳐 곧바로 현지 국적을 취득하기 때문에 출신국이나 출신지역, 민족명으로 별 갈등 없이 불린다. 예를 들어 일본계 브라질인, 베트남 출신 한국인 등등이다. 이와 비교할 때, 일제강점기에 이주한 조상으로부터 이루어진 2, 3, 4세대의 한국 국적, 또는 조선적 사람들의 민족적 정체성은 매우 복합적이고 예민하다는 것은 어렵

4 무국적이라고 표현하기도 한다.

지 않게 짐작할 수 있다. 이러한 분위기에서 귀화한 재일동포들의 입지 역시 간단치 않다. 1947년 일본 정부의 방침에 따라 외국인 등록을 하고 국적란에 '조선'을 기입한 후, 한국 국적으로 바꾼 사람들, 북한에 자신의 정체성을 두고 있는 사람, 떠나올 때의 조국 조선을 자신의 국적으로 생각하는 사람들 등 수많은 재일동포들은 귀화하지 않고 한국적, 조선적을 유지하고 있다. 이러한 사실들이 이들을 지칭하는 명칭들을 둘러싼 복잡한 지형을 만들어 내고 있는 것이다.

마지막으로 일본 사회의 폐쇄적 특수성 역시 재일동포의 귀화를 가로막으면서 명칭 혼란의 배경으로 작동한다. 앞서 논의한바, 대부분의 소수민족집단과 달리, 재일동포들이 일본 국적을 취득하지 않고 남북한 국적을 유지하는 것 역시 일본 사회의 폐쇄성과 직결되어 있다. 국적과 민족정체성을 동일시하는 존재양식은 식민지라는 역사적 경험뿐 아니라, 아시아에 대해 흡수와 배제의 이율배반적인 의식이 공존하는 근대 이후의 일본 민족주의와 그 두 가지 대응 방식이 교차하며 만들어 낸 일본 사회의 대아시아 인식, 대한국인 정책으로 인해 규정된 것이라고 볼 수 있다. 1980년대 후반 이후 외국인의 급격한 증가와 다문화·다민족사회화의 추세 속에서 재일한국인/조선인의 양적 비중이 감소하고 있는 중에,[5] 오히려 재일한국인/조선인 집단의 존재양식은 일본 사회의 성격을 반영하고 있다. 이것은 일본의 다민족사회로의 자기 방향 설정에 중요한 지표를 제기하는 것으로서, 새삼 사회과학적 분석의 대상이 되고 있다. 재일한국인/조선인 문제는 이렇게 한국 현대사의 맥락과 함께 일본 사회, 특히 일본 민족주의의 변화 과정 속에 위치하고 있다. 일본 사회는 단일민족의 신화가 사

5 1950년 재일외국인의 90% 이상을 점했던 재일한국인/조선인은 1999년에 이르러 40%로 감소했다.

람들의 정신에 내재해 있고, 민족주의 또는 국가주의의 역사가 근대를 통해 강화되어 현재에도 중요한 사회적 현상으로 나타난다. 이러한 분위기에서 한국을 비롯한 아시아 타국민에 대한 일본 사회의 차별은 상당한 수준이다. 때문에 많은 재일동포는 '귀화는 곧 동화'라고 생각하며 자신들의 정체성을 지키고자 하는 심리적 동기가 강화되는 경향이 있고, 이것이 이들의 귀화를 막는 한 요인으로 작동한다.[6]

여기서 잠시 재일동포의 입국과 이후 밀항, 귀화 등에 관해 간단한 통계를 살펴보자. 〈표 1-1〉과 〈그림 1-2〉에서 볼 수 있듯이, 재일동포의 수는 강제연행이 대규모로 이루어졌던 일제 말기에 최고 규모를 보인 후, 해방 후 밀항과 북송, 뉴커머 이주, 자연 증감 및 귀화 등의 요소들이 상쇄되면서 55-60만 명 정도의 비슷한 규모로 유지되고 있다. 일제강점기 조선 내 이농의 증대와 도시의 산업화 미비라는 조건에서 일본의 공장과 탄광으로의 이주가 본격화된 것은 일본에서 1차 세계대전 특수로 노동력 수요가 늘어나기 시작한 때이다. 이주가 계속되는 중에 1939년부터 강제연행이 더해져 재일동포 수가 크게 늘어났다.

해방 직후 일본 정부와 연합군 최고사령부(SCAP: Supreme Commander of Allied Powers)의 한국인 귀국방침에 따라 재일한국인은 대개 귀국했으나, 이때 여러 이유로 귀국하지 못한 사람들이 재일동포 집단을 형성하였다. 그중 한 집단은 귀국을 위한 최소한의 경비를 감당할 수 없었던 계층으로, 특히 이동이 힘든 최하층 빈민가족이었다고 보인다. 그 반대 집단은 귀국 시 휴대 가능한 화폐와 짐이 극히 제

6 재일동포 3-4세를 면담한 김숙자(2007: 31-32, 41)에 따르면, 그들은 "남이든 북이든 민족을 나타내는 국적이라면 상관없다. 그러나 일본 국적은 싫다", "일본이 식민지 역사를 사죄하고 국적을 자유선택하게 되었을 때 (귀화를) 생각해 보겠다"고 말했다.

〈표 1-1〉 일본 외국인등록법상의 한국적 · 조선적자의 수(1911-2016)

(단위: 명)

연도	명수	연도	명수	연도	명수	연도	명수
1911	2,527	1938	799,878	1965	583,537	1992	688,144
1912	3,171	1939	961,591	1966	585,278	1993	682,276
1913	3,635	1940	1,190,444	1967	591,345	1994	676,793
1914	3,542	1941	1,469,230	1968	598,076	1995	666,376
1915	3,917	1942	1,625,054	1969	607,315	1996	657,149
1916	5,624	1943	1,882,456	1970	614,202	1997	645,373
1917	14,502	1944	1,936,843	1971	622,690	1998	638,828
1918	22,411	1945	1,115,594	1972	629,809	1999	636,548
1919	26,605	1946	647,006	1973	636,346	2000	635,269
1920	30,189	1947	598,507	1974	643,096	2001	632,405
1921	38,651	1948	601,772	1975	647,156	2002	625,422
1922	59,722	1949	597,561	1976	651,348	2003	613,791
1923	80,415	1950	544,903	1977	656,233	2004	607,419
1924	118,152	1951	560,700	1978	659,025	2005	598,687
1925	119,870	1952	535,065	1979	662,561	2006	598,219
1926	143,798	1953	575,287	1980	664,536	2007	593,489
1927	165,286	1954	556,239	1981	667,325	2008	589,239
1928	238,102	1955	577,682	1982	669,854	2009	578,495
1929	275,206	1956	575,287	1983	674,581	2010	565,989
1930	298,091	1957	601,769	1984	687,135	2011	545,401
1931	311,247	1958	611,085	1985	683,313	2012	530,046
1932	390,543	1959	619,096	1986	677,959	2013	519,737
1933	456,217	1960	581,257	1987	676,982	2014	501,230
1934	573,695	1961	567,452	1988	677,140	2015	491,711
1935	625,678	1962	569,360	1989	681,838	2016	485,577
1936	690,501	1963	573,537	1990	687,940	2017	484,267
1937	735,689	1964	578,545	1991	693,050		

자료: (1911-2013년) 민단 홈페이지(www.mindan.org/kr/shokai07.php, 검색일: 2017년 11월 18일).
(2014-2017년) 일본 법무성, 「재류외국인통계」(http://www.moj.go.jp/housei/toukei/toukei_ichiran_touroku.html).

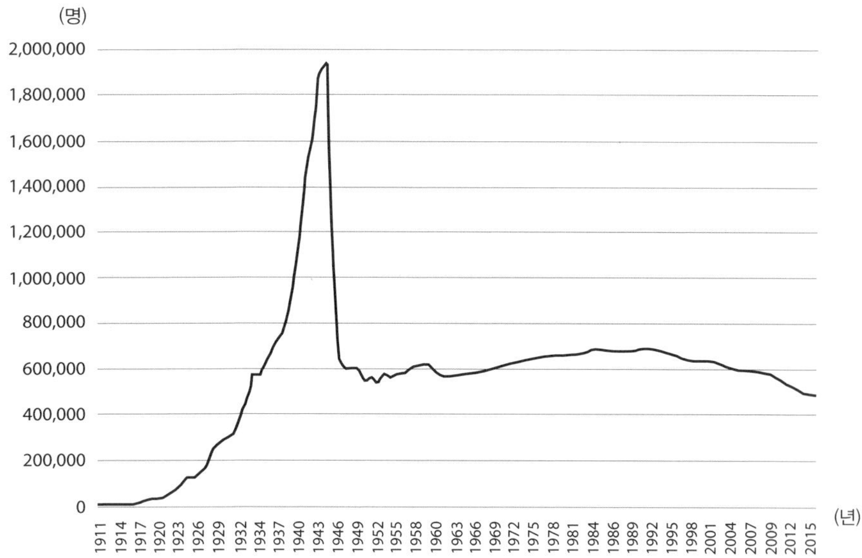

〈그림 1-2〉 재일동포 인구추이

*〈표 1-1〉의 수치를 그래프로 나타낸 것임.

한되어 있었던 관계로[7] 이 시기의 귀국을 잠시 보류했던, 다소 여유가 있던 계층이다. 한국의 심각한 경제난은 이들의 귀국을 더욱 지체시켰다. 또 한 집단은 북한으로의 귀환이 원칙적으로 봉쇄되어 있던 상황에서 북한 귀국을 희망했던 사람들이다. 1946년 3월 18일에 연합군 총사령부가 집계한바, 귀국희망 신고자 중 1.5%인 9,700명이 북한으로의 귀국을 희망했으며, 그 수치는 1953년의 재일한국인 출신지별 통계에서 북한 지역 출신이 점한 1.5%와 일치하고 있는 사실로 보아(진희관, 1999: 91-92) 기본적으로 이들은 북한 출신의 한국인이라고 볼

7 연합군 최고사령부는 귀국 시 1천 엔 이하의 통화와 250파운드 이내의 화물만을 가지고 귀국할 수 있게 했다(SCAP, 1946: 236).

수 있다.[8]

해방 직후, 한국의 정치적 불안과 치안 문제, 전염병 등의 혼란 때문에 한국에서 일본으로 밀항하는 사람이 적지 않았다. 밀항자에는 일제강점기에 일본에 살다가 귀국한 사람뿐 아니라 새롭게 일본으로 밀입국한 사람도 포함된다. 제주 4·3사태와 한국전쟁 시기에 특히 많았으며 제주도민이 80% 이상을 점하는 것으로 추정된다. 밀항은 1965년 공식 일본 입국이 가능해질 때까지 계속되었지만 정확한 통계는 없다(권혁태 외, 2017). 이렇게 밀항하여 강제출국을 당하지 않고 정착하게 된 사람들은 일본에서 여러 수단을 통해 영주자의 법적 지위를 획득하여 살았던 것으로 보인다.[9]

한편 일제강점기 재일동포 이주는 대부분 경상도, 제주도, 전라도 등 남쪽 지역에서 이루어졌지만, 사회주의 사상의 확산에 따라 북한으로의 귀국을 희망하는 사람들이 늘어났다. 그러나 해방 후 남북 분단으로 인해 남한으로의 귀환만이 허용된 상황에서 북송은 재일동포의 귀환을 바랐던 일본의 외무성, 적십자사와 북한 정부 및 총련의 합작으로 만들어졌다.[10] 북송을 둘러싸고 남북한 정부, 민단-총련 및 재일동포 시민사회의 갈등이 증폭되었다. 북송한 동포들의 비참한 실상[11]과 북송 가족을 둔 동포들의 어려움(박경남, 2016) 등으로 인해 재

8 1946년 12월 19일 미소 간의 "소련지구 인양에 관한 미소협정에 의하여 북한에 잔류 중인 일본인의 송환과 연계하여" 북한으로의 귀국이 추진되었으나 전반적인 악조건 속에서 351명만이 북한으로 귀국했다(정인섭, 1996: 29).

9 죽은 가족의 신분증에 자신의 사진을 붙여 신분을 위장하거나, 관료에게 돈을 주고 신분증을 만드는 등의 방법을 사용했다. 자세한 내용은 윤건차(2016) 참조.

10 북한 정부와 조총련의 활동결과라고만 알고 있던 북송에 대하여 일본 정부와 적십자사의 치밀한 계획, 그리고 세계적십자사의 협력이 결정적이었다는 최근의 연구결과는 충격적이다(스즈키, 2008).

11 자본주의의 영향이 전파된다 하여 정치범수용소에 가게 된 경우가 많이 알려져 있다. 그러나 다른 한편 안정된 결혼생활을 하고 있는 사람도 적지 않다고 한다(재일

〈표 1-2〉 재일동포 북송 현황(1959-1985)

연도	횟수	인원수	세대수	연도	횟수	인원수	세대수	연도	횟수	인원수	세대수
1959	3	2,942	781	1968				1977	2	180	103
1960	48	49,036	12,460	1969		중단		1978	1	150	52
1961	34	22,801	6,696	1970				1979	2	126	
1962	16	3,497	1,402	1971	7	1,378	485	1980	1	40	
1963	12	2,567	1,157	1972	4	1,002	589	1981	1	38	
1964	8	1,822	815	1973	3	704	328	1982	1	26	
1965	11	2,255	1,046	1974	3	479	245	1983	0	0	
1966	12	1,860	855	1975	3	379	199	1984	1	30	
1967	11	1,831	873	1976	2	256	148	1985	0	0	
								합계	186	93,399	28,234

자료: 민단 통계(http://www.mindan.org/kr/shokai07.php, 검색일: 2017년 11월 18일).

일동포 북송은 지금까지도 끝나지 않은 남북분단의 비극이 되었다(표 1-2 참조).

일본 국적 취득(귀화)은 1950년대 이후 차츰 증가하다가 1995년 이후 매년 1만 명 수준으로 유지되었다. 그 후 2005년부터 다시 줄어들기 시작하여 2010년대 들어서는 5천 명 선을 유지하고 있다(표 1-3 참조). 이를 통해 아직도 수 세대를 거쳐 조선적, 한국 국적을 유지하고 있는 사람들이 엄청난 규모로 존재한다는 것을 알 수 있다. 앞서 언급한 대로 전후 일본에서 귀화는 곧 민족정체성의 포기를 의미한다고 여겨지는 사회분위기였기 때문에, 일본 사회에서 30-40만에 달하는 귀화자들의 흔적은 찾기 힘들다.[12] 일본명을 사용하며 '실체는 일

동포 김숙자와의 면담, 2016. 11, 도쿄).

12 귀화자들은 오사카에 본부를 두고 있는 '成和클럽'이라는 모임을 만들어 교류하고 있으나 별다른 활동은 없는 것으로 알려졌다.

〈표 1-3〉 재일동포 귀화자 수(1952-2012)

(단위: 명)

연도	귀화자 수	연도	귀화자 수	연도	귀화자 수	연도	귀화자 수	연도	귀화자 수
1952	232	1965	3,438	1978	5,362	1991	5,665	2004	11,031
1953	1,326	1966	3,816	1979	4,701	1992	7,244	2005	9,689
1954	2,435	1967	3,391	1980	5,987	1993	7,697	2006	8,531
1955	2,434	1968	3,194	1981	6,829	1994	8,244	2007	8,546
1956	2,290	1969	1,889	1982	6,521	1995	10,327	2008	7,412
1957	2,737	1970	4,646	1983	5,532	1996	9,898	2009	7,637
1958	2,246	1971	2,874	1984	4,608	1997	9,678	2010	6,668
1959	2,737	1972	4,983	1985	5,040	1998	9,561	2011	5,656
1960	3,763	1973	5,769	1986	5,110	1999	10,059	2012	5,581
1961	2,710	1974	3,973	1987	4,882	2000	9,842		
1962	3,222	1975	6,323	1988	4,595	2001	10,295		
1963	3,558	1976	3,951	1989	4,759	2002	9,188		
1964	4,632	1977	7,261	1990	5,216	2003	11,778		
								합계	349,199

자료: 민단 통계(http://www.mindan.org/kr/shokai07.php, 검색일: 2017년 11월 18일).

본인에 가까우면서도 형식은 외국인으로 존재하는 재일한국·조선인의 모순'(坂中英德, 1999: 4)은 귀화라는 자기결단을 넘어서는 일본 사회 전체의 자기변화를 수반하는 문제인 것이다.

이들이 일본에 거주할 수 있는 법적 지위는 이들의 이주 시기와 국적에 따라 각기 다르다. 여러 과정을 거쳐 현재는 일제강점기에 이주한 사람들과 그들의 자손들(한국적, 조선적 모두 포함)에게 특별영주자격이 주어져 있으며,[13] 그 밖에 한일 수교 후 한국 국적을 가지고 일

13 올드커머 중 특별영주자가 아닌 사람들(밀항자 출신이며 지금도 '정주자'라는 자격으로 사는 경우 등)도 있다.

본에 입국하여 정착한 사람들은 일반영주자격을 가지고 있다(법적 지위에 대해서는 제5장 참조). 이 복잡한 구성을 가진 채 수 대에 걸쳐 귀화하지 않은 재일동포를 부르는 여러 호칭들이 경합하는 것은 당연한 일인지 모른다. 이러한 상황에서 재일동포를 부르는 호칭은 남북한 국가에 대한 친밀도와 이주 시기, 그리고 일본 사회와의 정서적 거리 등에 따라 다르게 표현되는 것이다.

다음 절에서 크게 세 집단, 즉 첫째, 남북한 국가를 대변하는 재일동포 단체인 민단과 총련, 일반동포사회, 둘째, 일본 정부와 시민사회, 연구자, 그리고 셋째, 한국 정부와 시민사회 및 연구자로 나누어 재일동포를 어떻게 호명하는가를 검토해 보겠다.

III. 재일동포 자신의 호칭 사용

해방 직후 재일동포들은 일제강점기에 자신을 부르던 방식인 '조선인(朝鮮人, ちょうせんじん)' 그대로 자신을 호칭했다. 이것은 남북한 분단과 정부 수립 후, 여러 명칭으로 분화되어 갔는데, 이러한 분화를 남북한 정부와 밀착된 민단과 총련, 그리고 재일동포 일반으로 나누어 살펴보자.

1. 해방 직후 식민지 '조선'의 연속: '재일조선인'

앞서 살펴본 대로 이 시기 재일동포들은 일본 사회의 전반적인 인식의 맥락 속에서 대부분 '재일조선인'으로 자신들을 호칭했던 것으로 보인다. 해방 후 귀국하지 못하고 일본에 남은 재일동포들은 재류조선인대책위원회, 재일본조선인민거류동맹 등 300여 개의 단체를 결성했는데, 이러한 단체를 규합하여 전국적인 통일단체를 만들기 위해 1945년 9월 재일본조선인연맹(조련) 중앙준비위원회가 결성되었고, 이를 모체로 1945년 10월 조련이 정식으로 발족되었다.[14] 이때 재일(본)조선인이라는 용어가 이들 자신을 호명하는 데 사용되었다.

조련의 좌경화에 반대하여 새로운 단체를 설립한 중립 및 우파민족주의자들도 '조선'이라는 명칭을 사용했다. 조련의 결성에 반대하여 우파적 민족주의자들은 1945년 11월 16일 조선건국촉진청년동맹(건청)을 발족했고, 무정부주의계 및 민족주의적 중립파들도 1946년 1월 20일 신(新)조선건설동맹(건동)을 결성했다. 건청과 건동을 비롯한 군소 32단체들은 반공 우익진영의 결집체로서 1946년 10월 3일 재일본조선거류민단을 세웠는데, 이 단체는 1948년 대한민국 정부의 수립과 함께 재일본대한민국거류민단으로 개칭했다가, 1994년 재일본대한민국민단으로 다시 개칭하여 오늘에 이르고 있다.[15]

이와 같이 해방 직후부터 남북한 정부 설립 이전 시기, 재일동포들은 자신들을 재일조선인으로 호칭했다가, 1948년 이후 호칭이 분화되었다.

---

14 조련은 차츰 좌경화되어 1949년 일본 정부에 의해 해산되었는데, 이후 1951년 재일단체로서는 처음으로 친북적 입장을 공식 표명한 재일조선통일민주전선(민전)이 결성되었고, 1955년 친북한 단일 체제인 재일본조선인총연합회(총련)으로 재탄생되었다. 1950년 일본공산당 민족대책부가 조직한 조국방위원회(이후 조국방위대로 개편됨)는 총련 결성 후 해산되었다.

15 '재일본조선거류민단'은 1948년 8월 15일 수립된 대한민국정부로부터 1948년 9월 8일 재일동포의 유일한 공인 단체로서 인정받았다(민단 홈페이지 http://www.mindan.org/kr/ 참조).

2. 민단과 총련: '재일한국인', '재일조선인', '재일동포'

한국과 북한 정부와 각각 관련 있는 민단과 총련은 국가의 이름을 명확히 나타내는 재일한국인, 재일조선인의 명칭을 사용하면서, 동시에 두 단체 모두가 재일동포의 호칭을 함께 혼용하여 현재에 이르고 있다. 재일한국인과 재일조선인은 대한민국과 조선민주주의인민공화국이라는 국명과 직결되어 있는 것이다. 한편으로는 두 단체가 같은 민족임을 강조하는 재일동포라는 호칭을 공히 사용하고 있는 점이 매우 흥미롭다.

1978년 민단 중앙본부에서 발행하는 『차별백서』에서 "민단은 1948년 새롭게 시작할 때부터 '재일한국인의 권익옹호를 기한다'는 조항을 강령의 하나로 포함시켜 왔다"고 말하고 있는데, 민단 홈페이지에서는 같은 강령을 "재일동포의 권익옹호를 기합니다"라고 기술하고 있다. 민단 홈페이지에는 전체적으로 재일동포라는 용어가 더 자주 눈에 띈다.[16] 1981년 『차별백서』는 책 전체에서 재일동포와 재일한국인을 혼용하고 있다.

한편 총련은 단체명에 '재일본조선인총연합회'라고 명확히 명칭을 드러내고 있지만, 총련에서 발행하는 문서들에는 재일조선인과 함께 재일동포라는 용어가 더 많이 사용되고 있다. "재일조선인 운동과 동포들의 생활에서…", "70만 재일동포들의 자애로운 어버이이신…", "총련과 재일동포들을 현명하게 이끌어 주시는…" 등(재일본조선인총연합회, 1991)에서 이를 확인할 수 있다.

---

16 민단 홈페이지(http://www.mindan.org/kr/jigyo01.php, 검색일: 2017년 11월 18일. 2018년 민단 홈페이지의 개편으로 이하 이 책에서 참고한 민단 자료의 출처에 변동이 있을 수 있음을 알려 둔다).

요컨대 민단과 총련은 각기 한국과 조선이라는 국가 이름을 명확히 하면서도, 같은 민족이라는 점을 강조하는 재일동포라는 호칭을 공유하고 있는 것이다.

3. 재일동포사회에서 호칭의 분화

해방 이래 재일조선인으로 자신을 불러 왔던 재일동포 중 일부가 한국 정부 수립 후 재일한국인으로 호칭을 변경하기 시작했다. 이후 남북한의 분단과 그에 대한 인식에 따라 재일한국조선인, 재일조선한국인, 재일, 재일한조선인 등으로 그 호칭이 분화되어 갔다. 여기서 분화라고 함은 시기에 따른 단순한 변화가 아니라, 여전히 재일조선인 등의 명칭이 쓰이는 가운데 이러한 새로운 명칭들이 병렬적으로 사용되고 있다는 뜻이다. 재일동포 호칭 역시 시기와 관계없이 광범위하게 사용되고 있다.

이와 관련해서는 한 사람의 학자가 일생을 통하여 사용한 호칭을 살펴봄으로써 흥미로운 흐름을 포착할 수 있다. 1970년대부터 재일동포 연구를 했던 모모야마(桃山)대학 서용달 교수의 경우를 보면, 1970-1972년 재일동포, 1972-1977년 재일한국인, 1977-1992년 재일한국조선인(간혹 재일교포, 재일한국인, 재일동포도 사용)을 사용하다가, 1992년 9월 11일 일본 『마이니치 신문』에서 재일한조선인으로 통일할 것을 제창한 후, 계속 이 용어를 사용했다(徐龍達先生還暦記念委員會, 1993: 725-749).

한편 재일학자 강재언은 1996년에 출판한 책에서 재일, 재일동포, 재일조선인, 재일한국조선인 명칭을 같이 쓰고 있다(姜在彦, 1996). 이러한 경향은 최근 한국의 여러 대학에서 나온 재일동포를 다룬 재일동포 3, 4세들의 사회학, 인류학 분야 학위논문들에서도 나타난다.

필자가 참고한 석사학위논문 여섯 편을 보자. 「1990년대 이후 마당운동과 재일한국 · 조선인의 아이덴티티」, 「재일코리안과 일본 국적 취득문제」, 「총련계 재일조선인 커뮤니티와 조선학교」(본문에서 재일동포도 사용), 「재일조선인의 정체성과 국적」, 「재일본조선인총련합회의 노선전환에 관한 연구」(본문에서 재일동포도 사용), 「다문화공생 일본과 은폐되는 식민: 재일조선인 청년단체(KEY)의 활동을 사례로」 등이 그러하다.[17] 논문 작성자들이 2000년대 중후반 서울에 유학 왔으니 한국 국적을 소유하고 있는 재일동포 3, 4세의 젊은 학자들인데, 이들에게서 재일조선인, 재일한국조선인, 재일코리안, 재일동포 등의 명칭이 골고루 사용되고 있는 것이 발견되었다. 일본 내에서 재일동포 지식인들이 사용하는 호칭은 여기에 재일한국인, 재일 등을 더해서 보다 광범위하다.

재일동포 자신이 부른 호칭은 재일조선인에서 재일한국인, 재일한국조선인을 거쳐 재일코리안으로 변화하는 느슨한 흐름이 존재하면서도, 그 각각의 호칭이 나름의 입장에서 지속해서 쓰이고 있기도 하다. 그중 '재일동포' 호칭이 그 흐름과 입장들을 관통하면서 가장 자주 등장한다.

1) '재일조선인'과 '재일한국인': 민족 혹은 국가

재일조선인은 여전히 가장 널리 사용되고 있는 것으로 보인다. '재일조선인'은 일제강점기에 '조선'으로부터 일본으로 건너온 사람들과 그 후손이라는 의미를 담고 있는 것으로, 일본인도 한국인도 아닌 역사성을 지닌 존재(김겨레, 2009)라는 점을 부각시키고자 하는 호

17 분석에 사용된 논문들은 다음과 같다. 김요자(2004); 김광섭(2005); 손애경(2006); 김숙자(2007); 강철수(2008); 김겨레(2009).

칭이다. 그 역사성을 강조하기 위해 조선적에서 한국적으로 바꾼 사람들뿐만 아니라, 일본에서 태어난 젊은 세대들까지도 이를 광범위하게 사용하고 있다(서경식, 1998). '조센징'이라는 놀림과 차별을 기억하는 재일동포들은 바로 이 차별을 직시하기 위해 재일조선인이라는 호칭의 역사성에 주목한다. 서경식(1998)은 "일본 사회에서 '조센징'으로서 차별당해 온 우리는 그 부당함에 저항하고 자기 자신과 민족의 존엄을 되찾기 위해서야말로 감히 '조선인'이라고 칭해야 하지 않을까?"라고 주장한다.

'재일조선인'에서 '조선'이란 조선(민주주의인민공화국)이라는 국가가 아니라 조선 민족 전체를 가리킨다는 점은 이 용어를 사용하는 대부분의 사람이 동의하는 바이다. 그럼에도 여전히 북한이라는 국가와 혼동될 수 있다는 문제는 남아 있기 때문에 여러 다른 호칭들이 함께 사용되고 있는 것이다.

재일조선인 호칭만이 존재했던 상황에서 한국 정부의 수립과 함께 한국 국적자가 증가하면서 재일한국인 호칭이 병용되기 시작했다. 한국의 학술연구정보서비스(RISS)와 유사한 일본의 학술정보서비스인 국립정보학연구소 정보제공서비스(CiNii)에는 1952년에 처음으로 '재일한국인'이라는 호칭이 나타난다(권일천, 1952). 그러나 이때 '한국인'은 한국 국민만을 가리키므로, 매우 제한적으로만 사용되고 있는 것으로 보인다.

북일 관계가 재일동포사회에 미친 영향에 따라 재일조선인에서 재일한국인으로 바꾸어 사용하는 경우가 늘어난 상황도 주목할 만하다. 특히 북한이 일본인 납치를 인정한 이후 일본 사회의 북한에 대한 혐오감정이 조선요리점을 한국요리점으로, 재일조선인을 재일한국인으로 바꾸게 했다. 또한 한류의 확산도 이를 촉진했다.

2) '재일한국조선인': 분단 상황의 반영

'재일조선인', '재일한국인'이 남북한 국적에 따라 분리되어 적용되는 상황에서 이들을 포괄하는 용어로서, 그리고 남북한 분단의 상황을 극복하자는 의도에서 재일한국조신인 호칭이 제기되었다. 언제 어떤 계기로 이 새로운 호칭을 만들었는지에 대해서는 의견이 일치하지 않으나, 1970년대 초반인 것은 확실한 듯하다. 재일동포 교수 윤건차(尹健次, 2001)는 1973년 10월에 창간된 잡지 『계간 마당』에 '재일한국조선인'이 처음으로 등장했다고 말하는데, 노이리 외(野入直美 外, 2007)는 외국인 등록 시의 국적 항목이나 지자체의 행정용어로서 '한국조선'이 사용된 것이 일본 사회에 '재일한국조선인'이 정착된 계기라고 지적했다. CiNii에서 '재일한국조선인'이 처음 등장하는 것은 1975년 『세계(世界)』 잡지(宮田浩人, 1965)이며, 그 후 재일동포의 법적 지위나 인권 문제에 관련한 논문에서 이 호칭이 늘고 있다.

그러나 '재일한국조선인'에 대한 비판이 역시 제기되었다. 민족분단의 상황을 그대로 받아들인 호칭이라는 것으로, "일본 사회에서는 요즈음 '재일한국조선인'이란 기묘한 호칭이 정착해 가고 있다. 이것이야말로 바로 민족분단 상황의 반영인데, 당사자인 재일동포가 이러한 호칭을 아무런 의문도 없이 받아들이고 있는 현실이 개탄스럽다"고 비판받는다(서경식, 1998).

3) '재일', '재일코리안', '재일동포': 이주의 현재성

강상중(2004), 박일(朴一, 1999), 윤건차(尹健次, 2002) 등 대표적인 재일동포 학자들은 자신들을 '재일'로 부른다.[18] 서경식(1998)은 "'일본에

---

18 물론 재일조선인, 재일한국인 등을 함께 쓰기도 한다. 예컨대 윤건차는 『재일의 정신사(在日の精神史)』(2015)라는 책에서 제목에는 "재일"이라고 썼지만 본문에서는 재일조선인이라는 호칭을 쓰고 있다. 또한 이들에게 있어서 '재일'은 재일동포

살고 있는'이라는 상태를 기술하는 것에 지나지 않는… 애매함이 우리 민족과 일본 사이에 역사적이며 또한 현재적으로 존재하는 여러 가지 문제의 답답함을 덮어 버리기 때문인지 이 말도 빈번히 사용되고 있다"고 재일이라는 용어에 대한 입장을 설명했다.

앞서 언급한 CiNii에서 '재일코리안'이라는 표기가 처음 등장한 것은 1981년인데(田口純一, 1981), 1990년대 들어 그들의 정체성이나 민족성을 다루는 글에서 이것이 활발하게 쓰이기 시작했다. 한 젊은 재일동포 연구자는 재일조선인, 재일한국조선인이라는 어휘 자체가 갖는 불우함의 인상 때문에 '재일코리안'으로 자신을 부르게 되었다고 설명했다(김광섭, 2005).

앞서 살펴본 대로 민단과 총련에서 모두 재일동포라는 호칭을 사용하고 있는 것과 마찬가지로, 위 여러 호칭을 사용하는 재일동포들 스스로 '재일동포'를 동시에 쓰고 있는 경우가 많다. 예컨대 서경식(1996)은 "재일동포를 총칭해서 '재일조선인'이라고 부르기로 하겠다"고 말하면서 글 전반에서 '재일동포'와 '재일조선인'을 같이 쓰고 있다. 즉 '재일동포'를 다른 어떤 호칭의 경우에도 함께 사용될 수 있는 기본적인 용어로 보는 것이다.

IV. 일본의 재일동포 호칭 사용

식민지 강점과 함께 대한제국이라는 국호를 조선으로 바꾼 일본에서 지금까지도 한반도의 일반적 통칭은 조선이다. 북조선, 남조선이 널

자신을 가리키기도 하지만 재일동포라는 존재, 그들을 둘러싼 상태를 뜻하는 것이기도 하다.

리 쓰이다가 한국이라는 이름이 자리 잡기 시작한 것도 얼마 되지 않는다. 남조선이라는 말은 이제 거의 사라졌지만, '북조선'은 아직도 북한을 가리키는 용어로 많이 사용되고 있다. 그러니 재일조선인이 아직도 일본 사회에서 주류적인 통칭인 것이다. 이로부터 재일한국조선인, 재일조선한국인이 새롭게 부상하다가, 최근 '재일코리안'이 차츰 자리를 넓혀 가고 있다.

1. 일본 정부

일제강점기에 한국을 조선으로 부르던 일본 정부는 1947년 외국인등록령 시행규칙(1947. 5. 2) 별기(別記)등록신청서 양식 내 주의사항 제3호에 "국적란에 대만인 및 조선인은 대만 또는 조선으로 기입한다"고 설명했다.

1948년 한국과 북한 정부가 수립된 후 일본 정부는 '한국인'과 '조선인'을 분리하여 호칭하며, 함께 지칭해야 할 때는 한국·조선을 병렬하여 사용한다. 한국 국적을 가진 재일동포에 대해서는 재일한교, 재일한인을 거쳐 1965년 한일국교 수립 후부터 재일한국인으로 호칭을 정착시키고 있다. 한일 양국이 수립한 1951년 '재일한교 법적지위문제위원회', 1952년 체결한 '재일한인의 국적 및 처우에 관한 한일협정안'에서 한국적 재일동포에 대한 호칭이 재일한교와 재일한인이었다는 사실을 알 수 있다. 한국과 일본이 1965년 체결한 '대한민국과 일본국 간의 일본국에 거주하는 대한민국 국민의 법적 지위와 대우에 관한 협정'에서는 '일본국에 거주하는 대한민국 국민'으로 재일동포를 명명하고 있는데, 이 협정을 설명하는 일본 정부의 관료들의 글들에는 '재일한국인'이라는 용어가 일관되게 사용되었다.[19]

조선적 동포에 대해서는 특별한 호칭을 사용하고 있지는 않는 것으로 보이지만, 재류외국인 통계는 외국인 통계의 범주에서 한국·조선을 하나의 범주로 통합해 통계를 산출해 오다가 2015년 말부터 한국과 조선을 분리하기 시작했다(財團法人入管協會, 각 연도). 그러나 북한과 국교를 수립하지 않은 일본 정부의 입장에서 조선은 국명을 의미하는 것이 아니라 한반도를 의미한다. 최근 재일동포를 지칭할 때는 남북한 어느 한쪽을 명확하게 지칭하는 입장을 피하여, 재일한국조선인, 재일코리안 등의 호칭을 혼용하고 있다.

지방정부도 마찬가지 입장이다. 몇 가지 예를 들면, 재일한국인 집주지역의 하나인 가와사키(川崎)시의 한 보고서에서는 "전후부터… 재일한국조선인에 대한 민족차별철폐, 전후 보상 문제…"라고 쓰고 있으며(川崎地方自治研究センた, 1992: 2), 사카이(堺)시도 외국인 통계에 '한국 및 조선'을 한 범주에 넣고 있으나 여기서 조선은 국적이 아니라 조선반도 출신자를 가리킨다는 점을 명기하며, 이들을 지칭할 때는 '재일코리안'이라고 말하고 있다.[20]

요컨대 일본 정부는 식민지 조선이라는 역사적 실체를 기반으로 하면서도 그것이 현재의 조선민주주의인민공화국의 조선과 혼란을 일으킬 것을 염려하여, 한국조선인, 코리안 등 남북한을 포함하는 용어를 사용하고 있는 것이다.

---

19 당시 법무성 입국관리참사관이었던 다츠미 노부오(辰已信夫)는 「재일한국인의 법적지위협정과 출입국관리특별법」(『법조시보(法曹時報)』 18권 3호, 1966)을, 당시 입국관리소장 야기 마사오(八木正男)는 「재일한국인의 처우에 관하여」(『국제문제(國際問題)』 1965. 5)를 발표했다(정인섭, 1996).

20 "사카이시 국민보호계획개안에 관련하여 류코쿠대학 이수임 교수의 의견", 2006년 중 '…재일코리안이 지역에 뿌리내렸기 때문에 차별 등은 발생하지 않았다고 들었다'(堺市, 2006).

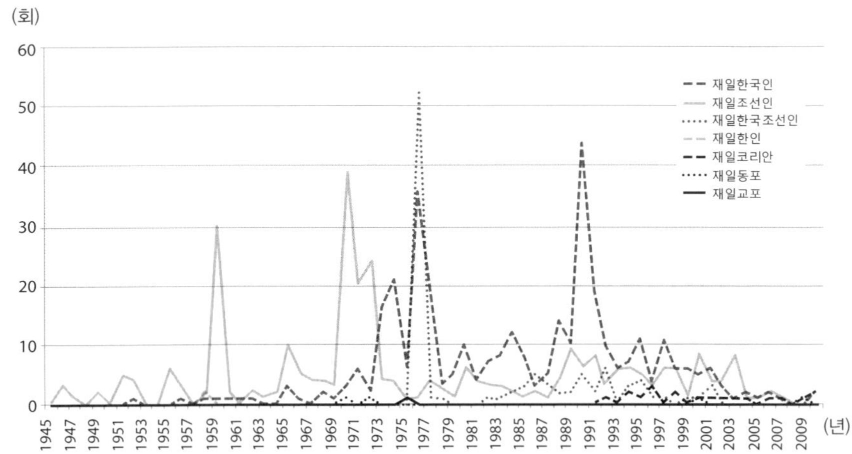

〈그림 1-3〉『아사히 신문』에 나타난 일본 사회의 재일동포 명칭 사용빈도

자료: (1945–1983) 문장(聞藏)II VISUAL『아사히 신문』 축쇄판.
(1984–2010)『아사히 신문』 데이터베이스(https://database.asahi.com/index.shtml).

2. 일본 사회 일반

남북한 관계에 예민한 일본 정부가 재일조선인이라는 용어를 피하는 경향이 일반 사회에서도 1970년대 이후 유사하게 나타나고 있다. 〈그림 1-3〉의『아사히 신문』 기사검색 결과는 그러한 경향을 잘 보여 주고 있다. 해방 후 압도적으로 사용되었던 '재일조선인'은, 1965년 한일협정 이후 '재일한국인'에게 자리를 내주기 시작하여 1970년대 들어서부터는 재일한국인의 사용빈도가 압도적으로 많아졌다. 1976년에 재일한국조선인/재일한국인 용어가 돌출한 것은 이 해 NHK 방송사에 한국어 강좌 개설을 요구하는 일본 국민의 서명운동이 일어난 것이 계기가 되어, 기사를 통해 명칭 등장 빈도가 많아진 데다가 관련 시리즈물이 게재되었기 때문이다.[21] '재일한국조선인'은 1976년 일시

21 NHK 한국어 방송은 강좌 명칭을 둘러싸고 '한국어'로 할지 아니면 '조선어'로 할지

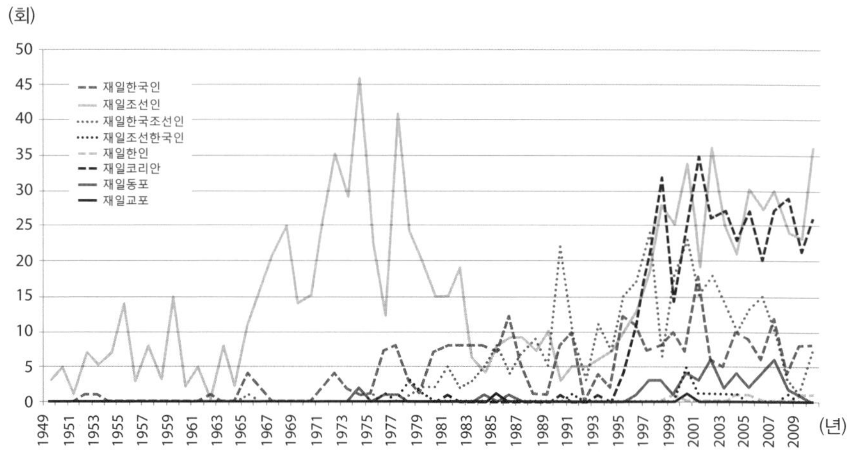

〈그림 1-4〉 일본 연구자들의 연구물 내 재일동포 호칭

자료: CiNii(http://www.cinii.ac.jp) 논문 검색.

적으로 두드러졌다가 재일동포들의 논의에 영향을 받으며 차츰 사라졌다. '재일한국인' 기사가 1991년 크게 증대한 것은 일본 외상의 한국 방문과 한일각서의 결착이 이 해에 이루어졌기 때문으로 해석할 수 있다.[22]

3. 연구자

일본 정부와 신문사는 한일 관계에 민감하게 반응하며 호칭 사용에

진통을 겪은 후 결국 8년 후인 1984년에 한국어도 조선어도 아닌 문자를 지칭하는 '한글 강좌'를 채택하고, 강좌명을 '안녕하십니까, 한글 강좌'로 하였다.

22 이 한일각서에 따라 '일본국과의 평화조약에 기인하여 일본의 국적을 이탈한 자 등의 출입국 관리에 관한 특례법'이 제정되어, 1965년 한일법적지위협정에서 재일동포 2세까지만 인정했던 영주권을 3세 및 그 이후까지 대대로 인정하게 되었으며, 조선적 동포도 여기에 포함하게 되었다. 이들을 특별영주권자라 부른다.

대한 입장을 취하는 데 반해, 일본의 연구자들은 재일동포 자신이 사용하는 호칭에 더욱 민감하게 대응하는 것으로 보인다. 앞서 언급한 CiNii를 검색해 본 결과, 대체로 재일조선인 용어가 해방 후 지금까지 전 시기를 통해 가장 많이 사용되는 것으로 나타났다(그림 1-4). 한국 정부 수립 후, '재일한국인'이 등장했으며, 한일수교 후 그 사용 빈도는 점차 늘어나서 이후 꾸준히 재일동포 연구에 등장하고 있다. '재일조선인', '재일한국인'보다 포괄적인 용어로 만들어진 재일한국조선인이 1970년대 중반 이후 연구자들 사이에도 등장하여 사용되기 시작했다(福岡正則, 1993). 이와 함께 아주 적은 빈도이지만 '재일조선한국인', '재일조선인한국인'을 사용하는 연구도 간혹 나타났다(福岡正則, 1993; 黑川洋治, 2007). 1990년대 재일코리안이라는 용어가 등장한 후 그 사용은 1990년대 중반 비약적으로 증가하여, 2000년대 들어서는 재일조선인과 함께 재일동포를 표상하는 대표적인 용어로 자리 잡고 있다. '재일한국조선인', '재일조선한국인'은 차츰 사라지고 있다.

V. 한국의 재일동포 호칭 사용

한국 사회에서 쓰이는 일반적인 호칭은 '재일동포', '재일교포'이다. 연구자들 중에도 재일동포 혹은 재일교포라는 호칭을 사용하는 사람들이 많으며, 다른 호칭을 쓰면서도 '재일동포'를 여전히 함께 쓰는 연구자들이 있다. 많은 연구자가 단지 '동포'나 '교포'만으로 부족하며 여기에 국가나 민족의 함의가 포함된 그들의 이름을 불러 주어야 한다고 생각한다. 재일동포 연구가 1990년대 후에 집중적으로 연구가 이루어지기 시작하면서 호칭의 분화 역시 이 시기 이후 시작되었다.

1. 한국 정부

앞 절의 일본 정부 논의에서 언급한 대로 1965년 '대한민국과 일본국 간의 일본국에 거주하는 대한민국 국민의 법적 지위와 대우에 관한 협정'에서는 재일동포를 '일본국에 거주하는 대한민국 국민'으로 상세한 호칭을 사용했다. 그러나 1967, 1969년 '재일한국인의 법적 지위 협정의 시행에 관한 양해사항 확인문제', 1967년 '재일한국인의 법적 지위 협정 시행문제', 1966-1967년 '재일한국인의 유골봉환', 1969년 '재일한국인의 법적 지위 향상을 위한 한일 간 법무장관 회담' 등과 같은 많은 외교문서가 '재일한국인'을 사용하기 시작했다. 그러나 다른 한편 1966, 1969, 1970년 '재일한인 강제퇴거(송환)' 1969, 1970년 '재일한인 유골봉환' 등과 같이 '재일한인'을 계속 사용하며, 1967년 '재일교민 북한송환', 1970년 '재일교민 김희로 사건', 1969-1970년 '재일교민 현황' 등과 같이 '재일교민'을 사용하는 외교문서, 1977-1979년 '재일본교민 김희로 사건' 등과 같이 '재일본교민'을 사용한 외교문서도 볼 수 있다. 1977-1979년 문서 '재일본한국인 유골봉환', '재일본한국인 강제퇴거'와 같이 '재일본한국인'도 등장한다. 그밖에 문교부를 비롯한 정부 부처에서 '재일교포', '재일동포'를 사용하는 문서들도 출판되었다. 요컨대 1965년 한일협정 이후 '재일한국인' 사용 경향이 높아졌지만, 여전히 '재일한인'이 함께 사용되었고, '재일교민', '재일본교민', '재일교포', '재일동포', '재일본한국인'도 사용되기 시작했다.

2000년 이후 소식을 전하는 현재 한국 외교부 홈페이지(www.mofa.go.kr)에는 '재일한국인'과 '재일동포'만이 등장하여, 차츰 이 두 용어로 정착한 것을 볼 수 있다.

조선적 재일동포에 대해서는 '재일조선인' 또는 '조총련교민', '조총련계 재일교민', '조총련계 재일본교민', '조총련계 재일본동포'로 호칭했으며 간혹 '재일교민'으로 일반화하여 부르기도 했다.

2. 한국 사회 일반

『조선일보』 기사검색을 통하여 한국 사회에서 재일동포를 가리키는 용어로서, 재일동포, 재일교포, 재일한국인, 재일조선인, 재일한국조선인, 재일한인, 재일코리안 등의 단어 등장 빈도를 추적해 보았다. 분석 결과에 따르면 한국인들의 인식에서 재일동포를 가리키는 호칭은 대부분 재일동포와 재일교포인 것을 알 수 있다. 1949년 이후 여러 용어사용 빈도수를 보여 준 〈그림 1-5〉에서, 수치가 지나치게 높아 다른 해와의 빈도 차이가 나타나지 않는 1959년 수치를 1958년과 같은 수치로 보정하여 그린 그림이 〈그림 1-6〉이다.

이 그림들에서 볼 수 있는 대로 1950년대 초까지 '재일동포'만이 사용되다가, 1950년대 이후부터 현재에 이르기까지 '재일교포'는 거의 전 기간 가장 사용빈도가 높다. 1970년대 중반 이후 '재일동포'가 자주 등장하기 시작하여 '재일교포'와 함께 가장 많이 사용된 용어가 되었지만, 여전히 최근까지 '재일교포'가 더 많이 사용된다. 1990년대 이후 재일한국인, 재일조선인 등의 어휘가 나타나지만 극소수이다. 일본에서 일반인과 연구자 모두가 사용하는 재일코리안, 재일한국조선인 등과 같은 용어는 한국 신문에서 전혀 나타나지 않는다. 한국 일반인들 사이에 재일동포는 '재일동포', '재일교포'로서 충분히 지칭될 수 있다.

1959년에 엄청난 등장 빈도를 보인 '재일교포' 언급 기사는 이 해에 시작된 재일동포 북송의 영향으로 보이며, 이 시기 전후 몇 해의 높은 빈도 역시 이 북송 사건과 관련되었다고 볼 수 있다. 1965년 한일협정, 1972년 7·4 공동성명과 1974년 문세광 사건 등이 '재일교포'

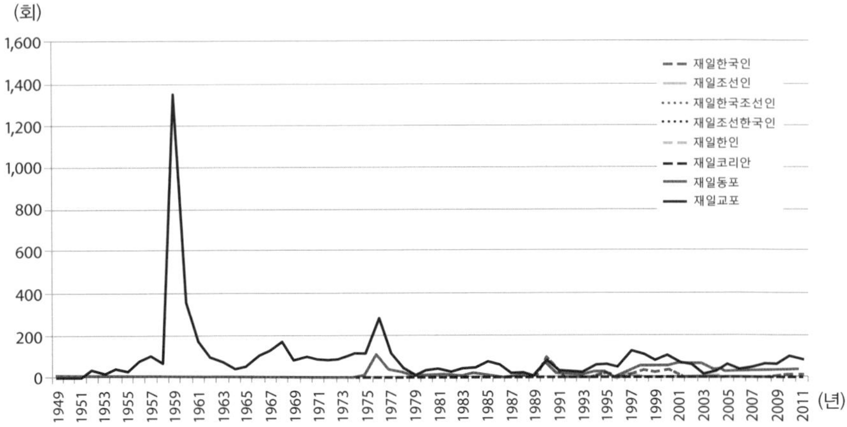

〈그림 1–5〉『조선일보』 기사검색에 나타난 재일동포 호칭

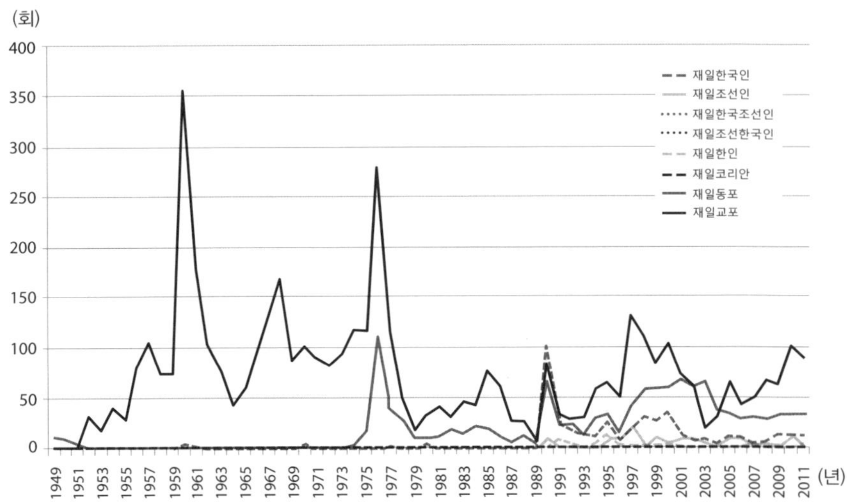

〈그림 1–6〉『조선일보』 기사검색에 나타난 재일동포 호칭

*〈그림 1–5〉에서 1959년 수치를 보정한 것임.

기사를 증가시킨 계기를 만들었다고 보이며, 1991년에는 일본 외상의 한국 방문과 조선적을 포함한 재일동포 3세 모두에게 특별영주권을 부여하게 된 한일각서의 체결로 기사 내 호칭 등장 빈도가 늘어났다.

1997년 재외동포재단법과 1999년 재외동포법[23]의 설립은 기사 증대의 또 다른 계기를 만들었다.

여기서 교포와 동포 용어의 의미를 짚어 보자. 1965년 체결한 한일협정에서 재일교포란 '1945년 8월 15일 이전부터 일본에 거주하는 대한민국 국민과 그 직계비속'을 일컫는 것이었다. 한편 1997년에 제정된 '재외동포재단법'은 재외동포를 '대한민국 국민으로서 외국에 장기체류하거나 영주권을 취득한 자와 국적을 불문하고 한민족의 혈통을 지닌 자로서 외국에서 거주·생활하는 자'로 규정한다. 이 법들의 정의에 따르면 교포는 한국 국민을 의미하며 동포는 우리 민족을 강조하는 용어라고 해석된다.

그러나 실제로 한국 사회에서 교포와 동포의 심각한 의미 차이를 인식한 채 사용하였는지는 알 수 없다. 또한 1997년과 한국 정부가 설립한 재외동포재단이나 재외동포법에서도 '동포'가 정부가 사용하는 공식적인 용어임을 알 수 있는데도, 여전히 교포라는 용어가 신문기사에는 더 자주 쓰이고 있는 것은 두 용어가 별 의미 있는 차이 없이 사용되고 있음을 보여 준다. 그럼에도 1950년까지 '재일동포'만이 사용되다가 1950-1960년대 '재일동포'는 사라지고 '재일교포'만이 사

---

23 재외동포의 출입국과 법적 지위에 관한 법률. 이 법의 제정 시에는 재외동포의 범위를 '대한민국 국적을 가진 해외 영주권자', '대한민국 국적을 가졌다가 외국 국적을 취득하면서 국적을 포기한 사람과 그 직계 비속'으로 적용 대상을 제한함으로써 문제가 있었다. 즉 제정 당시의 규정에 따르면 1948년 정부수립 이전에 해외로 나가 외국 국적을 취득해 대한민국 국적을 취득한 적이 없는 많은 중국 동포와 러시아 지역 동포는 재외동포의 범위에 들지 않았다. 이 때문에 시민단체와 인권단체들이 헌법소원을 내 헌법재판소가 2002년 이 조항에 대한 헌법불합치 판정을 내렸다. 그리하여 2004년 법 개정 시 재외동포의 정의를 '대한민국 국적을 가진 해외 영주권자', '대한민국의 국적을 보유하였던 자(대한민국정부 수립 이전에 국외로 이주한 동포를 포함한다) 또는 그 직계비속으로서 외국 국적을 취득한 자'로 규정하여, 대한민국정부 수립 이전에 국외로 이주한 동포를 재외동포의 범위에 포함하도록 규정이 변경되었다.

용되다가, 1970년대 다시 '재일동포'가 사용되기 시작하여 이후 '재일교포', '재일동포'가 함께 사용된, 이와 같은 명확한 변화는 어디에 기인한 것인가에 대해서는 설명을 요한다. 보다 깊은 분석이 필요하겠지만, 여기서는 일단 명칭 사용의 경향만을 보여 주는 것으로 그칠 수밖에 없다.[24]

3. 연구자

한국 사회 일반인들이 주로 '재일동포', '재일교포'를 사용하는 동안, 재일동포에 대한 연구는 재일조선인, 재일한국인, 재일한국조선인, 재일한인, 재일코리안 등 일본에서 사용되는 모든 용어가 다각적으로 사용되며 증가해 왔다. 재일동포에 관한 신문기사의 빈도가 특정 사회적 계기에 따라 큰 폭의 증감을 보이는 것과는 달리, 그에 대한 연구는 꾸준히 증가해 온 것을 볼 수 있다. 일본에서 연구자들이 사용하는 호칭이 재일조선인과 재일코리안으로 집중되는 경향을 보이는 데 비해, 한국 연구자들이 사용하는 호칭은 다양하다. RISS의 통합검색을 통해 한국 연구자들의 용어 사용에 다음과 같은 몇 가지 경향이 있음을 발견할 수 있다(그림 1-7).

첫째, 신문기사에는 거의 등장하지 않는 '재일조선인'이 전 시기를 통하여 가장 많이 사용되고 있다. 이것은 우선 일제강점기 연구자들이 그 시기 재일동포를 재일조선인으로 칭하는 경우가 많기 때문이라고 보인다(김광렬, 2003). 앞서 본 대로 재일동포 자신들이 이 호칭을

24 『조선일보』의 재일동포 관련 사설을 분석한 권혁태(2007)는 해방 직후 민족적 열의에서 사용되었던 재일동포라는 용어가 1950년 한국전쟁 후 냉전적 사고가 지배하면서 재일교포로 바뀌었다고 설명한다. 그는 1970년대 중반 동포가 다시 사용된 것은 경제적 시점에서 회유/통합의 필요성이 한국 사회에 대두된 때문이라고 분석했다.

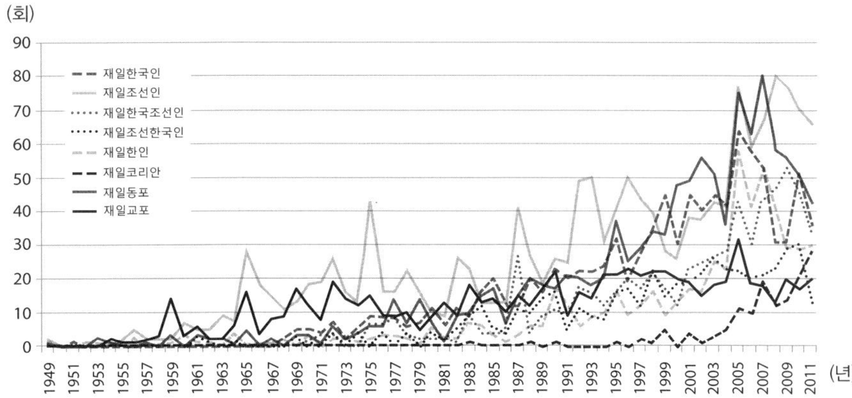

〈그림 1-7〉 한국 연구자들의 연구물 내 재일동포 호칭 사용

자료: 학술정보연구서비스(RISS) 통합검색.

그들의 차별 경험을 직시하는 역사성 있는 개념이라고 보고 사용하는데, 이 점을 존중하는 학자들 역시 '재일조선인'을 사용하고 있다(권혁태, 2007; 한영혜, 2008; 권숙인, 2011). 또한 일본에서 재일조선인이 압도적으로 많이 사용되는 용어이므로, 일본 연구자들 또는 일본에서 공부한 학자들이 그 영향을 받은 점도 부인할 수 없을 것이다. 2003년 재일동포에 관한 연구들을 편집하여 『재일조선인, 그들은 누구인가』라는 책을 펴낸 김광렬은 여러 호칭 중에서 "'재일동포'도 무난하기는 하나… 그들의 특이한 입장도 반영하여 객관성을 띤 총칭으로서 '재일조선인'을 사용하는 것이 바람직하다"고 책의 서문에서 말했다.

둘째, 사회 일반에서와 마찬가지로 '재일교포'가 1960년대까지 많이 사용되다가 1970년대 이후 '재일동포'가 함께 사용되기 시작했다. 그러나 여전히 '재일교포'가 일반적으로 더 많이 사용되는 신문기사와는 달리, 연구자들에게 있어서 '재일동포'는 곧바로 '재일교포'를 앞질러 1970년대 중반 이후 현재까지 '재일조선인'과 함께 연구자들이 가장 많이 사용하는 용어가 되고 있다. 학문적 엄밀성으로 보아 국적이라는 한계를 명확히 하는 '교포'는 국적이 여러 개로 분화되어 있는 재일동포에게는 적용하기 적합하지 않다는 판단 때문이라고 볼 수 있다.

여러 호칭을 사용하는 학자들이 재일동포를 함께 사용하는 경향도 있다.[25] 강덕상, 김광렬, 정인섭, 김태기, 윤건차, 정진성, 최영호 등 15명의 재일동포 관련 연구자들은 1999년 재일학자 박경식을 추도하여 출판한 논문집의 제목을 『근현대 한일관계와 재일동포』라고 붙였다. 각각의 논문들 안에서는 재일한인, 재일조선인 등 서로 다른 호칭들이 사용되고 있지만, 재일동포는 이를 묶는 기반이 되는 용어로서 자리 잡고 있음을 보여 주는 것이었다. 앞서 언급한 김광렬 편집의 『재일조선인, 그들은 누구인가』라는 책에 각기 한 장을 집필했던 김태기와 최영호는 다른 연구에서 재일한국인 호칭을 사용해 왔던 연구자들인데, 이 책에서 재일조선인을 사용하지 않고 재일동포라는 호칭을 사용했다.

셋째, 일본에서는 거의 사용되지 않는 재일한국인 용어가 한국학자들에 의해 꾸준히 사용되고 있다. 1965년 한일협정 이후부터 연구에서 사용이 증가하기 시작한 '재일한국인'은 1980년대 이광규, 김상현 등 이 분야의 대표적 저자들에 의해 사용되며 1990년 중반 이후 2000년대 중반까지의 기간에는 한국에서의 관련 연구에서 가장 많이 사용되었다. 2000년대 중반 이후 '재일조선인' 사용이 지속되는 가운데 '재일한국인' 사용은 감소되었으나, 여전히 대표적인 연구자들이 위 호칭을 지속해서 사용하고 있다.[26]

넷째, '재일한인'이 상당히 무게 있게 자리 잡혀 가고 있다. 재일

25 이에 해당하는 연구들로는 김태기(2003); 최영호(2003); 김재기(2005); 이승우(2005); 정진성(2009) 등이 있다.

26 이에 해당하는 연구들로는 이광규(1983); 김상현(1988); 최영호(1995) 등이 있다.

한인 용어는 1990년대 들어 자리를 굳혔으며, 2000년대에는 비약적으로 늘어나, 재일동포, 재일조선인, 재일한국인과 함께 재일동포를 지칭하는 대표적인 용어로서 사용되고 있는 것을 볼 수 있다. 재일동포 관련법 연구의 대표적 학자인 정인섭은 재일한인, 재일동포, 재일한국인, 재일교포를 별다른 설명 없이 함께 사용했다. 장인성(2003), 권숙인(2008), 정진성(2011) 등 재일동포 관련 연구자들도 '재일한인'을 여러 국적의 재일동포를 총칭하는 용어로 사용했다. 이전에 재일조선인 호칭을 사용하던 김광렬은 최근 연구들에서 '재일한인'으로 정착하고 있다. 그는 2010년 출판한 『한인의 일본이주사 연구』에서 "'재일조선인'은 해방 후 일본에서 사용되고 있는 '자이니치조센징(在日朝鮮人)'이란 일본어를 그대로 한국어로 직역한 것이므로, 일본어 '재일조선인'을 한글사용권에서는 '재일한인'이라고 번역표기해도 무방하다"고 말했다.

마지막으로 일본 연구자들이 '재일조선인'과 함께 최근 가장 많이 쓰고 있는 재일코리안이라는 호칭도 한국 연구자들 사이에서 2000년대 중반 이후 많이 사용되고 있다.

VI. 맺음말: 재일동포 호칭의 역사성과 현재성

일본과 한국에서 재일동포를 부르는 다양한 호칭들의 변화 경향을 살펴보았다. 그 호칭들은 역사성과 현재성에 있어 각기 독특한 의미를 지닌다. 어떠한 호칭은 역사성에서, 또 다른 호칭은 현재성에서 의미가 있으면서도 각기 한국의 역사와 남북한 분단 등의 조건으로 인한 한계를 지니고 있기도 하다. 이 호칭들의 의미를 고찰하는 것으로 결론을 대신하고자 한다.

우선, '재일조선인' 사용은 몇 가지 중요한 역사적 정당성과 적합성을 근거로 할 수 있다. 첫째, 이들이 '조선'에서 일본으로 입국했다는 사실이다. 그들이 고향을 등지고 일본으로 향할 때, 한반도는 남한도 북한도 아닌 '조선'이었다는 것이다. 그들은 일본에서 일제강점기뿐만 아니라 그 후에도 '조센징'으로 불리며 차별당했다. 그 역사적 현실을 직시하고 기억하기 위하여 그들은 아직도 일본 국적을 취득하지 않고 있다. 재일조선인은 이와 같은 역사성이 있는 개념이다. 둘째, 일제강점기와 마찬가지로 해방 직후 그들은 일본 정부에 의해 '조선'이라는 국적을 부여받았고,[27] 그 후 일본 정부는 '조선'이 국가가 아니라 조선반도라는 지역을 뜻한다고 해명했다.[28] 재일동포는 처음부터 모두 재일조선인이었으며, 자신이 국적을 한국 또는 일본으로 변경하지 않는 한 '조선' 그대로이다. 그러므로 재일조선인은 역사적 적합성도 있다. 셋째, 더욱 중요한 점은 한국 국적을 취득한 사람들을 포함한 많은 재일동포들이 통일된 조국으로서 '조선'을 상정하며 자신들을 '재일조선인'으로 호칭한다는 점이다. 즉 여기서 '조선'은 현

---

27 해방 후 일본에서 1947년 5월 외국인등록령에 따라 재일동포들은 모두 외국인으로서 등록하게 되었으며, 그때 국적란에 '조선'으로 기재할 것을 요구받았기 때문이다. 당시 한반도에는 남북한 정부가 수립되지 않았으며, 일본 정부도 이때 '조선'은 한반도 전체를 지칭하는 것으로 사용했다. 이러한 일본 정부의 입장은 1950년 한국정부가 국적란에 '한국'을 명기할 수 있도록 요청한 데 대한 답변에서도 재차 확인되었고, 1965년 10월 26일 일본 법무성 견해(日法務省見解), '외국인 등록상의 국적란의 '한국' 또는 '조선'의 기재에 관하여(外國人登録上の國籍欄の『韓國』あるいは『朝鮮』の記載について)'를 통해 다시 공식적으로 확인되었다. 즉 "외국인 등록 시 '조선'이라는 기재는 재일조선인의 국적 변경의 특수사정상 일본 영토였던 한반도에서 내일(來日)한 조선인을 가리키는 용어이며 어떠한 국적도 표시하지 않는다"는 것이다(정인섭, 1996).

28 현재 일본 정부 기관인 '재단법인 입관협회'가 발행하는 『재류외국인통계(在留外國人統計)』에서도 '한국조선'이라는 용어가 사용되지만, 이것은 단지 국적을 가리키는 것이 아니라 출신지를 표시하는 것이기도 하다는 점이 명기되어 있다. 예컨대, 목차에 '국적(출신지)별 재류자격', '국적(출신지)별 직업, 성별 외국인등록'으로 정리되어 있다(財團法人入管協會, 각 연도).

재의 북한을 의미하는 것이 아니라 통일조국을 의미한다는 것이다.

재일조선인 호칭의 이러한 역사성은 매우 의미심장하지만, 동시에 일본에 의해 만들어진 역사 서술에 의존한다는 점에서 심각한 허점이 있다. 첫째, 앞서 언급한 대로 '조선'은 일본 제국주의가 근대화를 지향하는 대한제국의 노력을 짓밟으면서 부여한 이름이기도 하다. 둘째, 해방 후 일본 정부가 그들에게 '조선'이라는 국적(지역)을 부여했으며 그 후 국적란의 조선이 한반도라는 지역을 가리킨다고 한 해명과, '조선'은 국명이 아니라 한반도라는 통일조국이라고 주장하는 일본 정부의 입장을 그대로 받아들이는 것이 된다. 또한 북한과 혼동되는 것을 감수해야 한다.[29] 마지막으로 더욱 중요한 점은 재일동포 자신이 재일조선인이라는 일본 통용의 이름에서 벗어나려고 한 여러 노력의 의미와 역사성을 간과할 수 없다는 점이다.

다음으로, '재일한국인'에 대해 생각해 보자. 식민지 '조선'을 통치했던 일본 정부가 '조선'이 국명이 아니라는 점을 애써 강조하고 있는 것과 대조적으로 '재일조선인'이라는 호칭이 한국 사회 전반과 연구자들에 의해 사용되고 있는 것은 당연한 현상일지 모른다. 그러나 재일동포 자신과 한국의 연구자들이 역사성을 고려하여 '재일조선인' 사용을 주장하는 것은 대한제국(한국)의 역사적 위상에 대한 숙고를 놓치는 결과일 수 있다. 고대로부터 한반도를 칭하는 이름에는 '조

---

29 역사적으로 일본 사회에서 어떠한 용어가 사용되어 그 역사성이 인정된다 해도 그 용어가 적절하지 않다면 한국의 지식인 사회는 그것을 바꿀 것을 제안해야 한다. 이는 재일 사회, 일본 사회에도 역으로 영향을 줄 수 있을 것이다. 우리는 그러한 실천의 예를 '일본군 위안부'에서 찾을 수 있다. 일본에서 오랫동안 '종군위안부'로 불리며 엄청난 고통을 당했던 여성들을 지금도 일본 사회에서는 일반적으로 종군위안부로 부르고 있고, 한국에서도 무심하게 이 용어를 사용하는 사람들이 적지 않다. 1990년대 초 한국의 시민사회에서 '종군'의 자발성의 의미를 지적하고 '일본군 위안부'로 호칭하기 시작했는데, 이러한 노력의 결과 이제 한국에서뿐만 아니라 재일동포 및 일본인 연구자, 활동가에 이르기까지 이 용어가 정착되고 있다.

선'(단군조선, 기자조선, [이 씨] 조선 등)과 '한(韓)'(마한, 삼한, 대한제국 등)이 모두 등장한다. 1392년부터 500년간 이 씨 조선왕조가 지속되었다가 이후 1897년 국호를 조선에서 대한제국으로 개칭하며 근대화를 새롭게 시도하고자 했다. 이러한 노력을 무력화하면서 일본 제국주의는 칙령으로 대한제국의 국호를 폐지하고 국호를 대신하는 명칭으로서 '조선'이라고 하는 용어를 사용할 것을 선언했다. 일본 정부는 '대한'이라는 이름이 나오는 신문잡지를 모두 압수하고 철저하게 '韓'이라는 말을 없애고자 했다(內尙子, 2006: 16). 이러한 이유로 일본에 의해 빼앗긴 한국의 이름을 되살리는 것의 정당성이 지지될 수 있다. 하지만 '재일한국인'의 경우, 재일동포 전체가 아닌 한국적의 동포로 혼동되어 조선적 동포와 귀화 동포를 빠트릴 오해의 여지가 있다.

한국이 일제 합병 전 '우리'의 공식 국명이며, 현재 한국에서 '한국'이 합법적인 한반도의 국가 명칭이므로, 재일동포들을 '재일한국인'으로 통칭하고, 북한계 또는 총련계를 앞에 붙여 사용하면 된다고 보는 학자도 있다. 보다 정확하게, 일제강점기의 상황을 논의할 때와 해방 후 조선적 사람들을 가리킬 때는 '재일조선인'으로, 한국적 동포는 '재일한국인'으로 부르자는 주장도 제기된다.

복잡한 재일동포의 구성을 통합하고자 일본에서 1970년대에 쓰기 시작하여 1990년대 정점을 이룬 후 차츰 없어지고 있는 '재일한국조선인', '재일조선한국인', '재일한조선인' 호칭에 대해서는 한국과 조선이라는 두 나라의 명칭을 병렬함으로써 분단 상황을 반영할 뿐만 아니라 그것을 고착화시킬 위험이 있다는 점을 비판하며 심리적 거부감을 나타내는 사람이 적지 않다. 물론 이와 같은 호칭은 한국에서는 거의 사용되지 않았다.

이렇게 명시적으로 한국과 조선이라는 국가가 같이 드러나는 방식을 피하여 '재일'과 '재일코리안' 호칭이 사용되고 있다. '재일코리안'은 외국어에 의존한다는 점에서 더 적절한 용어라고 보기는 힘들어 보인다. 다소 타협적인 입장에서 '재일'의 명칭이 사용되기도 하는데, 이것은 역사성이 결여되었고 불완전한 용어라는 점이 비판된다.

또, 한국에서는 재일동포에 대하여 더욱 포괄적인 의미에서 '재일한인'을 사용하자는 주장이 있다. 이는 중국, 미국 등지에 거주하는 한국인을 '재외한인'으로 통칭하는 것과 같은 맥락이며, 1950년대 한국과 일본 양국이 서명한 외교문서에 '재일한인'이 등장한 적이 있으므로, 역사적 맥락이 독특한 재일동포들에 있어서 한국적 동포만을 지칭한다고 받아들여질 소지가 있다.

그럼에도 '재일한인'은 일본과 재일동포들 사이에서도 재일한국인, 재일조선인의 갈등을 피해 다소 무난하게 사용할 수 있는 용어로 선택되기도 하는 것 같다. NHK에서 한국어, 조선어의 분쟁을 피해 한글로 프로그램명을 정한 것도 그와 같은 맥락인 것으로 보인다. 2005년 일본에서 재일동포들이 개인의 신조, 소속단체, 국적에 구애받지 않고 객관적 시점에서 재일동포를 총체적으로 망라하는 역사적 사실을 보여 준다는 취지로 역사자료관을 설립하였는데 그 명칭을 놓고 장기간 고민하다가 '재일한인역사자료관'으로 작명한 것에서도 그러한 의도를 볼 수 있다. 이 자료관이 재정 문제로 결국 민단 책임하에 주일 한국대사관 내에 설립되기는 했지만, 이러한 객관적 자세를 고수한 결과로서 실제로 민단이나 총련 소속뿐만 아니라 중립적 동포, 귀화한 동포, 재일동포나 한일 관계사를 연구하는 일본인 전문가 등 다양한 층에서 상당히 의미 있는 자료를 수집할 수 있었다고 평가된다(『한겨레』, 2010. 1. 6).

앞에서 논의한 재일동포에 관한 여러 호칭은 각기 다른 정치적 입장과 역사적 시각으로부터 그 사용의 근거를 주장하고 있지만, 이 주장들에서도 몇 가지 공통적인 시각을 발견할 수 있다.

첫째, 남북한을 통합적으로 보고자 하는 시각이다. 재일동포를 포괄하는 호칭에 대한 입장의 차이는 남북한 어느 한쪽으로 호칭을 통합할 것인가에 기인한 것이 아니었다. 각 입장은 공통으로 남북한이 하나의 민족이라는 점에 주목하고 있었다. '재일조선인', '재일한국인'이라는 호칭에서조차, '조선'은 일제강점기 이들이 출발한 조국 '조선'을 의미하며, '한국'은 일본 제국주의에 의해 압살된 대한제국을 의미하는 것이었다.

둘째, 재일동포를 추상적인 범주, 또는 이론적이거나 당위적인 존재로 보는 것이 아니라 구체적인 역사적 존재로 보는 시각이다. 호칭을 통해 재일동포들의 역사적 뿌리, 일상생활에서의 경험, 구체적인 욕구를 파악하고 표상하고자 하는 각기 다른 시도들이 존재하는 것이다. 따라서 재일동포를 일본에 의해 규정된 어떤 수동적 존재가 아니라, 일본 사회에서 자신들의 정체성을 인식하고, 만들어 가고 있는 행위자로서 주목하고 있었다.

국가와 민족을 표상하는 상이한 방식들이 경합하는 재일동포 호칭들 속에서, 누가, 왜, 어떠한 정치적 · 역사적 인식 속에서 무엇을 표상하고 있는지 검토하면서, 그 각각이 갖는 역사적 정당성과 현재적 적합성을 짚어 보았다. 그럼에도 이 책에서 주로 '재일동포'를 사용하기로 한 것은 무엇보다도 그들이 떠나온 조국의 모습과 앞으로 다가올 통일을 지향하는 그들의 간절한 염원을 가장 잘 담아내고 있다고 판단한 때문이다.

제1부

일제강점기 재일동포사회의 형성

在日

제2장

일제강점기 한국인의 일본 이주

同胞

일제강점기 한국인의 일본으로의 이주는 한일합병부터 시작되어, 몇 차례 계기를 맞으면서 1945년 해방까지 계속되었다. 일제강점기의 이주는 일차적으로 식민지 조선의 빈곤에 의해 이루어진 것이지만, 세계 상황에 의해 변화된 일본 노동시장의 조건과 그에 따른 이주정책에 의해 그 양상이 크게 몇 단계로 나뉘어졌다. 또한 이러한 제반 조건에 따라 불법이주, 단독이주, 가족이주, 한국과의 왕래와 같은 이주의 특성이 형성되었다. 이주자들은 식민지 조선의 빈곤한 농촌 출신이 대부분이며, 일본에서 노동하기 위해 이주했다. 초기에는 젊은 남성의 단독 이주가 중심을 이루었지만 점차 가족 전체의 이주로 이어졌다. 이 장에서는 이러한 이주의 제반 상황과 함께 이주 이후 재일동포들의 생활을 살펴볼 것이다.

I. 이주의 시기별 전개

일제강점기를 통해 식민지 조선의 상황은 피폐했고, 인구의 유동성이 점점 더 증가했다. 농촌의 파괴로 말미암아 농지로부터 이탈한 농민들이 도시에서도 일자리를 찾지 못하고, 북으로는 만주로, 남으로는 일본으로 발길을 돌렸다. 일제강점기 일본 이주 양상의 변화를 가져온 결정적 요인은 일본 사회의 조건이었다. 일제강점기 조선인들의 일본 이주는 대체로 다음의 세 시기로 구분하여 볼 수 있다. 첫 번째 시기는 합병으로부터 1924년까지의 기간이다. 합병 후 시작된 조선인의 일본 이주는 일본이 1차 세계대전 특수로 노동력 부족을 겪은 1917년경을 기점으로 크게 증가했다. 1923년 관동대진재 등으로 인해 일본 내 조선인에 대한 압박이 커지면서 일본 정부는 조선인의 일본 이주에 통제를 가하기 시작했다. 두 번째 시기는 조선인의 일본 이주를 통제했던

1930년대 후반까지의 시기이다. 세 번째 시기는 1939년 이후 2차 세계대전으로 극도의 노동력 부족을 겪은 일본이 식민지로부터 노동력을 강제동원한 시기이다. 이렇게 길지 않은 기간에 확연히 구분되는 이주의 몇 가지 형태가 차례로 전개된 것은 매우 특이하다.

〈그림 2-1〉, 〈그림 2-2〉에서 볼 수 있는 대로 일제강점기 조선인의 일본 이주는 1917년과 1939년에 있었던 큰 폭의 증가와 전 시기에 걸쳐 이루어진 전반적인 증가로 요약할 수 있다. 1924-1939년 통제기에도 일본 내 한국인의 총수는 꾸준히 증가하지만, 일본의 통제정책에 따라 입국에 다소 파동이 나타났으며 이때 불법이주가 많았음을 짐작할 수 있다. 이주자의 숫자는 통계에 따라 다소 다르게 나타나는데, 이 장은 전체의 체계적 통계를 보여 주는 일본 정부의 통계를 따르기로 한다.

1. 1910–1924년: 이주의 확대–일본 공장의 노동자 모집

합병 이후, 일본은 이전에 전면적으로 규제했던 외국인 출입을 식민지인들에 대하여는 해제했다(大阪市社會部調査課, 1924). 이에 따라 조선인의 일본 이주가 본격화되면서 1917년을 기점으로 이주가 대폭 증대하였다. 그것은 1차 세계대전으로 인한 일본의 산업화 붐 때문이었다. 산업화 초기로부터 일본 경제가 노동력 잉여의 상태였는가, 부족의 상태였는가에 대한 논쟁이 있으나,[1] 이 시기의 특징이 급속한 노동

1 일본의 산업화에 관하여, 윌리엄 루이스(William Arthur Lewis)의 노동잉여발전설이 고전적 견해로 간주된다. 한편, 최근의 일반적인 견해는 산업화 초기부터 농업 및 공업노동자의 임금이 경제적 조건의 변화에 민감히 반응하였고(Ohkawa and Rosovsky, 1965: 79), 전반적으로 보아 지속적인 상승을 보였다는 점(Nakamura, 1971: 222), 그리고 노동자들의 쟁의가 크게 증가하였고, 경제적 기회에 따른 자발적 직장이동이 또한 증대했다는 점(Napier, 1982: 361-362)을 들어, 노동부족의 발전형

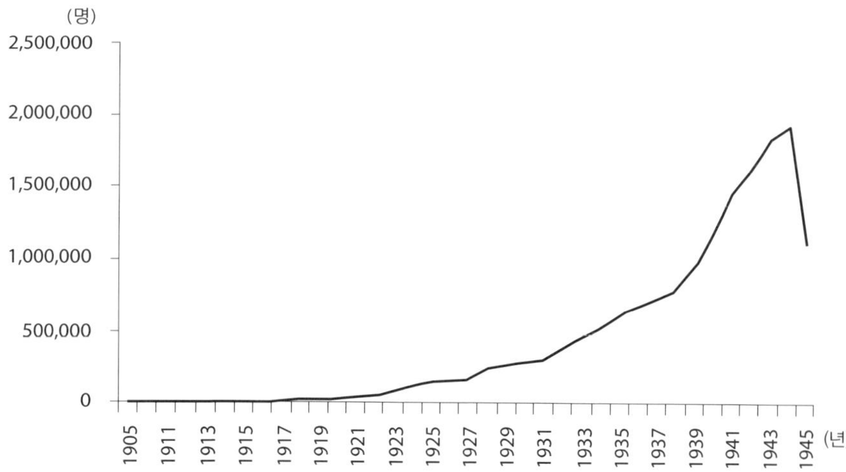

〈그림 2-1〉 일제강점기 조선인의 일본 입국

자료: 日本内務省警保局, 『社會運動の狀況』, 각 연도 자료에 근거하여 작성.
*실제 일본 체류 조선인 수는 제1장의 〈표 1-1〉 참조.

수요의 증대였음은 분명하다.

이 시기 일본 정부는 조선인의 이주를 장려하거나, 또는 방관했다. 조선에서 노동자를 모집하고자 하는 사람이나 공장은 모집하고자 하는 조선 지역의 경찰서장에게 모집신청을 내고 허가를 받을 수 있게 되어 있었다(朝鮮總督府, 1918). 이에 따라 일본 공장들은 갖가지 광고를 하면서 조선인 노동자를 모집하였는데, 그 첫 사례는 1911년 오사카의 세츠 방적 기즈가와 공장(攝津紡績木津川工場)이었다(朴慶植, 1975: 10).

일본의 산업화에 적절히 이용될 수 있었던 조선인 노동자의 이주에 대하여 정부가 처음으로 규제를 가한 것은 1919년 3·1운동의 발발 때문이었다. 일본 입항을 위해서는 특별 여행증명서를 갖추도록

태를 주장하고 있다(Napier, 1982: 243).

하여, 증명서의 발급과정을 통해 이주를 통제하였다. "조선을 떠나려는 사람들은 거주지 경찰서에서 여행증명을 받아, 해외로 떠나는 항구의 경찰서에 그 여행증명을 제출해야 한다"는 것이었다(神戸市役所社會課, 1922). 그러나 이 제도의 목적은 조선의 민족주의 운동가 검거를 위한 것이었다(朴慶植, 1975a). 실제로 이 제도는 노동자들의 입국에 아무런 영향을 미치지 못한 채, 1922년 곧바로 자유도항제로 바뀌었다. 오사카시 당국은 여행증명제도가 폐지된 것은 조선 노동자의 싼 임금으로 큰 이익을 본 일본 기업가들의 압력 때문이었다고 보고했다(大阪市社會部調査課, 1924).

2. 1925–1937년: 통제기–친분을 통한 이주

조선인의 일본 이주에 대한 이러한 경제적 요구의 다른 한편에서 정치적·사회적 상황은 날로 심각해졌다. 당시 일본 내에서 조선인들은 다각적인 조직운동을 벌이고 있었고(제4장 참조), 급격히 규모가 커진 재일조선인사회의 슬럼 형성, 실업, 일본인과의 갈등과 같은 사회문제가 속출하여 오사카, 고베, 도쿄 등 조선인이 많은 지역에서 소위 '조선인 문제'가 떠오르기 시작한 것이다. 1923년 일본 내무성 경보국은 조선 식민정부와 논의하여 일본의 각 현(縣)에 조선인의 자유도항을 규제하는 방침을 강구하고 일본 기업가들의 조선인 노동자 모집방침을 검토할 것을 지시하였다(日本內務省警保局, 1923). 1923년 9월 관동대진재 시에 대규모의 조선인 학살이 일어나자, 이 논의는 더욱 가속화되었다. 정치적 요시찰 인물의 일본 입국, 재일조선인 사회운동과 일본 사회운동 연대 등의 문제가 조선인 일본 입국 통제의 필요성을 강화시켰다.

1925년 일본 내무성의 명령에 따라, 조선총독부는 경상남도를 통해 일본으로 도항하는 조선인을 조사하기 시작했다. 일본으로 가고자 하는 사람은 거주지 경찰서에 신청해야 하는데, '일정한 직업을 가진 자, 여행비에 더해 10엔 이상을 가진 자, 알코올중독이 아닌 자, 일본어를 이해하는 자, 노동브로커를 통하지 않은 자'의 조건을 충족하는 사람만이 여행허가를 받게 되었다(朴慶植, 1975a). 1927년 식민정부는 신청자들에게 호적사본과 그들이 사는 구역의 경찰로부터 받은 서명을 제출토록 하였고, 1929년에 일본 정부는 조선으로 일시 귀국하는 사람들에게 재입항증명서를 발부하기 시작했다. 1932년에는 일본군대와 이동경찰이 동원되어 입항이 규제되었고, 이주자들은 그들이 사는 조선의 시나 읍의 경찰로부터 특별 서한을 받게 되었다. 조선의 경찰은 이주자들이 일하기로 한 일본 지역 경찰서에 확인한 후, 이주자들의 호적사본 뒤에 이들의 신상에 관하여 자세히 명기했다. 일본의 조선인 유학생이 조선으로 일시 귀국할 때는 학교에서 재학증명서를 받아야 하고, 경찰은 그 뒷면에 학생의 신상을 묘사했다(日本內務省警保局, 1932). 일본 정부는 또한 조선인 노동자를 모집하는 일본인들에 대하여도 엄격한 규정을 내렸고, 그것을 어기는 사람은 체포하였다(日本內務省警保局, 1932; 日本內務省警保局, 1941).

이러한 통제정책에도 불구하고 이 시기를 통하여 조선인의 이주는 꾸준히 증가했다. 통제정책은 단지 일시적인 효과만을 나타냈을 뿐이었다. 〈표 2-1〉, 〈그림 2-2〉의 입출국 통계가 그것을 보여 준다.

표와 그림에서 볼 수 있는 대로, 1926년 통제정책의 효과로 일시적으로 입국자 수가 크게 감소했으며, 일본 군대가 개입하는 통제정책 강화의 효과가 나타난 1935-1937년 다시 크게 줄었다. 그러나 곧바로 입국자 수는 다시 제자리를 찾아서, 전체 재일조선인의 규모를 늘려 갔다. 앞서 언급하였듯이 이것은 이 통제정책이 정치적 목적을 가진 것으로서, 민족주의 운동가들의 검거에 주로 사용되었고 실제로

〈표 2-1〉 조선인의 일본으로의 도항과 귀향(1917-1944)

(단위: 명)

연도	도항	귀향	연도	도항	귀향
1917	14,012	3,927	1931	140,179	107,420
1918	17,910	9,305	1932	149,597	103,452
1919	20,968	12,739	1933	198,637	113,218
1920	27,497	20,947	1934	175,301	117,665
1921	38,118	25,536	1935	112,141	105,946
1922	70,462	46,326	1936	115,866	113,162
1923	97,395	89,745	1937	118,912	115,586
1924	122,215	75,427	1938	161,222	140,789
1925	131,273	112,471	1939	416,424	195,430
1926	91,092	83,705	1940	385,822	256,037
1927	138,016	93,991	1941	368,416	289,838
1928	166,086	117,522	1942	381,730	268,672
1929	153,570	98,725	1943	401,059	272,770
1930	127,776	14,180	1944	403,737	249,888

자료: 外務大臣官房調査課(1960); 日本内務省警保局(1965).

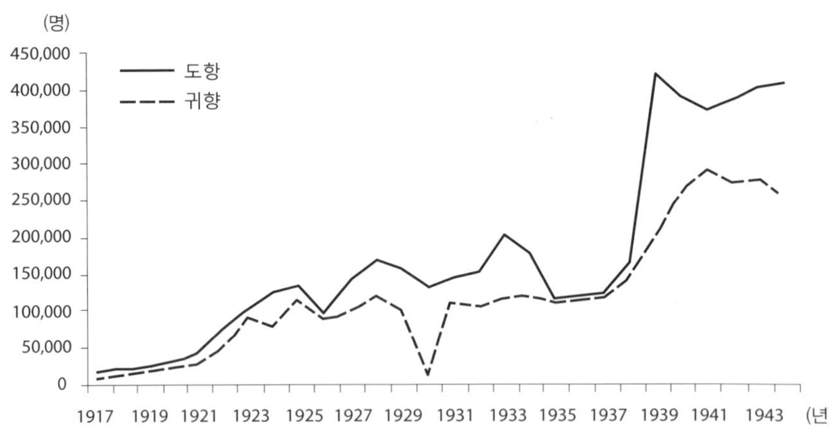

〈그림 2-2〉 조선인의 일본으로의 도항과 귀향(1917-1944)

*〈표 2-1〉의 수치를 그래프로 나타낸 것임.

〈표 2-2〉 조선인의 일본 이주 통로(1927)

통로	비율(%)
친척	36.9
친구	20.5
친지	1.8
일본인 지인	14.6
취업(노동자 모집)	2.5
무연고	17.9
기타	5.8

자료: 朝鮮慶尙南道警察部(1928).
*이하 오래된 통계의 참조 시 자료 자체의 오기나 누락이 있을 수 있음을 알려 둔다.

노동을 위해 입국하는 사람들에게 엄격히 적용되지 않았을 것이라는 점과, 통제를 피한 불법입국자가 많았을 것을 짐작할 수 있다.[2] 이 배경에는 값싼 노동력의 이익을 본 일본 공장들의 요구가 있었다. 1920년과 1929년의 침체기에 실업의 문제가 대두된 때를 제외하고, 일본 산업화 과정 대부분의 시기에서 대체로 노동공급 부족을 겪었기 때문이다(Lockwood, 1954; Ohkawa and Rosovsky, 1965; Taira, 1970; Napier, 1982). 1931년 오사카 공장의 49%가 조선인 노동자를 고용하고 있었던 사실은, 실제로 통제정책이 노동시장의 요구에 반하여 시행되는 것은 어려웠을 것을 짐작하게 한다.

이 시기는 일본 공장의 모집과 함께, 먼저 이주한 친척, 친지 등으로부터의 정보 제공 같은 것이 보다 중요한 이주 통로가 되었다.[3] 그

2 이밖에 1928, 1929년의 증가는 당시 조선의 극심했던 궁핍 때문으로, 1933, 1934년의 증가는 만주사변의 효과로 설명하기도 한다(United Nations, 1975: 19).

3 이러한 형태의 이주를 고리이주(chain migration)라고 하며, 연고 없이 조직된 이주(impersonally organized migration)와 함께 대표적인 이주의 형태로 간주된다(McDonald and McDonald, 1964).

러나 또 다른 한편, 연고나 노동자 모집에 의한 것이 아닌 무작정 이주도 많았다. 〈표 2-2〉에서 볼 수 있는 대로 경상남도 경찰부의 조사에 의하면 1927년 일본으로 들어오는 조선인 중 2.5%만이 노동자 모집에 의한 이주자였고, 73.8%가 연고에 의했고, 17.9%는 아무런 연결 없는 이주자였다.

3. 1938–1945년: 강제동원기

전쟁준비가 본격화되면서 노동력 부족이 심각해졌다. 일본은 이에 대한 해결책으로 노동시간 연장, 여성과 학생들의 이용 등, 국내적 방법과 함께 식민지 노동자의 이입을 꾀했다.[4] 이에 따라 일본 정부는 이주규제조치 철폐를 논의하기 시작했다(日本內務省警保局, 1937). 1938년 일본 경찰국장은 각 현의 지사에게 조선인의 일본 입국 규제를 철폐하라고 지시했으며,[5] 조선총독부도 조선인 해외 출국 절차의 간소화를 지시했다.

1939년부터는 강제이입을 적극적으로 행하기 시작했다. 일본 내지뿐 아니라 식민지에도 적용된 1938년의 국민동원령과 1939년의 국민징용령이 법적 근거를 제공하였다. 국민총동원령은 군사징집에 방해되지 않는 범위에서 노동자를 징집하고 해고할 수 있으며, 임금과 노동조건을 통제하고, 공장, 훈련소 및 학교에서 기술자를 훈련할 수 있는 권한을 정부에 부여했다(Cohen, 1949: 277). 1939년 일본 후생성이 내무성, 척무성(拓務省) 및 조선총독부와 논의하여, 후생성과 내무

---

4 특히 석탄광산에서 노동력 부족은 심각했으며, 석탄광산업자들은 식민지 노동자의 도입을 강력히 요구하였다(Cohen, 1949: 324-325).

5 일본어 해득조건을 없애고, 일본에 가족이 있는 사람들은 쉽게 입국허가를 얻도록 했다.

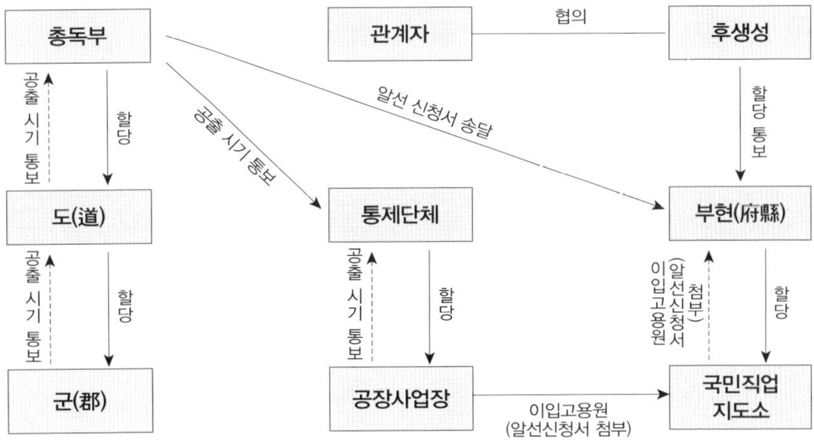

〈그림 2-3〉 일제강점기 관알선 노무자 모집(1942–1944)

자료: 田中直樹(1978: 595).

성 차관의 이름으로 '조선인 노무자 내지 이주에 관한 건(朝鮮人勞務者內地移住ニ関スル件)'을 발포했다. 곧바로 조선총독부는 '조선인 노동자 모집 및 도항 취체 요강(朝鮮人勞働者並ニ渡航取締要綱)'[6]을 각 도지사에게 내려서, 일본 광산, 건설 및 군수 관련 기업가들이 조선의 지정된 지역에서 노무자를 모집하도록 했다.[7] 이것이 실질적으로는 강제동원이었던 소위 '자유모집' 방식이었다(1939년 9월-1942년 1월)(그림 2-3 참조). 노동력 부족의 상황이 심각해짐에 따라 일본 정부는 점차 강제성을 더하여 1942년부터는 보다 효율적이고 체계적인 정부기관을 통한 '알선' 방식으로 바꾸었다(1942년 2월-1944년 8월).

마침내 1944년부터는 '징용'을 실시하였다. 1939년에 발포되어

6 일본 내무성, 후생성 및 식민정부가 협의하여 만든 명령으로, 일본 군수업자에게 노동자를 모집할 조선의 지역을 정해 주었다.

7 「戰時下の朝鮮人勞動者連行政策の展開と勞資関係」(http://www.kisc.meiji.ac.jp/~endokosh/Endo1987KoreanLab.pdf).

〈표 2-3〉 일본으로 징용된 조선인 노동자(1939–1945)

(단위: 명)

연도	제국의회	내무성	외무성
1939	53,120	53,000	–
1940	59,398	–	81,119
1941	67,098	–	126,092
1942	119,851	126,060	248,521
1943	128,354	170,000	300,654
1944	286,432	290,000	–
1945	10,622	–	–
합계	724,875	–	–

자료: (제국의회) 坪江汕二(1965: 19–20); 九州地方朝鮮人强制連行眞相調査團(1974: 31); 東洋経済新報社 編(1980: 545).
(내무성), (외무성) 九州地方朝鮮人强制連行眞相調査團(1974: 31).

군수산업 노동자에게만 적용되었던 국민징용령이 1944년부터는 모든 공장, 광산, 건설업 및 농업에까지 적용되게 되었다. 식민정부는 조선근로동원원조회를 설립하여 면에까지 지부를 두고 징용을 수행했다(坪江汕二, 1965: 17-18). 이 시기에 이루어진 징용은 1939년 이후 일본 이주량이 급격히 증대한 주 요인이 되었다.

〈표 2-3〉에서 볼 수 있는 대로 징용 조선인 노동자 수의 공식집계는 기관에 따라 다르다. 실제 징용 노동자의 수는 이보다 훨씬 많았던 것으로 이해할 수 있다. 실제로 일본 내무성 경보국의 『특고월보(特高月報)』에 산발적으로 나타난 숫자는 대체로 이 통계의 약 2배에 해당한다. 이 밖에 다른 여러 명목으로 강제징집된 조선인도 매우 많았다.[8]

8 조선인강제연행진상조사단은 약 10-20만 명이 일본군 위안부로, 253,110명이 군속으로(1939-1945), 그리고 84,432명이 군인으로(1939-1945) 조선, 일본, 만주를 포함한, 중국, 남양해안 등지에 강제동원되었고, 약 422,449명이 조선 내에서 강제로 징집되었다고 추산했다(九州地方朝鮮人强制連行眞相調査團, 1974: 33).

II. 강제동원 이전 시기 이주 및 이주자의 특성

강제동원 이전 시기에 이루어진 조선인의 일본 이주는 다음의 몇 가지로 그 특성을 정리할 수 있다.

1. 불법이주의 만연

앞서 본 대로 1925년 이후 일본 정부의 이주규제정책에 따라 일본 이주를 원하는 많은 사람이 출국허가를 받지 못했다. 조선총독부 경무국에 의하면 1933년 신청자 수는 300,052명이었고 그중 출국허가를 받지 못한 사람의 수는 반이 넘는 169,121명이었다(표 2-4). 조선의 항구에서 출국허가 없이 출국하려다 저지당한 조선인도 많았다(표 2-5).

일본으로 가는 해상에서 그리고 일본 항구에서도 불법이주자들이 속속 검거되었다. 1932년 한 자료에 의하면 야마구치(37.7%)에서 가장 많은 수의 조선인 불법이주자가 검거되었고, 나가사키(22.1%), 후쿠오카(21.0%), 오사카(5.4%), 사가(5.2%) 등지에서도 다수 검거되었다(日本法務研修所, 1955: 39). 일본 내무성 경보국이 밝힌, 일본에서 검

〈표 2-4〉 출국허가를 거절당한 조선인 신청자 수(1933-1938)

(단위: 명)

연도	신청자 수	거절된 수
1933	300,052	169,121
1934	294,947	188,600
1935	200,650	135,528
1936	161,477	87,070
1937	130,430	71,559
1938	129,205	75,216

자료: 朝鮮總督府警務局(1939).

〈표 2-5〉 조선 항구에서 출국 저지된 조선인 수(1925-1937)

(단위: 명)

연도	출국 저지 조선인 수	연도	출국 저지 조선인 수
1925	3,774	1932	2,980
1926	21,407	1933	3,396
1927	58,296	1934	4,317
1928	47,297	1935	3,227
1929	9,405	1936	1,610
1930	2,565	1937	1,491
1931	3,995		

자료: 朝鮮總督府警務局(1939).

거된 조선인 불법이주자의 수는 1931년 783명, 1932년 1,277명, 1933년 1,808명, 1934년 2,297명, 1935년 1,781명, 1936년 1,887명, 1937년 2,322명, 1938년 4,357명이었다.[9] 당시 『특고월보』에서는 이러한 불법이주자에 관한 보고를 많이 발견할 수 있다.

이렇게 정치적·사회적 목적에 의한 규제와 조선인 노동자에 대한 경제적 요구가 필연적으로 서로 모순되어 다량의 불법이주가 나타난 것이다. 규제에 상관없이 거의 변함없는 증가율을 보인 재일조선인의 수가 그것을 드러낸다. 조선총독부 경무국은 매달 수백 명이 불법으로 일본에 이주하고 있다고 추산하였고(朝鮮總督府警務局, 1939), 경상남도 경찰부는 조선인 이주자의 3.2%가 불법이라고 보고하였다(朝鮮慶尙南道警察部, 1928). 이들은 대부분 증명서나 취업허가서를 위조하는 밀항브로커를 통하거나 선박을 매수하여 도항했다.[10] 이러한 사실들은 규제가 정치적 인물에 집중되어 일반 노동이주에 대해서는 상

9 日本內務省警保局, 『社會運動の狀況』(각 연도) 참조.

10 위의 자료 참조.

당 부분 형식적인 데 그쳤다는 것, 그리고 이주한 조선인 노동자들이 일본 산업구조에 적절히 흡수·이용되었다는 것을 말해 준다.

2. 임시이주와 한국과의 왕래

이러한 이주는 대부분 노동을 위한 것이었으므로, 노동조건의 변화에 따라 움직이는 매우 불안정한 성격을 띠었다. 일제강점기를 통해 끊임없이 이어졌던 조선과의 잦은 왕래가 그 불안정성을 단적으로 드러낸다. 이러한 불안정한 성격은 특히 이주의 초기 단계에 심하였고 이후 차츰 그 정도가 약해진 것으로 보인다.

〈그림 2-6〉에서 볼 수 있듯이 일제강점기를 통하여 이주자들은 조선에 끊임없이 왕래하였다. 한편 1927년의 조사에 의하면 일본에의 입국자 중 약 반수(54.3%)만이 처음으로 입국한 사람들이고, 나머지는 두 번(26.1%), 세 번(11.2%), 네 번(8.5%) 또는 그 이상 왕래한 것으로 나타났다(朝鮮慶尙南道警察部, 1928). 이와 같은 잦은 왕래는 노동을 위해 이주한 사람들이 집안일, 질병, 실업 등으로 일시적으로 귀국함에 따라 이루어진 것이다(朝鮮慶尙南道警察部, 1928; 福岡地方職業紹介事務局, 1929).

이 중 집안일은 농번기의 농사일이나 제사로 나타나(大阪市社會部調査課, 1924) 이들이 생활의 근거지는 조선에 그대로 남겨둔 채, 노동을 위해 도항한 사람들이라는 것을 알 수 있다. 〈그림 2-6〉에서 여름과 정초의 귀국률이 높은 것도 이를 말해 준다.

3. 단독이주에서 가족이주로

이주자 중 20-30대의 노동연령층 남자로서 가족을 동반하지 않은 단

〈그림 2-6〉 조선인의 일본으로의 도항과 귀향(1931–1938)

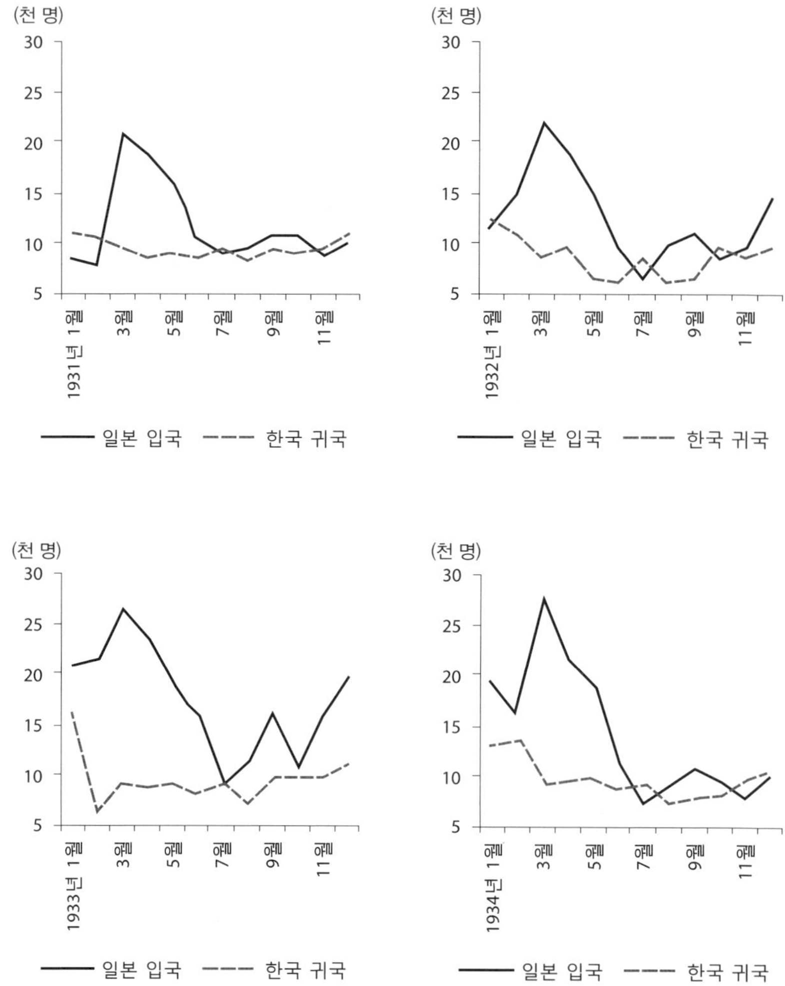

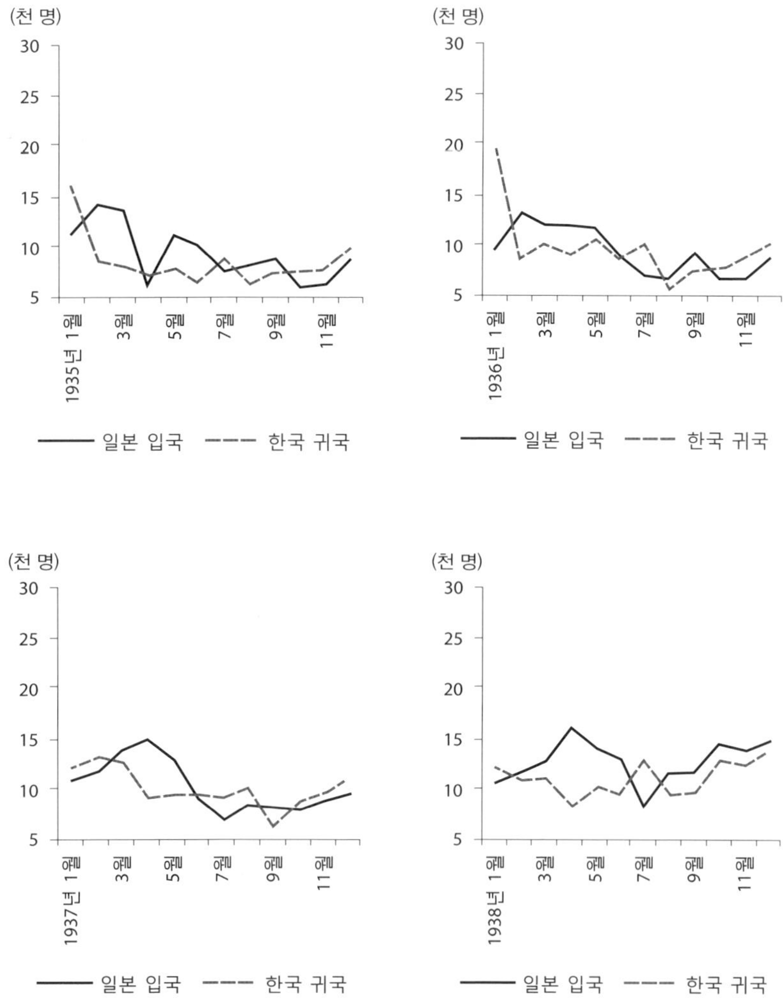

자료: 朝鮮總督府警務局(1939).

〈표 2-6〉 재일조선인 중 가족동반자의 비율(1922–1938)

(단위: %)

연도	비율	연도	비율
1922	15.9	1931	53.8
1923	18.6	1932	61.2
1924	11.5	1933	64.4
1925	21.5	1934	65.3
1926	22.5	1935	74.8
1927	결락	1936	75.8
1928	결락	1937	77.0
1929	41.1	1938	76.9
1930	44.9		

자료: 日本内務省警保局, 『社會運動の狀況』, 각 연도 자료에 근거하여 작성.

독이주자의 비율이 매우 높다는 사실도 노동을 위한 임시이주의 성격을 증명한다. 그러나 여러 통계들은 이주가 진전될수록 단독이주로부터 가족이주의 성격으로 변했음을 보여 준다.[11] 이는 일단 단신으로 이주했다가 나중에 가족을 데려온 경우가 많고(京都市社會課, 1937), 가족을 동반한 이주가 지속해서 늘어났으며(표 2-6 참조), 일본 내에서의 결혼 효과도 합쳐진 것이라고 볼 수 있다. 이주자의 성별, 나이 및 결혼상태가 노동을 위한 임시이주의 성격과 이후 차츰 이루어졌던 안정성을 나타내고 있다.

11 통계들은 단독으로 도항했던 사람들이 후에 가족을 데리고 갔다는 것을 말해 준다. 이 사람들이 일본에서 비교적 안정된 근거지를 이루었고 해방 후 일본 잔류층이 된 것으로 보인다.

4. 이주자의 출신지역과 직업

이주자의 출신지역은 단연 경상남도가 가장 많으며 그다음이 전라남도,[12] 경상북도의 순으로 많나(표 2-7 참조). 이것은 해당 지역들이 일본과의 근접성이 높고 농민 수가 많기 때문이다.[13]

조선인의 이주 지역은 주로 대도시와 광산 지역이다. 오사카에 가장 많은 조선인이 몰렸고, 후쿠오카, 효고, 도쿄 순으로 많은 조선인 인구가 있었다(표 2-8 참조). 홋카이도 광산 지역은 2차 세계대전 시기에 갑자기 인구가 늘어났다.

일본의 도시별로 특정 지역 출신이 몰리는 것을 볼 수 있다(표 2-9 참조). 오사카의 경우 전남 출신 사람들이 많고, 후쿠오카와 효고, 교토, 야마구치, 아이치는 경남 출신이 대세인데, 도쿄는 전남, 경남, 경북 출신이 퍼져 있다. 이러한 지역적 쏠림 현상은 앞서 언급한 연고에 의한 이주(chain migration)의 효과인 것으로 해석할 수 있다.

일제강점기 재일조선인 사회의 형성은 무엇보다 먼저 식민지적 병합으로 인해 전개된 조선 농촌의 피폐화로부터 비롯된다. 토지로부터 축출된 농민들은 산업화가 극히 미미했던 도시에서도 생활의 장을 찾지 못하고 해외로 밀려갔던 것이다. 일제강점기를 통하여, 소수의 지식인 유학생을 제외한 대부분의 일본 내 조선인은 농민 출신이었

12 여기서 말하는 전라남도에는 제주도가 포함되어 있다. 1934년 당시 제주도 인구가 20만 명이었던 데 비해 제주 출신 이주자 5만여 명이 일본에 있었다. 제주도는 육지와 이주의 성격이 다소 다르다. 제주도 당국이 제주도민의 도일을 적극 장려하였고 '도항 알선과 직업 소개' 등을 해 주었던 '제주도공제회' 회장은 제주도지사가 겸직했으며, 각 면장이 이 공제회의 지부장을 했다.

13 1930년 한국의 농민 수는 전체 15,714,698명이었는데, 지역별로 보면, 경기 1,301,947명, 충북 760,266명, 충남 1,038,484명, 전북 1,192,893명, 전남 1,826,923명, 황해 1,209,519명, 강원 1,176,790명, 경북 1,946,324명, 경남 1,547,044명, 평북 1,140,864명, 평남 923,169명, 함북 473,685명, 함남 1,176,790명이었다(Lee, 1936: 50).

〈표 2-7〉 출신지역별, 연도별 재일조선인 비율

(단위: %)

출신지역＼연도	1924	1934	1935	1936	1937	1938	1939	1940	1941	1942
경기	3.3	2.0	1.8	1.9	1.8	1.8	1.7	1.6	1.8	2.2
충북	1.4	3.0	2.9	2.7	2.7	2.8	2.0	2.9	3.2	3.6
충남	2.6	3.7	3.6	3.4	3.3	3.6	5.3	3.9	4.4	5.1
전북	3.2	4.9	5.1	5.2	5.4	6.1	6.6	6.5	6.9	7.2
전남	26.4	22.2	22.7	22.1	21.9	20.7	20.6	19.2	18.9	17.3
황해	0.9	0.8	0.8	0.7	0.7	0.7	0.7	0.6	0.9	1.1
강원	1.6	1.2	1.2	1.0	1.0	1.0	1.0	1.0	1.2	1.3
경북	17.6	21.9	22.2	22.6	22.4	23.1	23.9	24.6	24.2	23.8
경남	39.0	37.3	37.1	37.9	38.4	37.6	36.1	37.1	35.2	34.4
평북	0.7	0.8	0.6	0.5	0.5	0.6	0.5	0.6	0.8	0.8
평남	1.1	0.9	0.9	0.9	0.9	1.0	0.9	1.0	1.1	1.0
함북	0.5	0.5	0.4	0.4	0.4	0.4	0.4	0.4	0.7	0.7
함남	1.8	0.7	1.3	0.7	0.7	0.7	0.8	0.7	0.9	0.9

자료: 日本内務省警保局, 『社會運動の狀況』, 각 연도 자료에 근거하여 작성.

〈표 2-8〉 도시별 재일조선인 수

(단위: 명)

도시＼연도	1925	1930	1935	1938	1942
오사카	34,311	68,759	202,311	241,619	412,748
후쿠오카	14,245	25,039	39,869	60,105	156,038
효고	8,032	15,551	46,589	78,230	129,089
도쿄	9,989	30,260	53,556	64,321	122,135
아이치	8,528	23,134	51,461	61,654	123,910
야마구치	5,967	30,260	27,347	45,439	107,788
교토	6,823	16,212	42,128	53,446	77,796
홋카이도	4,450	9,551	9,414	12,063	66,987

자료: 日本内務省警保局, 『社會運動の狀況』, 각 연도 자료에 근거하여 작성.

〈표 2-9〉 도시별 재일조선인 출신지역 비율(1934)

(단위: %)

출신지역 \ 이주지역	오사카	후쿠오카	효고	도쿄	아이치	야마구치	교토
경기	2.0	1.5	0.5	5.1	1.7	1.5	1.5
충북	2.5	4.5	1.9	3.9	2.7	4.6	3.3
충남	3.0	5.8	1.3	1.6	6.1	2.9	5.9
전북	5.7	6.4	2.8	5.8	4.5	2.7	4.8
전남	44.0	9.7	10.8	15.5	12.3	6.7	11.4
황해	0.7	0.9	0.4	3.1	0.5	0.7	0.5
강원	0.7	2.1	0.2	2.9	0.6	0.6	3.3
경북	12.7	25.5	20.5	20.8	27.4	25.8	25.2
경남	26.7	41.7	50.0	24.7	42.7	56.2	41.5
평북	0.8	0.6	0.1	3.4	0.3	0.6	0.7
평남	0.5	0.8	0.5	3.5	0.5	0.6	1.0
함북	0.5	0.2	0.0	2.6	0.2	0.3	0.3
함남	0.3	0.3	0.4	4.0	0.6	0.2	0.6

자료: 日本内務省警保局, 『社會運動の狀況』(1934)에 근거하여 작성.

다. 이 시기 이루어진 여러 조사는 재일조선인의 90% 정도가 농민 출신임을 밝히고 있는데(神戸市社會課, 1930; 東京府社會課, 1936; Ishii, 1937: 207)[14] 이것은 당시 조선 내 인구 중 농민의 비율보다(1925년에 83%, 1930년에 81%) 더 높은 것이었다(東洋経済新報社 編, 1980: 545). 강제징용 노동자의 경우도 마찬가지였다.[15]

14 인용한 문헌들과 함께 日本内務省警保局, 『社會運動の狀況』(각 연도) 참조.

15 1942년 재일조선인의 97.8%가 농촌 출신이었다(勞動科學研究所, 1943).

〈표 2-10〉 재일조선인의 연령구성

(단위: 세, %)

연도 / 성별 / 나이	1920		1930		1940	
	남	여	남	여	남	여
0-4	1.5	10.5	8.5	20.1	15.2	22.2
5-9	1.2	7.3	4.3	9.4	10.2	14.6
10-14	3.0	12.3	4.0	7.1	6.9	8.7
15-19	14.7	18.6	12.7	14.1	10.6	10.8
20-24	32.0	19.5	20.9	16.1	13.5	10.9
25-29	23.1	12.6	18.0	11.3	12.9	9.9
30-34	13.9	9.5	14.7	9.2	10.5	7.2
35-39	5.8	4.0	8.5	4.8	7.6	4.6
40-44	2.9	2.3	5.1	2.9	5.9	3.6
45-49	1.1	1.4	1.8	1.3	3.0	2.0
50-54	0.4	0.7	0.8	0.9	1.8	1.7
55-59	0.1	0.6	0.3	0.3	0.8	1.2
60-64	-	-	0.2	0.7	0.5	1.1
65-69	0.1	0.7	0.1	0.5	0.3	0.7
70+	-	-	0.1	0.3	0.3	0.8

자료: 外務大臣官房調査課(1960)에 근거하여 작성.

〈표 2-11〉 재일조선인의 성 비율

(단위: 명, 여성 100명 당)

연도	남성 수	연도	남성 수	연도	남성 수
1920	807	1929	322	1935	166
1922	676	1930	301	1936	162
1923	677	1931	244	1937	155
1924	543	1932	212	1938	154
1925	537	1933	204	1939	154
1926	455	1934	184		

자료: 日本内務省警保局, 『社會運動の狀況』, 각 연도 자료에 근거하여 작성.

이들의 교육수준은 매우 낮아서, 55-60%의 이주자들은 문맹이었고, 이들의 일본어 해득률도 극히 낮았다(司法省, 1927; 山口縣警察部特別高等課, 1927; 日本內務省警保局, 1929). 경제사정도 매우 나빠서, 여러 조사는 이들이 일본에 입항할 당시 거의 무일푼이거나 극히 적은 액수의 돈만을 소지하고 있었음을 보여 주고 있다(山口縣警察部特別高等課, 1927; 東京府社會課, 1936).

이 조사들은 또한 이들의 이주 동기가 조선 내에서의 빈곤을 피하여 일본에서 직업을 찾기 위함이었음을 밝히고 있다(大阪市社會部調査課, 1924; 日本內務省警保局保安課, 1925). 이러한 상황은 일제강점기를 통하여 거의 변함없이 나타나고 있으므로, 이주민을 배출한 조선 내의 피폐한 상황(즉, 노동의 공급조건)은 전 식민시기를 통하여 그 성격이 거의 동질적이었음을 보여 준다.

5. 이주자의 연령과 성별

한편, 재일조선인의 연령구조도 일제강점기를 통해 차츰 변화했다. 20-30대가 지속적으로 많지만, 점차 나이 어린 인구와 고연령층의 비율이 늘어났다. 이것도 가족을 동반한 이주가 늘어난 것과 일본 거주기간이 늘어나면서 자연적으로 거주자의 연령이 높아진 효과를 포함한다고 볼 수 있다(표 2-10 참조).

〈표 2-11〉과 같이 일제강점기를 통해 남성의 비율이 높았으나, 시기가 지남에 따라 차츰 그 비율이 낮아져서, 앞의 가족상황이나 연령구조와 그 변화의 맥락이 같은 것으로 나타났다.

III. 강제동원기 이주의 특성

1939-1945년 강제동원기의 이주실태에 관한 수많은 양적 · 질적 연구가 이루어지고 있다. 특히 1990년대 이후 일본군 위안부 강제동원에 관한 연구들이 증가하고 있다. 여기서는 노동동원에 국한하여 노동영역과 지역을 고찰해 보고자 한다.

가장 많은 수의 강제동원 노무자들이 탄광과 건설현장 및 공장으로 이송되었다(표 2-12 참조). 당시 일본 정부의 통계에 의하면 석탄광산에 강제동원 노무자의 거의 반수가 배치되었다. 특히 석탄광산의 경우, 1945년 3월에는 전체 일본 석탄광산 노동력의 33.4%가 조선인이었다(표 2-13 참조).

이렇게 주로 탄광과 건설, 공장으로 동원된 조선인 노무자들의 도시별 배치를 보면, 홋카이도와 후쿠오카에 집중되었다(표 2-14).

IV. 일본에서의 직업과 종사상 지위 및 업종

일본으로 이주한 조선인들은 주로 대도시 및 광산 지역에서 최하층 노동자로 일하게 되었다. 〈표 2-15〉에서 이를 확인할 수 있다. 학생들도 신문배달 등의 일을 한 경우가 많다.

이들 대부분은 하층 공장노동과 건설노동에 집중해 있었으며, 노동의 지위상, 일본 노동시장의 이중구조를 단적으로 드러내는 일일노동자(비정규노동자)군에 속하였다. 일본에서 일일노동자 시장은 1920년대 후반 크게 확장되었다(竹中惠美子, 1970: 273-282). 하루 단위로 고용되는 이들 일일노동자는 주로 비숙련 노동자들 사이에 많이 퍼져 있었다(Kubota, 1958). 이들은 항상, 특히 겨울에는 거의 실업의 위험에

〈표 2-12〉 강제동원 조선인 노무자의 노동영역(1939-1945)

(단위: 명)

노동영역 / 연도	탄광	광산	건설현장	공장 및 기타	합계
1939	34,659	5,787	12,674	-	53,120
1940	38,176	9,081	9,249	2,892	59,398
1941	39,819	9,416	10,965	6,898	67,098
1942	77,993	7,632	18,929	15,167	119,721
1943	68,317	13,763	31,615	14,601	128,296
1944	82,859	21,442	24,376	157,795	286,472
1945	797	229	836	8,760	10,622
합계	342,620	67,350	108,644	206,113	724,727

자료: 東洋経済新報社 編(1980: 547).

〈표 2-13〉 일본 석탄광산 노동자의 민족별 구성

(단위: 명)

민족 / 시기	일본인		한국인	기타	합계
	정규 고용	시간제 고용			
1941년 12월	287,099	12,803	41,566	9,751	351,219
1945년 3월	243,771	22,005	136,751	7,362	409,889

자료: Cohen(1949: 300-301).

〈표 2-14〉 강제동원 조선인 노무자의 지역별 분포

(단위: %)

지역	1939년	1943년
홋카이도	36.9	27.2
나가사키	3.4	6.6
후쿠시마	5.5	4.2
후쿠오카	30.4	29.8
사가	6.3	4.5
기타	17.5	27.7

자료: 日本内務省警保局, 『社會運動の狀況』, 각 연도 자료에 근거하여 작성.

〈표 2-15〉 도시별 재일조선인의 직업

(단위: %)

도시	연도	학생	상업	농업	광산	공장	수송	건설	기타 산업노동	기타	무직
오사카	1938	0.7	4.8	0.1	0.0	28.8	1.2	7.7	9.0	13.4	34.4
	1942	0.9	3.4	0.1	0.0	29.2	1.3	7.3	8.7	14.3	34.8
도쿄	1938	9.9	8.3	0.0	0.0	10.0	3.1	9.7	8.2	13.2	37.6
	1942	13.7	4.3	0.0	0.0	13.8	2.6	9.7	8.3	15.3	32.2
교토	1938	2.3	7.5	0.2	0.7	13.6	1.7	17.2	6.2	13.1	37.6
	1942	2.7	2.8	0.9	1.9	13.0	1.0	16.0	7.1	17.8	37.7
아이치	1938	0.3	6.3	0.2	0.3	15.9	1.7	8.6	8.0	14.3	44.6
	1942	0.5	2.4	0.3	0.7	9.0	1.0	36.5	6.0	13.3	30.3
효고	1938	0.2	4.8	0.1	0.3	13.2	1.0	22.9	10.6	10.7	36.3
	1942	0.4	2.3	0.2	0.9	12.0	1.2	17.6	7.1	11.7	46.6
후쿠오카	1938	0.7	5.8	0.1	13.0	8.6	0.5	7.5	15.1	11.0	37.7
	1942	0.4	0.8	0.8	26.3	7.8	1.0	9.0	9.9	9.9	34.1
야마구치	1938	0.8	4.9	1.8	12.9	2.5	0.4	13.3	18.4	9.5	35.5
	1942	0.7	2.1	2.8	17.0	3.8	1.0	16.5	10.4	15.0	30.7
삿포로	1938	0.5	6.8	15.7	6.2	0.4	0.4	9.2	11.6	19.0	30.8
	1942	0.2	1.0	3.3	50.4	0.7	0.1	16.8	3.0	8.3	11.3

자료: 日本内務省警保局, 『社會運動の狀況』, 각 연도 자료에 근거하여 작성.

〈표 2-16〉 일본 6대 도시에 등록된 재일조선인 일일노동자(1925-1928)

(단위: 명, %)

연도	등록된 일일노동자 수 (6대 도시 전체)	조선인 일일노동자	
		수	비율
1925	24,417	2,920	11.9
1926	29,971	8,230	27.4
1927	25,331	8,452	33.3
1928	33,740	18,675	55.3

자료: Idei(1930).
*6대 도시는 도쿄, 오사카, 나고야, 요코하마, 고베, 교토를 가리킴.

노출되어 있던, 극히 불안정한 고용조건 속 산업예비군의 기능을 제공하고 있었다(Idei, 1930: 509). 〈표 2-16〉과 같이 일일노동자군(群) 중 조선인 노동자의 높은 비중은 초기 일본 산업화에서 조선인 노동자의 역할을 매우 확실히 말해 주고 있다.

건설노동이 특히 위험하고 계절적으로 유동적인 불안정한 노동이었던 것은 주지의 사실이고, 공장노동의 경우에도 조선인들이 고용되었던 곳은 노동환경이 매우 나빠서 일본인 노동자가 일하기를 꺼렸던 공장이다. 쓰야마(津山) 지역의 한 조사에 의하면, 그곳의 한 피혁공장은 노동조건이 나빠서 보통의 일본 노동자들이 일하기를 꺼렸으므로 피고용 노동자들 대부분은 조선인(30%)과 일본의 최하층계급이었던 부락민(56%)이었다고 한다(小林末夫, 1974: 96). 이들 일본에서 최말단을 점했던 두 집단이 함께 일하고 쟁의했던 기록은 일제강점기에 자주 발견된다.

조선인 노동자들이 밀집해 있던 오사카의 경우, 1931년 49%의 공장이 조선인 노동자를 고용하고 있었고, 이들 조선인 노동자의 수는 이 지역 일본인 노동자 수의 8.4%에 달하였다. 특정 업종에서 조선인 비율은 특히 높은 것으로 나타났는데, 요업의 경우, 90% 이상의 공장에서 조선인 노동자를 고용하였고, 이 업종의 공장에서 조선인 노동자의 수는 일본인 노동자 수의 55%를 점하였다. 이 밖에 목죽(木竹) 제조업(17%), 토목건설업(16%)도 조선인 노동자의 비율이 높은 업종이었다(大阪市社會部調査課, 1931).

V. 일본에서의 노동조건

일본 산업의 이중구조 속에서 조선인 노동자들은 중요한 몫을 담당했다. 그들이 특수한 노동분야에 집중해 있었던 것과 저열한 노동조건 속에 있었던 것이 이를 말해 준다. 조선인 노동자들에 대한 일본 기업가들의 차별적 대우는 사회 전반적인 편견과 정책적 차별의 맥락에서 형성되었다.

1. 임금

조선인 노동자들은 동일노동에 대하여 일본 노동자 임금의 약 절반을 받았던 것으로 보인다(표 2-17 참조). 1930년 오사카에서 행해진 한 조사에 의하면, 조선인 노동자들은 일본인 노동자들의 임금과 비교해, 공업 분야에서는 49%, 광업 49%, 건설 52%, 농업 37%, 어업 52%, 운수업 61%, 기타 33%의 임금을 받았던 것으로 나타났다(大阪地方職業紹介事務局, 1930). 전국의 노동자들을 조사한 『소화국세총람(昭和國勢總覽)』에서도 비슷한(다소 높은) 임금 수준을 보여 준다(東洋経済新報社 編, 1980).[16]

이 시기에 일본에서는 여성 노동자들이 남성 노동자 임금의 약 30%를 받았으므로(Taira, 1970: 18-36),[17] 일본 내 조선인 여성 노동자

---

16 시간이 지남에 따라 그 차이가 다소 좁혀진 것은 일본 사회에서 조선인 노동자들이 차츰 기반을 굳혔기 때문으로 볼 수 있다. 이 시기 일본에서 고용의 증대로 대부분 임금격차(산업별, 성별, 지역별)가 줄었는데(Taira, 1970: 18-36), 그 영향도 있는 것으로 보인다.

17 공업 분야에서 남성 노동자 임금과 비교한 여성 노동자 임금은 1933년 34%, 1935년 33%, 1940년 37%였다.

〈표 2-17〉 재일조선인과 일본인 노동자의 임금 비교

(단위: 엔, 연평균 일당)

구분	1930년			1935년			1940년		
	조선인	일본인	a/b	조선인	일본인	a/b	조선인	일본인	a/b
염색공	1.32	2.46	53.6	1.15	2.25	51.1	1.75	2.75	63.6
건구공	1.81	3.29	55.0	1.82	3.06	59.5	2.66	3.73	71.3
활판식자공	1.50	2.50	60.0	1.28	2.14	59.8	1.50	2.30	65.2
양복재봉	1.56	2.74	56.9	1.48	2.44	60.6	2.01	2.79	72.0
막노동	0.77	1.55	49.7	0.75	1.29	58.1	1.32	2.18	60.5
건설	0.93	1.97	47.2	0.91	1.60	56.9	2.04	2.59	78.7
짐꾼	1.33	2.50	53.2	1.16	2.13	54.4	1.88	2.78	67.6

자료: 東洋経済新報社 編(1980: 547).
*a: 조선인; b: 일본인.

들의 임금은 극히 낮았음을 알 수 있다. 1930년 오사카에서 노동자의 평균임금은 일본인 남자 노동자의 경우 2.65엔, 여자는 0.98엔, 조선인 남자의 경우는 1.39엔, 여자는 0.81엔이었다(大阪市社會部調査課, 1931).

2. 노동시간 및 작업환경

1929년의 한 조사에 의하면 조선인 노동자 중 11%가 하루에 10시간, 15%가 15시간의 노동을 했다고 한다(名古屋地方職業紹介事務局, 1929).[18] 작업환경은 매우 열악하였으며 같은 작업장 내에서도(건설이나 광산에서) 가장 위험한 일은 조선인이 맡도록 되어 있었다(司法省, 1927). 한

18 1934년 일본인 노동자는 평균 주 61.8시간의 노동을 하였다(Lockwood, 1954: 178-179).

광산 지역의 조사에 의하면 작업 중 재해 발생은 조선인의 경우(1.2%) 일본인에 비해(0.8%) 약 50%가 높았던 것으로 나타났다(福岡地方職業紹介事務局, 1929). 많은 수의 사람이 작업 중의 부상이나 질병으로 인하여 조선으로 귀향했다(朝鮮慶尙南道警察部, 1928).

3. 실업 및 이직률

이러한 불리한 상황 속의 조선인 노동자들에게 더욱 고통을 가했던 것은 경기변동에 따라 쉽게 해고되었던 점이다. 1930년에서 1936년 사이 재일조선인의 실업률은 15%였던 것으로 나타났는데, 그것은 같은 기간 중 일본인 실업률(5.12%)의 약 3배에 해당한다(朴慶植, 1979: 211). 완전실업뿐 아니라 자주 일을 거르는 불완전한 실업상태도 많았다. 1936년 4월 도쿄에서 행한 조선인 노동자의 실업상태에 관한 조사에 의하면, 실업자 중(가구주의 경우) 완전실업 2.95%, 월 16일 이상 실업이 42.5%, 월 10-15일 실업 12.7%, 월 10일 미만의 실업이 11.5%였다(東京府社會課, 1929).

후쿠오카 지방의 한 광산(飯塚鑛業所)에서는 1927년 35%의 조선인 노동자가 경기변동, 작업상황 등의 이유로 해고되었는데, 이에 비해 일본인은 17%가 해고되었다(福岡地方職業紹介事務局, 1929). 건설 노동자의 경우는 특히 겨울에 대부분 휴직상태였다(大阪地方職業紹介事務局, 1930).

특히 일일노동자의 경우 고용은 더욱 불안정하였다. 1925년의 한 조사에 의하면 전체 재일조선인 노동자의 약 3%가 실업상태였는데, 그중 일일노동자는 19.7%였다(神戶市社會課, 1930).

이러한 상황에서 조선인 노동자들의 이직률도 매우 높았다. 이즈카(飯塚) 광업소에서 1928년 매달 평균이직률은 조선인의 경우

32.7%, 일본인은 12.7%로 나타났다(福岡地方職業紹介事務局, 1929). 강제이주 노동자들의 노동조건은 더욱 심각했으나, 여기서는 언급을 생략하기로 한다.

VI. 사회적 차별

조선인들이 겪은 노동 상황에서의 차별은 차별적인 법적 지위와 거주지 차별과도 연관되어 있었다.

1. 법적 지위

조선인 노동자들의 법적 지위는 일차적으로 이들을 불리한 위치에 못박고 있었다. 합병으로 모든 식민지인은 자동으로 일본 국적을 갖게 되었다. 그러나 일본 법무성은 이들에게 일본 시민권을 획득하지는 못하도록 하였다. 일본인과 식민지인들에게 각기 엄격하게 분리된 호적체계를 적용하였는데, 조선인은 조선호적령에 따르도록 하였으며 일본에서 태어난 조선인 아이들을 포함한 재일조선인 모두에 대하여도 이 조선호적령을 따르도록 하였다(Lee, 1981: 136).

2. 거주의 분리

사회 전반에 걸쳐 존재했던 조선인에 대한 편견과 차별적 상황은 무엇보다 거주의 분리에서 나타났다. 초기에 조선인 노동자들도 공장기숙사나 방을 세내어 거주하였다. 건설노동자들은 건설현장에 마련된 방이나 작업반장의 집에 거주하거나, 건설현장 근처에 비를 막을 수 있는 정도의 천막을 치고 살았으므로, 건설이 끝날 때마다 거처를 옮겨야 했다(東京府社會課, 1929; 大阪市社會部調査課, 1929).

재일조선인의 수가 증가하면서, 특히 가족을 동반한 이주가 늘어나면서 일본인 사회와는 격리된 조선인 거주 지역이 형성되기 시작했다. 1925년경부터 나타나기 시작한 조선인 부락은 일본 사회의 전반적인 차별적 상황으로 인한 것이었다. 대부분의 일본인 건물주는 조선인에게 방을 임대하기를 꺼렸으므로 조선인들은 일본인 이름으로 방을 빌렸고, 이러한 과정에서 충돌과 분쟁이 매우 잦았던 탓에 별도의 조선인 거주지가 생겨난 것이다(大阪市社會部調査課, 1929).

조선인 부락은 대부분 교외지역의 빈 건물이나, 공사장이었던 곳을 중심으로 형성되거나, 시 당국에 의한 격리에 따라 이루어졌다. 1920년대 형성되었던 조선인 마을에 대한 조사의 예를 보자. 오사카에 있는 센보쿠군 기타카모리촌 하루키(泉北郡北掃村守春木, 속칭 조선촌)는 1922년 봄 19가구, 76명으로 이루어진 조선인 마을인데, 이곳은 이전에 기시와다(岸和田) 방적공장에서 조선인 노동자들이 사용했던, 당시에는 빈 건물을 중심으로 모인 것이다(樋口雄一, 1978: 551). 1937년에 이루어진 요코하마의 츠루미구 우시오다정 린포칸(鶴見區潮田町隣保館秉, 사회복지시설)은 이전에 공창으로 사용하였던 빈 건물에 형성된 것이었다(横浜市社會課, 1935). 도쿄 고토구 후카가와 에다가와정 1정목(江東區深川枝川町一丁目)의 조선인 마을은 1939년 도쿄시 당국이 강가나 다리 밑에 모여 살던 조선인들을, 도심에서 멀리 떨어진, 악취가 나서 일본인들이 가까이 살기 싫어하는 에다가와 1정목의 쓰레기 소각장 옆으로 강제이주시켜 이루어진 마을이다(在日朝鮮科學技術協會, 1978: 274-277). 오사카, 고베, 도쿄 등 조선인들이 집중해 있던 일본 도시에서 이러한 조선인 거주지에 대한 이른바 '조선인 문제'가 거론되기 시작하면서, 조선인 거주지의 분리가 해당 시 당국과 일본 및 조선 식민지 정부에 의해 다양하게 이루어졌다.

이들 조선인 마을은 매우 비위생적인 거주환경을 형성하여, 이들의 게토(ghetto)화 현상은 당시 일본 도시의 심각한 문제로 부상했다(京都市社會課, 1937). 따라서 이들 지역은 근처의 일본 주민이나, 토지 주인들의 진정, 그리고 시 당국의 도시계획에 의해 항시 철거될 위험에 직면해 있었다. 이들이 실제로 겪었던 철거와 격리의 사실은 무수히 많았다(樋口雄一, 1978: 559-562).

이러한 거주의 차별 외에도, 보험에 가입을 못하거나, 공중목욕탕에의 입장을 거부당하거나(日本內務省警保局, 1936), 소학교에서 퇴학을 종용당하는 등(日本內務省警保局, 1940), 사회적 차별의 형태는 무수히 나타났다. 1923년 관동대진재 시의 조선인 학살은 차별의 극단적인 표출이었다.

3. 재일조선인의 일본인에 대한 반감

1945년 7월에 만들어진 미 국무부의 보고서는 다음과 같이 기록하고 있다. "재일조선인은 토목현장, 공장, 그리고 탄광 등지에서 노동하고, 환경이 나쁜 빈민촌에서 지극히 낮은 생활 수준을 유지하고 있다. 또한 재일조선인은 일본인에 동화하지 않고 일본인과 대립관계에 있으며, 관동대진재 때의 학살사건 이후 일본인과의 관계는 험악해졌다. 1936년부터 내무성이 조선인의 융화정책을 시도했으나, 조선인과 일본인의 반목은 여전히 뿌리 깊게 남아 있다. 재일조선인은… 장차 차별하지 않을 것을 약속하며 조선인을 회유해 온 일본 측에 대하여 뿌리 깊은 반감을 가지고 있다(McCune, 1945. 김태기, 2004: 135-138에서 재인용)."

VII. 맺음말

조선의 피폐화로 인해 농촌에서 이탈하여 일본으로 이주한 조선인 노동자들은 일본에서 극심한 차별을 받는 재일조선인 집단을 형성하게 되었다. 1939-1945년 시기에 이루어진 대규모의 징용 노동자들은 이미 정해진 공장이나 건설현장 또는 광산으로 배정받았으므로, 이전 시기에 형성된 재일조선인 사회와는 다소 다른 상황에 처했다. 해방 후 일본에 잔류한 대부분의 사람은 강제동원기 이전에 이주하여 어느 정도 생활의 터를 잡은 사람들이라고 볼 수 있다. 이들이 해방 후 20년간의 한일 간 인적 교류의 공백에서 일제강점기부터 이어진 격리되고 차별받는 집단의 틀을 벗어나기는 극히 어려웠을 것을 짐작할 수 있다.

在日

제3장

조선인 일본 이주의 사회구조적 조건: 대만과의 비교

同胞

I. 머리말

일제강점기 조선인의 일본 이주는 한일합병으로부터 시작되었다. 일본이 전 시기의 외국인 입국 통제를 식민지 사람들에게는 해제했기 때문이다. 식민지 시기에 피폐해진 조선 농촌으로부터 노동력이 부족하고 이중노동시장이 진전되고 있던 일본으로 농민들이 밀려갔다. 반면 일제강점기를 통하여 대만인들 중 일본 이주자는 극히 적은 수의 유학생과 상인만이 있었을 뿐, 노동을 위한 이주는 거의 없었다. 1930년에 재일대만인은 1,500명에 불과했다. 2차 세계대전 시기에도 조선인 강제동원의 수에 비해 매우 적은 규모인, 10만 명의 대만인이 남양지역으로, 5-6만 명이 일본으로 강제동원되었다(高山, 1979: 148-149).

조선은 대만보다 일본과 지리적으로 가까우며, 언어와 문화도 더 가깝다. 또한 일본은 대만보다 조선에 대하여 더욱 강한 일체화 정책을 시행했다. 확실히 대만보다는 조선이 일본에 이주하기 쉬운 조건이었던 것이 사실이다. 그러나 그것이 대규모의 조선인 이주를 전부 설명할 수는 없다. 더욱 근본적인 이주의 조건을 만든 것은 조선 자체의 배출 환경을 형성한 산업화와 노동시장, 농토의 상황을 포함하는 사회구조의 변화였다. 식민지 시기 대만을 연구한 야나이하라(矢內原忠雄)는 대만 내에 농업생산과 공업발전의 수준이 높았기 때문에 노동을 위해 해외로 이주하는 사람이 적었다고 설명했다(矢內原忠雄, 1937: 182-184). 식민지 시기에 조선과 대만은 서로 다른 사회구조변화를 겪었고 이것이 양국의 일본 이주에 있어 차이를 가져온 것이다. 이 장에서는 대량 이주를 결과한 식민지 조선의 사회구조변화를 대만과 비교하면서 고찰하여, 이주의 조건을 더욱 명확히 이해하고자 한다.

멕시코인의 미국 이주를 분석한 바흐(Robert Bach)는 세계 자본주의 체제 밖에 있던 나라들이 주변(periphery)으로 포섭되어 가는 과정은 침투(penetration)와 통합(incorporation)으로 요약된다고 보았다(Bach, 1978: 539-540). 침투는 농민을 토지로부터 축출하고 경제를 세계시장에 드러내는 과정이며, 통합은 침투에 이어 그 주변국을 선진국의 생산과 연결하고 자원과 상품의 교환으로 이끄는 과정이다.

농민이 토지로부터 축출되는 것은 가장 일차적이고 중요한 식민지화의 과정이다. 전통사회에서 토지는 경제적 기능만이 아니라 정치적·사회적·문화적인 체제에 핵심적으로 연결되어 있기 때문이다. 폴라니(Karl Polanyi)는 근대의 식민지화는 전통사회에서의 그러한 토지의 기능을 분쇄했다고 지적했다(Polanyi, 1957: 178). 어떠한 나라의 경우에도 식민지 침투의 첫 결과는 토지가 농민으로부터 식민주의자나 기업가에게로 이탈되는 것이었다(Wolf, 1968: 217-280; Luxemburg, 1971: 377-385). 이러한 토지 박탈은 농민들의 대규모 이주를 결과했다.[1]

세계 자본주의 경제에 식민지 경제가 통합된 과정은 분업화, 즉 선진국 생산체체에서의 한 부분을 담당하는 과정이었다. 토지, 노동, 농업생산품의 상업화가 이 과정의 기반을 이루었다. 대체로 식민지의 생산품목과 생산량은 식민지 종주국의 필요에 따라 결정되고 강제되었다(Polanyi, 1957: 179). 앞서 언급한 야나이하라의 주장(矢内原忠雄, 1937)이 사실이라면, 이는 식민지화의 통합 과정과 관련이 있을 것이다.

이러한 식민지화 과정에 관한 여러 논의를 바탕으로, 이 장에서는 일제강점기 일본으로의 이주가 왜 조선에서만 일어났는가를 농민의 토지로부터의 축출과 그들을 받아들지 못한 조선에서의 산업화의 조건을 토대로, 특히 대만과의 비교를 통해 고찰하고자 한다.

1 또는 폭동이 일어나기도 한다(Wolf, 1968: 217).

II. 농촌의 변화

1. 일본인의 토지 수탈

1) 토지조사사업

조선(1910-1924)과 대만(1898-1903)에서 모두 식민지 병합 후 가장 먼저 실시한 사업 중 하나가 토지조사사업이었다. 토지조사사업의 과정에 관해 많은 연구가 이루어졌지만, 대만과 조선을 비교할 때, 사업기간 중 쟁의 건수가 대만에서 현저하게 낮았다는 것이 당시 양국 농촌 상황을 말해 주는 하나의 지표가 될 수 있을 것이다. 조선에서 쟁의가 33,939건이 일어난 데 비해 대만에서는 2,000-2,500건에 불과했다(宮島博史, 1983: 304).

2) 기업의 진출

조선의 경우, 토지탈취의 가장 활발한 주체는 동양척식주식회사(동척)라는 반(半)국가기관이었고, 이것을 매개로 하여 이주한 다수의 일본인이 농촌에서 경작지를 소유하게 되었다(Cohen, 1949: 34).[2] 이와 함께 후지농촌산업조합(富士農村産業組合), 평강산업조합(平康産業組合) 등과 같은 중소기업들이 토지투자와 일본인 이민사업을 위해 운영되었다(拓務省, 1930: 548). 조선에서의 일본인 토지점유는 소규모 자작농으로부터 대규모 지주에 이르기까지 모두, 쌀경작으로부터 고율의 소작료를 획득할 것을 주 목적으로 하고 있었다. 그러므로 이들은 쌀경작 중심의 조선인 자작농에 큰 압박을 가했던 것이다.

---

2 1917년까지 동척은 183,000에이커가 넘는 방대한 토지를 소유하게 되었다(조기준, 1973: 150).

이에 비하여 대만에는 우선 동척에 비견할 만한 기관이 없었다. 동척이 1908년에 일본에서 가장 큰 척식회사로 설립된 데 비해, 조선보다도 합병이 빨랐던 대만에는 1936년에야 비로소 그보다 훨씬 적은 규모로 대만척식회사가 설립되었다(拓務省, 1940: 469). 대만에는 또한 개인지주가 드물었고, 대신 제당회사들에 의한 토지점유가 대부분이었다. 여기에 사탕수수의 경작을 위해 새로이 개간한 토지가 많이 포함되어 있었음을 쉽게 짐작할 수 있다. 더욱이 이들 제당회사는 사탕수수의 경작보다 설탕제조에 역점을 두었으므로(Chen, 1968: 216), 경작지의 점유는 그 양에 있어서도 크지 않았으며, 경작방법에서도 남미와 같은 대규모 플랜테이션(plantation) 체제나 기계화를 도입하지 않고 소규모 경작지 체제와 노동집약적 경작방법을 유지하였다(Gold, 1981: 43). 그러므로 사탕수수의 가격이 일본의 독점적 제당회사들에 의하여 책정되는 등 여러 문제점이 있었음에도 불구하고, 이러한 토지점유의 양상은 식민지 시기 대만에서 기존 토지소유구조에 대한 압박이 상대적으로 약한 상황을 결과하였으며, 농촌 과잉인구도 쉽게 흡수하였던 것이다.

3) 농민의 이주

일제강점기에 일본 농업인구의 식민지 입국과 토지점유도 농민들을 토지로부터 축출한 요인이 되었다. 싼값에 토지를 구입하여 고율의 소작료를 받을 수 있는 조건 때문에 합병 이전부터 많은 수의 일본인들이 들어오기 시작했으며, 1912년 일본 민법의 조선 적용으로 이들의 소유권은 완전히 합법화되었다(Government-General of Chosen, 1911). 일본인의 농업을 위한 조선 이주는 일제강점기 전체를 통해 일본 정부로부터 권장되었는데,[3] 이들 일본인 농민 이주자는 조선의 농촌을 통제하고 일본과 조선의 일체화에 기반을 제공했으며, 일본 내지 인구과잉의 출구역할을 했다(東洋拓殖株式會社, 1928: 80; Steiger, 1936: 404; 조기준, 1973: 5; Suh, 1978: 76).

당시 농업전문가인 토고(東鄕實)는 대만은 농지 인구밀도가 높고[4] 기후가 일본인의 건강에 맞지 않으므로 농업이주에 적당치 않은 데 비해, 조선은 기후와 땅의 형질이 일본과 유사하고 쌀을 비롯한 곡물 재배에 적당하므로 일본인의 농업이주에 적절하다고 주장했다(Moskowitz, 1975: 78). 이러한 분위기에서 다양한 이주자들이 1880년대 말부터 조선으로 밀려들기 시작했다. 당시를 관찰했던 헨더슨(Gregory Henderson)은 1894년 매달 적어도 수천 명의 일본인이 조선으로 밀려들었다고 기록했다(Henderson, 1973: 260). 그들은 대부분 일본에서 하층에 속했던 소상인과 농민이었다(Conroy, 1960: 452). 합병 후 동척은 소농민과 대지주 두 개의 일본인 이주 프로그램을 시행했다. 회사가 이주의 비용 및 농업에 필요한 건축, 관개 등을 지원했으므로(Grajdanzev, 1944: 404) 이주자들은 높은 수익을 얻었다(東洋拓植株式會社, 1928: 80).

대만에서도 일본 정부는 조선에서와 마찬가지로 농촌을 통제하

---

3 합병 초기부터 조선총독부는 일본인 농업이주가 일본과 조선의 일체화(integration)를 위해 필요한 기반이라고 보았다(Lee, 1936: 281; Chen, 1968: 74).

4 일제강점기를 통하여 경작 가능한 농지의 인구밀도는 조선보다 대만이 높았다. 다음 표는 1에이커당 경작 가능한 인구 비율이다.

연도	조선	대만
1920	1.63	2.04
1925	1.78	2.18
1930	1.88	2.31
1935	2.02	2.61
1940	2.18	2.88

자료: 東洋経済新報社 編(1980: 541)에서 계산.

〈표 3-1〉 일제강점기 조선과 대만 거주 일본인: 총인구 중의 비율과 직종

(단위: 명, %)

구분		1920년		1930년	
		대만	조선	대만	조선
일본인 수		167,000	347,850	232,000	501,867
총인구 중 일본인 비율		4.4	2.0	5.0	2.5
직종	농업	4.4	11	4.6	8
	어업	2.0	3	2.1	3
	광공업	29.3	17	18.7	15
	상업, 수송	26.7	34	25.6	29
	정부관료, 전문가	37.2	29	45.6	35
	기타	0.4	6	3.4	10

자료: (인구비율) 東洋経済新報社 編(1980: 548).
(직종) Barclay(1954: 66-67).

고 열대작물의 재배 방법을 시험하기 위해 일본인 이주를 권장하여 여러 지원을 했으나 성공적이지 못했다. 그 이유는 여러 가지로 설명될 수 있다. 먼저 이미 합병 오래전부터 일본인이 알고 있었던 조선과 달리 대만 합병 당시 일본인들이 대만을 잘 몰랐다는 점(Hyman, 1959: 79), 기후 등 일본과 다른 환경(矢内原忠雄, 1937: 177)을 들 수 있다. 또한 일본에 있어 조선보다 대만의 전략적 중요성이 낮았던 점(Conroy, 1960: 50-55), 조선에서 대만보다 민족주의 문제가 심각했던 점(Hyman, 1959: 81; Chen, 1968: 126; Gold, 1981: 35), 일본이 대만에서보다 조선에서 더 강한 일체화 정책을 시행했던 점(Chen, 1968: 72-77), 조선총독이 대만총독보다 더 큰 권력을 갖고 있었던 점(Chen, 1970: 156) 등도 요인이었다. 그뿐만 아니라 대만의 농업지역에 이주한 일본인들 중에는 직업을 바꾸고 도시에 거주한 사람이 많았다(Ho, 1975: 81). 그 결과 대만에 이주한 일본인의 전체 인구당 비율은 조선에서의 비율보다 높았지만, 거의 반수가 정부 관료 및 전문가였으며, 광공업종사자가 많았

다(표 3-1 참조). 조선에서보다 대만에서 자국 농민에 대한 일본인 이주자의 압박이 적었을 것을 짐작할 수 있다.

2. 토지소유구조의 변화

일제강점기를 통하여 조선의 토지소유구조는 지속해서 소작농이 증대하고, 자작농 및 자작겸 소작농의 비율은 감소하는 방향으로 변했다. 이에 비해 대만에서는 소작농이 지속해서 줄었다.

대만에서도 조선에서와 마찬가지로 농촌지역의 통치를 위하여 대지주의 지위를 강화시켰으며, 이들로의 토지의 집중현상이 일어나기도 했다.[5] 그럼에도 대만에서는 전 식민지 시기를 통하여 소작농의 비율이 지속해서 감소하고, 대신에 자작 겸 소작농의 비율은 증가하였으며, 자작농의 비율은 별로 큰 변화가 없었다(표 3-2 참조). 조선에서 특기할 점은 대지주에 일본인이 집중되어 있었다는 것이다. 〈표 3-3〉이 그것을 보여 준다.

대만에서의 이러한 토지소유구조의 변화에 대하여 학자들은 소작농 중 새로운 기회, 즉 경작지의 확대와 생산량의 증대에 성공적으로 대응하여 토지를 구입할 수 있는 사람들이 증가했기 때문이라고 설명하고 있다. 이때 경작지의 확대와 생산량의 증대에 사탕수수 재배가 큰 역할을 했다는 것은 쉽게 짐작할 수 있다. 뒤 III절에서 보겠지만, 식민지 시기에 확대된 제당산업 및 그 관련 산업도 농촌의 과잉인구를 흡수하여 결과적으로 소작농의 비율을 줄이는 데 기여했을 가능성이 크다.

---

5 1920년 2%의 농가구가 35%의 토지를 소유하였는데, 1939년에는 2%의 농가구가 41%의 토지를 소유하기에 이르렀다.

〈표 3-2〉 식민지 조선과 대만의 토지소유구조

(단위: %)

연도	자작		반자작		소작	
	대만	조선	대만	조선	대만	조선
1910	33	–	24	–	–	43
1922	30	23	29	36	41	41
1925	29	24	30	33	41	43
1930	29	21	31	31	40	48
1935	31	18	31	24	38	58
1940	32	18	31	23	37	59

자료: 東洋経済新報社 編(1980: 548).

〈표 3-3〉 1930년 식민지 조선 내 122개 수리조합 지역의 농지소유 현황

(단위: 명)

면적	일본인	조선인
1.23에이커 미만	1,339	30,833
1.23–2.45에이커 미만	792	15,010
2.45–24.5에이커 미만	2,237	15,695
24.5–122.5에이커 미만	416	849
122.5–245에이커 미만	69	61
245에이커 이상	65	12

자료: 『동아일보』(1932. 9. 25).

3. 농민의 생활

일제강점기 농가 가구당 경작 가능한 면적은 조선보다 대만이 넓었다(표 3-4 참조).

1942년에 대만에 관한 연구서를, 1944년에는 조선에 관한 연구서를 낸 그라이단제프(Andrew J. Grajdanzev)는 논의 소작료가 1927년 대만에서는 43-35%였고, 조선에서는 1930년 50-60%였다고 기술했다

〈표 3-4〉 일제강점기 조선과 대만의 농가 가구당 경작 가능 면적

(단위: 에이커)

연도	조선	대만
1922	3.90	4.78
1925	3.87	4.83
1930	3.72	4.86
1935	3.55	4.86
1940	3.58	4.90

자료: 東洋経済新報社 編(1980: 541-542).

(Grajdanzev, 1942: 82; Grajdanzev, 1944: 113). 전반적인 생활수준도 조선이 낮았던 것으로 보인다. 1935년 1인당 쌀 소비량은 대만이 0.87곡(斛),[6] 조선이 0.41곡이었다(Chen, 1968: 213). 1935년 전기를 사용한 가구가 조선은 9.2%에 불과했는데, 대만은 34.5%에 달했다(拓務大臣官房文書課 編, 1941).

III. 산업화의 양상

1. 전통사회의 상황

대만과 조선의 전통사회는 문화적·정치적으로 매우 달랐다. 대만은 고립된 미개의 섬으로부터 네덜란드(1624-1662)와 청나라(1683-1895)의 점령을 거쳐 일제 치하에 놓이게 되었다. 그러므로 거의 한 번도 독립된 통치체제와 문화를 가져 본 경험이 없는 채로 일제를 맞았던

6 중국에서 곡식을 계량하는 단위로 10말(斗)에 해당한다.

셈이다(Grajdanzev, 1942: 11).

경제적인 면은 다소 달랐다. 말레이와 폴리네시아 계통의 원주민이 분산적으로 거주하던 대만은 네덜란드 점령하에서도 중국과 일본과의 무역을 위한 중개지로서만 중요성이 주어졌을 뿐, 자원의 개발은 거의 이루어지지 않았다. 그러던 대만의 성격이 변하기 시작한 것은 1644년 이후 명나라의 멸망과 함께 중국인의 대대적인 입주가 일어나면서부터다. 이때부터 경작지가 확장되어 중국의 쌀 경작양식이 이식되었으며 설탕과 차의 생산이 특화되기 시작한 것이다(Ho, 1978). 그러한 변화는 대만이 청나라에 편입된 이래 계속되었으며, 특히 1887년 새로운 통치자가 부임하면서 가속화되었다(Kuo, 1973: 236).

중앙집권적 통치체제와 단일민족의 문화를 오랫동안 가져 왔던 조선과 비교하면 일제에 병합될 당시 대만의 정치, 문화상황은 조선과 매우 달랐지만, 경제적 상황은 그다지 큰 차이가 없었던 것으로 보인다. 조선과 대만은 모두 쌀, 보리, 콩 세 곡물을 중심으로 한 농업사회로서, 전체 인구 중 농업인구의 비율[7]과 위 세 작물의 인구당 생산량[8]은 거의 비슷하였으며, 두 나라 모두 몇 개의 특용작물을 재배하고 있었다.[9]

따라서 일본 제국주의 체제로 편입될 당시의 대만과 조선의 산업상황은 대개 비슷하였다고 가정하여도 무리가 없을 것으로 생각된다.

---

7 1895년 대만의 농업인구는 79%, 1910년 조선은 84%였다.

8 1911년 대만의 경우, 인구 3,369,270명에 생산량 4,642,000곡, 조선은 14,055,869명에 17,942,000곡이었다.

9 대만은 차와 설탕, 조선은 인삼과 면화를 재배하였다.

2. 조선의 쌀 단작과 대만의 쌀 · 사탕수수 생산의 다각화

조선과 대만은 비슷한 시기에 일본 제국주의에 편입되어 일본 산업화의 한 보조적 역할을 담당하게 되었다. 그러나 이 두 나라는 전반적으로 비슷한 구조적 맥락에 위치했으면서도 여러 면에서 다른 점을 나타내었다. 무엇보다 중요한 점은 일본을 중심한 국제분업체제에서 조선과 대만이 담당한 역할이다.

대부분의 식민지 사회와 마찬가지로, 양국은 모두 원자재 제공과 공산품 소비지로서의 역할을 담당하였으나, 그 구체적 내용에서는 차이를 나타내었다. 즉 조선은 전 식민지 시기를 통하여 쌀의 생산지로서 일차적 중요성을 가졌으며, 1930년대 이후에 전시물품 조달을 위하여 중공업이 급속히 도입되는 과정을 겪은 데 비해, 대만은 쌀의 생산지이면서 동시에 사탕수수의 생산과 설탕의 제조를 함께 담당한 형태가 전 식민지 시기를 통하여 큰 변화 없이 지속된 것이다.

일제하 조선에는 쌀의 생산지로서 일차적 중요성이 주어졌다. 일본은 급격한 산업화 과정에서 식량부족 현상을 겪기 시작하였고, 이는 1차 세계대전 후 더욱 격화되었다. 일본 정부는 식민지로부터의 미곡 수입으로 식량부족을 완화하려는 정책을 세웠다. 1910년대가 식민지를 포함한 일본 경제 블록을 구축하기 위하여 토지조사사업 등을 통한 기초 작업을 행했던 시기였다면, 1920년대는 그 안에서 식민지들의 분업체계를 확립하고 생산을 증대하는 체계적 노력을 시작하는 단계였다고 볼 수 있다(Johnston, 1953: 50-51). 그러한 노력은 우선 1920년 산미증식계획으로 표출되었다. 산미증식계획은 1925년 자금부족으로 잠시 중단되었다가 1926년에 다시 시작되었고, 1934년 일본 내 쌀 가격 하락을 겪으면서 일본 정부의 요청으로 중단되었다. 그와 함께 면화생산과 면양양육이 장려되기도 했으나 곧 1937년 중일전

〈표 3-5〉 일본의 쌀 수입(1911-1938)

(단위: %)

연도	조선	대만	기타
1911-1915	24	20	56
1916-1920	37	18	45
1921-1925	47	17	36
1926-1930	57	21	22
1931-1935	65	30	5
1936-1938	63	35	2

자료: Johnston(1953: 51).

쟁이 발발하면서 다시 식량부족 현상이 나타나자, 쌀 생산으로 방향이 재정립되어 이후 전시하에 계속되었다(Chang, 1971: 172). 〈표 3-5〉에서 보듯이 일본은 쌀 수입을 점차 더 조선에 의존하게 된다.

조선으로부터의 쌀 도입은 우선 저렴한 가격 때문이었다. 조선에서의 쌀 생산은 일본에서 생산하는 비용의 70% 정도 소요되었다고 하는데,[10] 이는 조선의 낮은 생활수준(Ohkawa and Rosovsky, 1965: 58)과, 미곡상들의 대규모 정미, 운송 및 판매를 통한 유통경비 절약으로 인한 것이었다(河合和男, 1983: 389). 그러나 대만을 비롯한 다른 지역에 비하여는 다소 높은 가격이었던[11] 조선의 쌀을 선호한 것은 그것이 일본 쌀과 동일한 종류로서 일본의 요구에 맞았다는 점 때문이었

10 일본에서 쌀 1톤을 생산하는 데 든 비용은 1922-1929년에 40엔, 1926년에 36엔(圓)이었던 데 비해, 조선의 경우는 1923년에 26-29엔, 1926년에는 24-26엔이었다(Ishii, 1937: 171).

11 1921년부터 1933년까지 대만 쌀 그리고 그 외 외국쌀의 수입가격은 단위당 각각 조선 쌀 이입가격의 58.0-84.7%, 51.7-73.1%에 불과하였다(河合和男, 1983: 415-416).

〈표 3-6〉 일본 쌀 시장에서 쌀의 원산지(1910-1933)

(단위: %)

연도	일본	조선	대만	기타
1910-1913	89.3	1.1	2.7	6.9
1914-1917	91.4	3.9	2.2	2.5
1918-1921	83.6	6.4	2.7	7.4
1922-1925	78.3	9.8	3.8	8.1
1926-1929	75.1	13.9	5.6	5.4
1930-1933	75.6	15.2	7.0	2.4

자료: 河合和男(1983: 389).

다(河合和男, 1983: 389). 그리고 일본 쌀이 지역마다 다소 품질이 달랐던 데 비해, 조선 쌀은 그 질이 규격화되고 통제하기가 용이하였으며, 특히 자본가의 이해에 따라 상품가치를 높일 수 있던 점 등이 또 다른 이유가 되었다(Ishii, 1937: 171). 따라서 일제강점기를 통해 일본에서 조선의 쌀은 점점 더 큰 비중을 점하게 되었다(표 3-6 참조).

이것은 폴라니가 분석한 식민지에서 종주국의 필요에 따라 진행된 종속의 세 단계, 즉 상업화, 생산 증대, 종주국으로의 수출로 이어지는 과정과 정확히 일치한다(Polanyi, 1957: 179). 그러나 여기서 간과된 심각한 문제는 이러한 쌀 수출이 생산 증대와 잉여에 의한 것이 아니라는 데 있다. 조선의 일본으로의 쌀 수출량은 조선에서 농지의 확장이나 쌀 생산량의 증가를 넘어서는 것이었다.[12] 〈표 3-7〉은 그것을 말해 준다. 이것이 쌀을 주식으로 하는 조선의 농민들에게 어떠한 압

---

12 당시 조선에서는 쌀은 다른 곡물에 비해 그 생산량 증가에 한계가 있을 정도로 이미 전체 곡물 생산의 61%를 점하고 있었다. 쌀 이외의 곡물 생산은 밤 9.5%, 보리 7.2%, 콩 6.8%, 밀 3.3%, 팥 3.1%, 면화 1.7%, 기타 7.2%였다(Ishii, 1937: 171; 宮嶋博史, 1983a: 258-259).

〈표 3-7〉 일제강점기 조선에서 쌀 생산과 수출 지수(1915-1939)

연도	생산 지수	에이커당 생산 지수	경작지 면적 지수	수출 지수
1915-1919	100	100	100	100
1920-1924	106	106	99	167
1925-1929	109	106	103	286
1930-1934	126	116	104	375
1935-1939	150	127	105	379

자료: Chang(1971: 173).

박을 가했는지는 충분히 짐작할 수 있다. 실제로 조선 농민의 1인당 쌀 소비량은 일제강점기를 통해 지속해서 줄었다.[13]

조선과 마찬가지로 대만도 식민지 병합과 함께 일본 경제체제의 한 보조적 부분으로 편입되었다. 전 식민지 기간을 통하여 대만은 쌀과 사탕수수 및 설탕의 공급지로서 역할하였으며, 그중 사탕수수 및 설탕의 생산은 보다 중요한 위치를 점하였다. 전쟁 기간 중 군수공업이 다소 발전하였으나 특별한 역점이 주어진 것은 아니었다. 1895년 병합 이후, 일본은 대만에 쌀과 사탕수수 생산의 역할을 부과하였다. 앞서 논의한 대로, 대만에서 쌀의 생산은 그 품종이 일본 쌀과 달랐기 때문에 초기에는 조선에서만큼 중요성이 부여되지 않았다. 그러나 일본에서 식량부족이 심화되면서 1923년 이후부터는 새로운 품종이 도입되어 쌀 생산이 장려되었으며 생산증식을 위한 여러 방안이 시도되

13 조선에서 1인당 쌀 소비량(1912-1940)은 다음 표와 같다.

1912-1915년	1916-1920년	1921-1925년	1926-1929년	1931-1935년	1936-1940년
0.64석	0.61석	0.53석	0.47석	0.46석	0.54석

자료: Suh(1978: 86).

〈표 3-8〉 일제강점기 대만에서 쌀과 사탕수수 생산, 수확, 경작지의 지수 (1901-1940)

연도	쌀			사탕수수		
	생산	수확	경작지	생산	수확	경작지
1901-1910	100	100	100	100	100	100
1911-1920	117	104	112	306	95	323
1921-1930	154	120	128	608	164	371
1931-1940	220	145	152	1155	298	387

자료: Johnston(1962: 253-255).
*1901-1910년의 수치를 100으로 하여 비교한 지수임.

었다(Johnston, 1953: 56; Chen, 1968: 202-203).

처음부터 일본이 역점을 두어 대만에 부과한 역할은 사탕수수의 재배였다. 1896년부터 1904년까지 일본은 매년 평균 2,200만 엔 상당의 설탕을 외국으로부터 수입하고 있었다. 그것은 전체 무역적자의 50%를 상회한 것으로서, 설탕의 자급은 당시 일본에서 매우 시급한 문제였다(日本銀行統計局, 1966: 278-279, 282-289). 이러한 상황에서 대만의 사탕수수 생산은 일본 경제에 큰 도움이 되는 매우 중요한 부분으로 강조되었던 것이다. 일본은 대만에 사탕수수를 재배하도록 하여 1938년에 이르러서는 일본 사탕수수 수요의 85%를 대만으로부터 공급받았다. 그리고 이러한 대만의 사탕수수 생산은 일본이 세계 4위의 설탕 생산국이 되는 데 기여하였다(Grajdanzev, 1942: 59-60). 대만 식민정부는 사탕수수의 재배를 장려하기 위하여 여러 가지 정책을 시행하였다. 1902년에 발표된 법령은 사탕수수를 재배하고자 하는 사람에게 싼값에 씨앗과 비료를 구입할 수 있는 혜택을 주고 사탕수수 재배지를 위한 관개사업에 자금을 지원하는 내용을 담고 있었다.[14]

이와 같이 대만은 농업부문에서 주곡인 쌀의 생산 이외에 사탕수수라는 산업작물을 생산하는 이중의 역할을 담당하였다(표 3-8 참조).

조선의 쌀 생산량 증대에 비하여 대만의 농작물, 특히 사탕수수의 생산 증대는 가히 획기적이라고 할 만하며, 그것은 단위면적당 생산량 증대, 즉 농작기술이나 품종개량에 의한 것뿐만 아니라 새로운 경작지의 증대에 크게 의존하였음을 볼 수 있다.

대만에서 사탕수수의 재배는 곧바로 공업 발달로 이어졌다(Ho, 1978: 71-73). 사탕수수의 가공, 즉 설탕의 생산은 중요한 산업으로서 육성되었다. 사탕수수는 대부분 농작물 자체로 수출되었으나, 일부는 설탕으로 가공하여 수출되기도 했던 것이다. 전 식민지 시기를 통하여 경작된 사탕수수의 약 10%가 대만에서 설탕으로 가공되었다(Ho, 1968: 357). 제당업은 대만에서 전 식민지 기간 가장 중요한 산업으로 발전하였으며, 이와 더불어 비료(사탕수수 재배를 위한) 및 알코올(설탕 제조 과정의 부산물)산업 등 화학공업도 발전하였다.

대만총독부는 설탕 제조를 위하여 미쓰이, 미쓰비시를 비롯한 일본의 대기업들을 유치했으며, 1900년 대만제당주식회사라는 대만 최초의 기계공장을 세웠다. 대만총독부는 또한 1902년에 대만당업장려규칙(臺灣糖業獎勵規則)과 1905년 제당장취체규칙(製糖場取締規則)을 발표하고, 제당업에 대한 대만은행에서의 융자를 보장하는 등 제당산업을 장려하기 위한 일련의 정책을 시행하였다(藤井光男 外 編, 1979: 199).

14 "5에이커 이상의 땅에 사탕수수를 재배하는 사람은 5원어치의 비료를 배급받을 수 있으며, 매 0.25에이커의 경작지마다 3.4원 상당의 사탕수수 종자를 지원하도록 한다. 그리고 사탕수수 재배를 위한 관개와 배수시설의 50%를 정부가 부담한다"는 내용이었다(Ho, 1968: 320-321).

3. 공업의 발전

1930년 이전까지 조선은 일본 공산품의 소비지로서 공업발전이 억압되어 있었다. 1911년 회사령은 조선에서의 산업발전을 의도적으로 저지하고자 한 정책이었으며, 1920년 회사령이 폐지된 이후에도 조선의 공업은 소규모의 정미업만이 다소 존재하였을 뿐 매우 미미하였다. 이러한 상황이 바뀐 것은 1931년 일본이 만주 지역을 확보함과 동시에 준전시체제로 돌입하면서부터이다. 일본은 전쟁준비를 위하여 일본 내 경공업 중심의 체제를 중공업 중심으로 전환하고, 농업생산지로서의 조선에 중공업 생산의 한 부분으로서의 역할을 가중시킨 것이다. 특히 조선이 중공업화의 전략적 중요성을 갖게 된 것은 일본의 만주 점령으로 인하여 높아진 지정학적 이점 때문인 것으로 볼 수 있다. 만주와 일본 간의 무역을 위한 중개지로서, 그리고 일본 및 만주 시장에의 공급을 위한 공업생산지로서의 중요성이 인식되기 시작한 것이다(Schumpeter, 1940: 371). 또한 일단 만주가 점령되면서 조선은 러시아의 위협이 없는 일본 자본의 안전한 투자지가 된 것이다(Kwon, 1966: 81). 일본과 대만보다 풍부한 지하자원도 또 하나의 요인이었다(Schumpeter, 1940: 368).

이에 비하여 대만의 산업은 식민지 시기 초부터 지속적으로 성장했는데 이는 앞서 본 대로 곧 농업 분야와 직결된 것이었다. 사탕수수의 경작이 전 식민지 시기를 통하여 계속 중요성을 가졌으므로 그에 따라 제당산업이 압도적 비중을 점하였고, 그와 관련되어 비료 및 알코올산업이 발전하였다. 조선과 마찬가지로 1930년대 이후 중화학공업이 다소 확대되었으나 그 정도는 매우 미미한 것이어서 전체 공업구조를 바꾸는 것은 아니었다(표 3-9 참조).[15]

그 결과 일제강점기를 통하여 1930년대 말 이전 대부분의 시기에

〈표 3-9〉 식민지 대만의 공업구조(1921–1942)

(단위: %)

연도	방직	금속	기계 · 설비	화학	식품	기타
1921–1924	1.7	1.9	2.1	7.9	74.6	11.9
1925–1929	1.5	2.0	2.2	9.3	70.3	14.7
1930–1934	1.1	2.5	2.3	7.8	73.3	12.9
1935–1939	1.5	4.5	3.1	9.9	69.4	11.6
1940–1942	1.7	7.0	4.5	12.1	61.0	13.7

자료: Barclay(1954: 4, 38).

〈표 3-10〉 식민지 조선과 대만의 1인당 산업생산

구분	생산량	1913년	1919년	1930년	1935년	1938년
조선	전체(백만 엔)	27.9	228.9	281.0	607.5	1,140.1
	1인당(엔)	1.8	13.3	13.9	27.8	50.4
대만	전체(백만 엔)	34.0	212.9	246.9	293.5	394.1
	1인당(엔)	9.7	57.3	52.8	55.2	68.6

자료: 拓務大臣官房文書課 編(1938); Chen(1968: 220).

는 조선의 경제수준이 대만에 비해 크게 떨어져 있었다(표 3-10 참조). 이는 조선에서만 일본으로의 대규모 노동이주가 일어난 것을 설명하는 또 하나의 조건이다.

---

15 미쓰이(三井)는 일찍이 1987년 타이베이에, 1905년 타이난에, 그리고 1913년에는 타이중, 다거우, 지룽 등 대만의 주요 도시에 사탕수수 무역 및 제당을 위한 지점을 개설하였고, 1900년에는 대만총독부가 미쓰이의 도움을 받아 대만제당주식회사를 설립하였다. 그것은 대만 최초의 신식 제당공장이었는데, 1919년에 이르러 신식 제당공장이 38개로 늘어나는 급속한 팽창을 보였다. 이에 따라 설탕 생산도 급속하게 증대하였다(1910년에 204,000M/T을 생산하였는데 1930년에는 그 생산량이 810,000M/T, 1940년에는 1,133,000M/T으로 늘어났다). 사탕수수의 재배에 사용된 비료도 초기에는 자체 소비를 위한 자급자족적 생산이었다가 사탕수수 재배의 확대에 따라 상품화되어 그 제조산업도 증대하였다. 상품화된 비료는 크게 식물성(vegetable) 비료와 화학비료로 구성되었는데, 그중 화학비료 제조는 화학공업 생산에 중요한 부분을 점하였다(대만에서 화학비료의 사용은 1935-1937년을 100으로

4. 무역구조

앞서 본 바와 같이 1930년대 조선에서의 급격한 공업화는 자생적이거나 자력으로 이루어진 것이 아니라 일본 자본의 직접투자에 의해 주도되었으며, 뿐만 아니라 일본으로부터의 중장비기계 수입에 의존하여 전개되었다. 그러므로 이전 시기에 섬유제품 등 소비를 위한 공산품의 수입은 있었지만 쌀의 수출로 인하여 다소간의 흑자를 유지해 왔던 구조가 이때부터 뒤바뀌기 시작했다. 소비를 위한 공산품의 수입에 중공업화를 위한 기계류의 수입이 더해져 수입량이 과도해짐에 따라 무역구조의 역조현상이 일어나기 시작하였고 해마다 가중되었던 것이다. 1938년 조선의 수입액 중 가장 많은 양을 차지한 것은 기계류로 8,300만 엔이었으며, 그밖에 레이온(rayon) 직물(4,500만 엔), 석탄(3,100만 엔), 면제품(2,600만 엔) 등이 주요 수입품이었다. 이에 비하여 수출의 주종을 이룬 것은 변함없이 쌀이었다.

대만의 경우에는 전 식민지 시기를 통하여 쌀, 사탕수수 및 설탕이 수출을 주도하였고, 수입도 큰 변화 없이 비료 및 섬유제품으로 이루어졌으므로[16] 흑자구조를 지속하였다.

IV. 맺음말

일제강점기 조선과 대만은 일본의 식민지로서 많은 유사점을 가졌으면서도, 자본주의화 과정에서 다소 상이한 구조적 변화 과정을 경험

볼 때, 1920년에 25.4, 1930년에 54.1, 1940년에는 196.1의 증가를 보였다).

16 1938년 주요 수입품은 비료, 섬유제품, 목재 순이었다.

하였다. 식민지화되면서 조선과 대만은 모두 자급자족을 위해 생산하였던 주곡인 쌀을 일본으로의 수출을 위하여 상품화하는 과정을 겪었다. 그러나 조선에 비하여 대만은 농작물 생산량 증대가 빨랐으며 토지소유 구조에서도 소작농의 비율이 감소하는 현상이 나타났다. 이 장에서는 양국의 농업 분야에 나타난 이러한 차이가 일차적으로 조선의 경우에는 쌀 단작 농업구조, 대만의 경우에는 쌀에 더하여 특수화된 사탕수수 경작으로 인하여 이루어진 농업 분야의 확대에서 기인했던 것임을 추적해 보았다. 공업 분야에서도 조선과 대만은 일본의 요구에 따른, 일본 자본의 투자에 의존한 종속적 공업화라는 공통점을 지니면서도 중요한 차이를 보였다. 그것은 우선 인구당 공업생산액이 1930년대 이전에는 물론이고, 그 이후에도 대만에서 더욱 컸으며, 전반적으로 조선의 공업화가 1930년을 전후하여 단절적 과정을 겪은 데 비하여 대만의 공업화는 초기부터 비교적 완만한 발전을 보인 점, 조선에서의 공업화는 다른 산업 분야와 단절된 채로 이식된 데 비하여, 대만의 공업화는 농업 분야와 유기적 연관을 맺으며 발전한 점, 1930년대 조선의 공업화는 대기업이 주도한 데 비하여, 대만의 공업화는 시종 소규모 공장에 의하여 이루어진 점, 그리고 1930년대 일본으로부터의 기계도입에 의존한 조선의 공업화가 무역역조를 심화시킨 데 비하여, 대만은 전 시기를 통하여 다소간의 흑자를 지속했다는 점 등으로 요약할 수 있다. 이러한 공업화의 차이는 대만에서는 초기부터 제당산업이 장려되었고 전시체제로 인한 중공업화의 영향에서 벗어날 수 있었던 데 비하여, 조선에서는 1930년대에 중공업이 급격히 도입된 데서 기인했다.

이와 같이 일제하 조선과 대만의 산업화 과정은 그 전반적 틀의 유사함에도 불구하고 여러 차이점을 드러내었는데, 이는 결국 일본을 중심한 경제체제에서 양국에 부과되었던 생산 역할의 차이로부터 기인한 바가 컸다는 것을 볼 수 있었다. 이러한 산업화의 구조적 조건은 곧 농촌의 붕괴와 도시에서의 일자리 창출 상황과 직결되어 조선과 대만에서의 일본 이주 양상과 규모를 결정한 것이다.

在日

제4장

재일조선인의 사회운동: 노동자들의 조직운동을 중심으로

同胞

I. 머리말

한일합병과 더불어 시작된 조선인의 일본으로의 이주는 일본 내에서 적지 않은 규모의 재일조선인 사회를 형성하였다. 이들 재일조선인은 주로 소수의 유학생과 대부분의 노동자로 구성되었다.[1] 이들은 조선으로부터 계속 이어지는 이주와, 또한 그들 자신의 끊임없는 조선에의 왕래로 말미암아[2] 조선 내와 긴밀하게 연관을 가지며 일본 사회의 한 부분을 이루고 있었다.

이들은 일본 사회의 차별과 억압 속에서[3] 부단히 조직적 움직임을 보였는데, 조선 내의 운동과 일본인의 운동에 영향을 받았을 뿐 아니라, 그 운동들에 중요한 기여를 하기도 하였다. 그러므로 이들의 움직임은 당시 시대사에서 빼놓을 수 없는 중요한 부분인 것이다.

일제강점기를 통하여 재일조선인 운동은 크게 다음의 몇 가지 흐름을 나타내었다. 민족주의 운동, 무정부주의 운동, 공산주의 사상운동, 노동운동, 그리고 소수의 친일조직들이 그것이다. 여러 조직운동들은 그 형태나 특성에 따라 이와 같이 분류되기는 하지만, 사실상 많은 부분을 서로 공유하기도 하고 분계가 희미한 경우도 많았다. 사상운동과 노동운동은 상호 중첩되는 부분이 많았고, 또한 이들 사상·노동운동들은 그 속에 민족의식이 뚜렷이 존재했다(日本內務省警保局,

---

1 1925년 재일조선인의 94%가 노동 또는 무직이었고, 1.6%가 학생이었다. 나머지는 상인, 농민 등으로 구성되었다(日本內務省警保局保安課, 1925).

2 조사에 의하면 어느 해에는 일본에 거주하는 조선인의 수보다 일본에 이입하는 조선인의 수, 조선으로 돌아가는 조선인의 수가 더 많기도 했다. 이 중에는 계절에 따른 임시 이동도 많이 포함되어 있었다(日本內務省警保局, 1965).

3 이들은 법적·사회적으로 극심한 차별을 받았다. 앞서 제2장에서 살펴본 바와 같이 노동조건에서도 이러한 차별이 뚜렷하여 재일조선인 노동자들은 위험하고 불결한 노동에 주로 편입되었고 같은 노동에 대해서도 일본인 노동자 임금의 50% 정도를 받았다(東洋経済新報社 編, 1980: 547).

1940). 민족주의 운동과 공산주의 사상운동은 대부분 유학생들에 의해 전개되었고, 노동운동과 무정부주의 운동은 고학생(苦學生)과 노동자들에 의해 이루어졌다. 그러나 1920년대 이후 노동운동이 재일조선인 운동의 주류를 점하면서 노동운동에 지식인, 학생들이 대거 참여하였다. 그리고 친일운동은 직업이 있는 연기자(年基者)들에 의해 전개되었다(司法省刑事局, 1928).

자칫 경시되기 쉬운 재일조선인의 조직운동을 전체적으로 분석하고, 특히 이들의 대부분을 점했던 노동자들의 조직운동[4]을 보다 자세하게 고찰하는 것이 이 장의 내용이다. 이 장은 주로 일본 정부에 의하여 매년 조사 보고된 공식자료들에 기초했으며, 또한 주로 이 정부자료에 의존한 2차 자료들도 참고하였다. 일제강점기 여러 조직에 의해 발간된 잡지들이나, 아직 생존한 이 시기 증언자들과의 면담도 도움이 되었다.

II. 민족주의 운동

재일조선인 운동으로 가장 처음 나타난 것은 지식인, 특히 유학생들을 중심으로 한 민족주의 운동이었다. 이들 단체는 동창회, 학술연구

4 노동자들의 조직운동은 한편으로 공산주의 사상운동과, 다른 한편으로는 노동쟁의와 연관을 맺으며 구성되나, 또한 그것들과 구별되는 별개의 실체이다. 공산주의 사상 운동은 물론 노동운동에 이론적 기반을 제공하며 많은 인적 자원도 공급하였고 때로는 노동운동과 거의 하나로 혼합되어 전개되기도 했지만, 지식인들의 참여가 주를 이루어서 실질적인 노동운동과 괴리되는 경우가 많았다. 또한 노동쟁의는 노동운동의 중요한 부분으로서 전반적인 조직적 역량의 성장과 함께 발생한 경우가 많지만 자연발생적인 요소도 적지 않으므로 그것 자체를 노동조직운동과 동일시하기는 힘들다.

회 같은 학술모임과 기독교, 천도교 등 종교단체의 형태를 띠었다. 민족주의 운동은 전반적으로 일제강점기 전체를 통하여 사회주의 운동과 함께 가장 중요한 운동이었다. 재일조선인의 민족주의 운동은 시기에 따라 활동의 기복이 있었으며, 그 형태도 달리하며 발전했다.

1. 1910년대

1910년대에는 유학생들에 의해 순수한 민족주의 조직운동이 형성되어 유학생들뿐 아니라 노동자들의 의식계발에까지 영향을 미쳤다. 처음 나타난 조직은 1906년에 결성되었던 재도쿄조선기독청년회(在東京朝鮮基督青年會)와 조선연합야소교회(朝鮮連合耶蘇敎會)이며, 다음으로 1909년 도쿄조선유학생학우회(東京朝鮮留學生學友會)[5]가 조직된 후 1910년대에는 조선학회(朝鮮學會), 교토조선유학생친목회(京都朝鮮留學生親睦會), 동아동맹회(東亞同盟會), 호남유학생친목회(湖南留學生親睦會), 동양청년동지회(東洋青年同志會). 반도웅변회(半島雄辯會), 여자친목회(女子親睦會), 조선불교유학생회(朝鮮佛教留學生會) 등 많은 단체가 조직되었다(日本內務省警保局, 1916; 日本內務省警保局, 1918). 이 단체들은 각기 또는 연합해서 여러 행사나 모임을 열고, 각종 출판활동을 벌여 민족의식을 높이고 독립사상을 고취했다. 이들 유학생들의 민족주의 운동은 일본 내의 조선인들에 대해서뿐만 아니라 조선에 대해서도 지

5 1909년 조직될 당시 단체명칭은 대한여학회(大韓與學會)였다. 이것은 1911년 조선유학생우회(朝鮮留學生友會)로, 그리고 1912년에 도쿄조선유학생학우회로 개칭하였으며 유학생 민족주의의 중심단체로서 1930년을 전후해서 조선인 조직들이 일본 단체로 해소될 때까지 존재했다. 기관지 『학지광(學之光)』을 발행하여 많은 영향력 있는 논문들을 발표했다.

도적 역할을 행했다.[6]

2. 1920년대

1920년대 들어 시위나 집회 등 1910년대에 이은 민족운동이 계속되었으나, 그 성격이 바뀌기 시작했다. 1919년의 3·1운동이 세계열강의 큰 호응을 받지 못하고 파리강화회의와 워싱턴회의에서 조선인의 독립청원운동이 아무런 효과를 거두지 못하자 종래 벌여 왔던 민족주의 운동에 대해 깊이 반성하기 시작한 것이다. 우선 1910년대 거의 유일한 세력이었던 민족주의 운동이 1910년대 말부터 싹트기 시작했던 공산주의 운동에 비하여 많이 약화되었다. 일본 정부가 발표한 '조선인명부'에 의하면 1925년에 민족주의계가 152명, 공산주의계가 58명이었던 것이 1929년에 오면 각각 117명과 203명으로 되어, 그 활동 양상의 변화를 알 수 있다(日本內務省警保局, 1929).

보다 중요하게는 종래 하나였던 민족주의 운동 세력이 온건파와 급진파의 두 집단으로 나뉘었다. 온건파는 현 상태에서 독립은 불가능하다고 판단하고 일본의 세력을 인정하여 공존공영(共存共榮)을 본뜻으로 하는 것으로, 현재의 정치범주 안에서 조선문화를 개발하고 인력을 함양하여 이로써 민족적 지위를 향상하고자 하는 움직임이었다. 조선인의 참정권 청원운동, 내정(內政)독립운동, 특별회의 설치운동 등이 이들에 의한 것이었다. 이에 대해 급진파의 이상은 종전의 민족주의 운동과 마찬가지로 일본으로부터의 독립은 다른 어느 상황과

6 1919년 2월 8일 도쿄 유학생이 중심이 되어 독립선언을 발표하여 3·1운동의 발화점이 된 것은 그 한 예이다. 또한 이들 유학생 중 다수가 귀국하여 중요한 민족운동의 지도자가 되었던 사실을 상기할 수 있다.

도 공존할 수 없는, 절대적으로 실현되어야 하는 것으로서 이를 위해서는 직접 행동에 임해야 한다는 것이다(日本內務省警保局保安課, 1925). 조선 내 주로 중산층 계급에 의해 주도된 온건파 운동에 대하여 재일조선인 청년학생들의 대부분은 호응하지 않았던 것으로 보인다. 국회가 인정하는 범위 내에서 정치·교육·산업을 진흥시키는 운동을 하자는 1925년의 『동아일보』 사설에 대하여 도쿄조선유학생학우회, 여자학여회(女子學與會), 형설회(螢雪會) 등 유학생 민족주의 단체들이 크게 반발하여 『동아일보』 배척운동을 벌이기도 했다(日本內務省警保局, 1925).

유학생들의 민족주의 사상에 사회주의 사상이 다소 가미되기 시작한 것도 이 시기의 또 다른 특징이다. 국가 간의 착취는 계급 간의 착취와 같은 맥락에서 이루어지므로 민족의 독립과 계급의 타파는 서로 다른 축이 아니라 상호 맞물리는 하나의 움직임으로 볼 수 있으며 따라서 단순한 정치적 혁명은 불가능하고 경제적 해방을 수반해야만 가능하다는 주장이 유학생들 간에 일어났던 것이다. 당시 가장 대표적인 유학생 단체였던 도쿄조선유학생학우회의 기관지 『학지광』 25호(1925년 4월)에 게재된 신종석의 논문 「민족운동에서 본 사회운동(民族運動ヨリ觀タル社會運動)」은 이러한 사상을 나타낸 한 예이다. 이 논문에서는 우선 온건파 민족주의 운동에서 말하는 공존공영주의는 일고의 여지가 없다고 말하고 민족해방이 절대적인 우리의 목표라고 주장하고 있다. 그는 세계적 차원에서 행해지는 자본주의적 착취를 지적하고 민족 문제의 해결을 단순한 정치적 독립이 아니라 경제적 착취의 탈피라는 문제와 연결시켰다(日本內務省警保局, 1925).

이러한 민족주의와 사회주의가 혼합된 사상과 운동의 경향은 다른 한편 민족 간 파벌투쟁을 지양하고자 했던 사회주의 운동 세력의 경향과 합쳐져 1927년대 말 민족·공산운동 세력의 합동이라는 구체적 결과를 이끌었다. 1927년 초 도쿄조선유학생학우회의 제안에 의해 일월회(一月會), 재일본조선청년동맹, 재일본조선노동총동맹 등 도쿄의 민족·공산·무정부단체 18개가 규합하여 조선인단체협의회(朝鮮人團體協議會)를 창립하였다. 이것은 1930년대 일본인 단체로 해소할 때까지 재일조선인들의 통일된 활동에 지도적 역할을 행했다.[7]

한편 1927년에 도쿄, 오사카, 나고야 등지에 신간회 지회(支會)가 설립되었고 1928년에는 도쿄에 근우회 지회가 설립되어 민족·사회주의로 양립된 재일조선인 운동의 통합을 기도하였다.[8]

3. 1930년대 이후

1930년대에 들어서면서 1920년대의 경향은 더욱 진전되어 순수한 민족주의 운동 세력은 현저히 감소했다. 통계에 따르면 여전히 민족주의 단체와 그 인원수가 높은 것으로 나타나지만 하나의 운동 세력으로서의 뚜렷한 활동은 사회주의 운동에 비해 약했던 것이다. 1931년 민족주의계 단체는 144개, 인원은 11,887명이었고 공산계는 50개, 12,400명이었다. 이에 비해 요시찰 조선인은 민족주의계가 53명 공산주의계가 295명이었다(日本內務省警保局, 1931). 그것은 1920년대로부터 확산되어 점차 팽창되어 왔던 사회주의 운동 세력에 민족주의계가 압도·쇠퇴된 것으로(日本內務省警保局, 1932), 특히 재일조선인의 절대 다수를 차지했던 노동자들의 운동이 부흥한 것과 연관되었다고 볼 수

7 이 단체는 동양척식 및 기타 이민반대, 독립운동 희생자 구제, 반제국주의 동맹 지원, 범태평양 노동조합회의 지원 등의 활동을 벌였다.

8 그러나 이들 단체의 주도권은 대개의 경우 사회주의 운동 세력으로 기울어져 있었으므로 당시 양 세력의 통합으로 나타났던 이러한 움직임은 사실 여러 운동 세력들이 사회주의 운동으로 통합된 것이라고 볼 수 있을 것이다(坪江汕二, 1966: 305-308).

있다. 그와 함께 민족주의 단체에 사회주의 사상이 가미된 경향도 진전되었다. 대표적인 유학생 민족주의 단체였던 학반회(學反會)는 1931년에 사상·노동단체들이 일본인 단체로 해소할 즈음(이 장 VI-VIII절 참조) 사회주의적 편향이 강한 성원들의 주장에 따라 해체를 결의하고 대중적 결집력을 감행한다고 선언하였다(朴慶植, 1976). 이러한 가운데서도 3·1독립기념일, 6·10기념일집회 등의 민족적 시위가 계속되었던 것은 물론이다.

이렇게 사실상 운동의 표면에서 사라졌던 순수한 민족주의 운동은 1937년 중일전쟁 후 사회주의 계열 조직운동이 전면적으로 탄압된 이래 산발적으로 조금씩 다시 일어나기 시작했다. 중요한 사건들만 추려본다면, 1937년 도쿄에 비밀결사 평안그룹(平安グループ) 조직, 1938년 고베에 호쿠신상업학교유학생회(北神商業學校留學生會) 결성, 1939년 나고야에 민족부흥회(民族復興會) 조직 등이 있으며, 1940년 이후 이와 같은 비합법적 지하운동의 형태는 도쿄, 오사카, 교토, 나고야 등지에서 계속 확산되었다. 1941년에 교토에서 검거된 비밀결사 거생회(巨生會), 1942년 검거된 도쿄와 오사카의 비밀결사, 1943년, 나고야의 와룡회(臥龍會), 1944년 도쿄의 민족주의 그룹, 나고야의 조민위안회(組民慰安會) 등 민족주의 운동의 예는 무수히 많다(朴慶植, 1976c: 189-194). 이렇게 민족독립을 전면에 내세운 운동의 확산은 1937년 중일전쟁 이래 2차 세계대전이 시작되면서 재일조선인 대다수가 일본의 패배를 확신하고 이때를 조선의 독립을 위한 중요한 시기로 판단한 때문이라고 이해할 수 있다(日本內務省警保局, 1941). 이러한 민족주의 운동은 계속된 탄압 속에서 1945년 해방될 때까지 계속되었다.

III. 무정부주의 운동

무정부주의 운동은 민족주의 운동과 사회주의 운동에 비해 그 세력은 다소 약하였지만 일제하 재일조선인 운동에서 빼놓을 수 없는 중요한 또 하나의 흐름이었다. 무정부주의 운동은 사상적으로는 사회주의 사상운동과 거리가 가깝지만[9] 다른 한편 민족주의적 색채가 농후했다.[10] 이것은 특히 이 운동의 강한 폭력적 경향과 함께 다분히 실천적 민족운동의 표현으로 나타났다. 이들은 수적으로는 크지 않았지만[11] 그 사상과 활동은 매우 과격하여 일본 정부의 중요한 경계의 대상이었다.

무정부주의 운동 조직은 1921년 흑도회(黑濤會)가 조직됨으로써 시작되었다. 이 조직은 후에 풍뢰회(風雷會)로 재조직, 다시 흑우회(黑友會)로 개칭하면서(1923) 출판을 포함해 적극적인 활동을 벌였으나 1923년 조직원 다수가 검거되어 활동이 좌절되었다. 이후 운동은 부진하고 공산주의 운동에 압도되었다.

흑우회의 잔류성원들은 간부들이 검거된 직후 흑색청년연맹(黑色青年連盟)을 조직하고 후에 부령사(不逞社)로 개칭하였다가 다시 흑풍회(黑風會)로 개칭하고 1927년 조선자유노동자조합(朝鮮自由勞動者組合)을 결성하였다. 이 단체는 1928년 다시 흑우연맹(黑友連盟)으로 개칭하고 극력(極力) 조직의 재건 확대에 노력하였으며 1929년 극동노동조합(極東勞動組合)을 설립했다.

---

9 무정부주의 최초의 단체로 여겨지는 흑도회는 뒤에 이루어진 최초의 사회주의 사상운동 단체인 북성회(北星會) 창립 멤버의 다수를 포함했던 단체였다.

10 당시 일본 정부는 이들 체류조선인 무정부주의 운동은 민족운동의 한 측면으로 보아야 한다고 지적했다(日本內務省警保局保安課, 1926).

11 1931년 무정부주의계 단체는 12개, 그 인원은 647명으로 보고되었다. 앞서 언급하였듯이 동년에 민족주의계는 144개 11,887명, 공산주의계는(노동운동 포함) 50개, 12,400명으로 나타났다(日本內務省警保局, 1931).

한편 도쿄에서 1928년 무정부주의 단체 자유청년연맹이, 1930년 흑기노동자연맹(黑旗勞動者漣盟)이 결성되었다. 같은 해 오사카에서 아나키스트청년연맹(アナキスト青年連盟)과 도리키노동자연맹(東力勞動者漣盟)이 결성되었고, 1931년 아이치에 일본인과 함께한 중부흑색일반노동조합(中部黑色一般勞動組合), 효고에 조선동우회(朝鮮同友會)가 설립되었다. 이들 조직들은 일본인 무정부주의 단체 및 조선 내지와 밀접한 연결을 가지면서 운동을 전개하였다.[12]

무정부주의 운동은 1930년대에도 계속되었으나 대세는 공산주의 및 노동운동으로 기울어 있었으며, 만주사변 및 중일전쟁이 발발하면서 더욱 쇠퇴하였다.[13] 1938년 도쿄조선노동자조합(東京朝鮮勞動者組合)의 3단계 해산을 최후로 무정부주의 단체는 절멸하였고 몇몇 비밀결사만 남아 활동하였다. 비밀결사 중 대표적인 것은 1939년 도쿄에서 조직된 건달회(建達會)이다. 이 단체는 폭력적 활동을 통하여 천황제를 타도할 것을 목적으로 하고 구무정부(舊無政府)계 동지 및 소상인, 노동자들을 포함한 치밀한 조직을 꾀하였으나 1940-1941년에 걸쳐 검거되었다(日本內務省警保局, 1941).

IV. 공산주의 운동

일제강점기의 재일조선인 공산주의 운동은 크게 정치적·사상적 경향의 운동과 실질적으로 노동자들을 위한, 이들을 중심으로 한 노동운

---

12 이러한 주요 단체 외에 조선무산자사회연맹(朝鮮無産者社會連盟), 조선신진회(朝鮮新進會), 게이린무자본청년동맹(鷄林無資本青年同盟) 등 무정부주의계 단체들이 많이 조직되고 소멸되는 과정이 전개되었다(日本司法省刑事局, 1973: 31-34).

13 1934년 단체의 수는 11개, 인원은 616명에 불과했으며 그 세력은 매우 미약했다(日本內務省警保局, 1934).

동으로 대별될 수 있다. 그러나 이 두 갈래의 운동은 상호 깊이 연결되어 분리하기 힘든 점이 많았고, 특히 전국 연합 노동단체인 재일본조선노동총동맹(在日本朝鮮勞動總同盟)이 결성된 1925년 이후부터 사상·노동단체가 일본 단체로 해소된 1930년대의 기간에는 사실상 하나로 합쳐졌던 것으로 볼 수 있다.

1. 1910–1920년대 초반

재일조선인 운동이 거의 민족주의 운동으로 대표되었던 1910년대를 지나 1920년대 초반부터 재일조선인 운동은 사회주의 운동의 획기적인 확대로 특징지어진다. 1910년대 말부터 재일조선인, 특히 유학생 간에 사회주의 사상이 확산되기 시작됐는데 이것은 앞서 말한 바와 같이 3·1운동, 파리회의 및 워싱턴회의 등을 계기로 종래의 민족주의 운동을 깊이 반성하던 때에 1917년 러시아혁명의 충격으로 사회·노동 문제에 사회의 관심이 크게 환기된 때문이라 볼 수 있다. 여기에 일본인의 사회주의 운동과 조선 내의 운동이 그 직접적 자극이 된 것으로 이해된다. 또한 재일조선인 사이에 이 운동이 매우 빠르고 활발하게 확산되었던 것은 일본에서의 민족적 차별에 대한 반감이 또 하나의 요인으로 작용했던 때문이다.[14]

1920년대부터 재일조선인 운동은 민족주의 운동과 사회주의 운동으로 양립되었고 후자는 점차 그 활동과 세력이 확대되어 민족주의 운동을 압도하게 되었다. 그러나 이러한 사회주의 운동의 확대는 민족주의 운동에 자포자기한 사람들이 다수 참여함으로써 가능했던 것

14 재일조선인의 사회주의 운동이 확대되면서 이것이 일본인과 조선 내의 운동에 영향을 준 것은 물론이다(日本內務省警保局, 1933).

으로 보이며 따라서 이 시기 사회주의 운동의 의식적 구성요소에는 민족주의적 요소가 상당 부분 포함되었던 것을 짐작할 수 있다. 일본 정부는 조선인 극좌운동은 궁극적으로는 민족해방을 목표로 하는 민족주의 운동이라고 지적하였다(日本內務省警保局, 1934).

1910년대 말부터 사회주의 간행물과 소그룹이 산발적으로 나타났다. 1917년 도쿄에 도쿄노동동지회(東京勞動同志會)가 조직되었으며, 앞서 본 도쿄조선유학생학우회도 사회주의 사상을 가진 유학생들로 구성되었다. 이들은 1922년 서울에 와서 『조선일보』에 "전 조선 노동자제씨(勞動者諸氏)에게 격(檄)"이라는 제목으로 소위 '동우회(同友會) 선언'을 발표하고 조선의 운동을 민족주의 운동에서 사회주의 운동으로 방향전환할 것을 주장했다(日本司法省刑事局, 1973: 60).

그러나 본격적인 사회주의 사상단체의 조직운동은 1922년 전년도에 조직된 무정부단체 흑도회 내의 몇몇 성원이 이탈하여 북성회를 조직하면서부터 시작되었다. 이들은 사회주의를 연구·선전하는 데 주력하고 조선과 일본에 순회강연 및 조직화를 시도하여 일본 안에서뿐만 아니라 조선 사회의 운동에 일익을 담당하고자 했다. 북성회 간부는 귀선하여 서울에 신사상연구회(후에 화요회(火曜會)로 개칭), 토요회(土曜會)[15] 등 북성회계 사상(北星會系思想)단체를 조직하고 1924년에 건설동맹(建設同盟)과 합동해서 북풍회(北風會)를 조직했다(日本司法省刑事局, 1973: 60-61). 이 단체는 1925년에 해체하였고 새로이 일월회(一月會)라는 이름으로 조직되었다. 일월회는 기관지 『사상운동(思想運動)』을 발간해 과학적 사회주의를 보급·선전하고 조선수해구제금을 모집하는 등의 활동을 벌였으며 도쿄조선무산청년동맹회(東京朝鮮

15 후에 무산청년동맹회(無産青年同盟會)와 합동해서 신흥청년동맹(新興青年同盟)이 되었다.

無産青年同盟會)와 도쿄에 있는 여성들로 구성된 자매단체인 삼월회(三月會)를 결성했다. 이밖에 도쿄에 신흥과학연구(新興科學研究, 1926년 결성), 신리회(新里會, 1925년 결성), 오사카에 삼일무산청년회(三一無產青年會, 1922년 결성) 등 여러 사상단체가 있었으나, 가장 대표적인 단체는 일월회로 보인다(日本內務省警保局保安課, 1925).

이 일월회를 중심으로 일어났던 계몽단계의 사회주의 운동은 차츰 실제 운동으로 눈을 돌리고 분산적 경제투쟁으로부터 집중적이고 전면적인 정치투쟁으로의 방향전환을 선언했다. 이론적 운동으로부터 실질적 운동으로의 이 방향전환 선언은 실상 당시의 전반적 공산주의 운동 세력이 사상운동으로부터 노동운동으로 전환되고 있음을 암시하기도 한다. 또한 이 방향전환은 종래 여러 사상단체가 분산되어 있고 한 단체 내에도 파벌투쟁이 있던 상황이 민족의 대동단결을 저해한다는 사실을 반성하며 통일합동전선을 모색하는 움직임이기도 했다(朴慶植, 1975e: 181-182).

1926년 일월회는 해체를 선언하고 도쿄조선청년동맹회(東京朝鮮青年同盟會)를 결성했다. 잇달아 오사카, 교토에도 같은 단체가 설립되었고 1928년에는 이들 여러 단체들이 상호 통일된 단체의 필요를 느끼고 오사카에 재일본조선청년동맹(在日本朝鮮青年同盟)을 조직했다. 같은 해 도쿄, 오사카, 교토에, 1929년에는 효고에 지부를 설치하고 기관지 『청년조선(青年朝鮮)』을 발행했다. 재일본조선청년동맹은 재일본조선노동총동맹 등의 노동단체들과 밀접한 관계를 가지면서[16] 1920년대 말-1930년대 초 일본 단체로의 해소기에 일본공산청년동

16 재일본조선청년동맹은 1929년 대회에서 재일본조선노동동맹 및 그 소속조합의 청년부 조직에 대한 원조를 결정하고 동맹 내에 연구회 등을 조직해서 전위적 청년의 양성에 주력했다(朴慶植, 1975e: 185).

맹에 흡수될 때까지 사상운동의 대표적 단체로 활동하였다.[17]

2. 1920년대 말–1930년대 초: 일본 단체로의 해소기

앞서 언급한 바와 같이 1920년대에 민족주의 운동과 사회주의 운동이 양립하자 양자의 통합을 주장하는 움직임이 일어 1927년에 조선인단체협의회와 신간회 지회, 1928년에 근우회 지회가 결성된 것이 사상운동의 한 흐름을 이루었다. 이것은 1930년대 초에 해체되어, 일본 극좌단체로 편입되었다.

한편 조선 내 공산주의 운동이 재일조선인에게 직접 파급되어 1927년 도쿄에 조선공산당 일본 총국을 비합법적으로 설립하였고(조선 내 조선공산당 조직 설립은 1925년) 재일노동자와 청년들을 지도하여 이들 간에 경제투쟁을 격발하고 그것을 다시 정치투쟁으로 전환하도록 지도하고자 했다. 이 단체는 일본 내에서 산둥 출병, 조선 · 만주 증병반대, 치안유지법 개정 등의 악법반대, 3 · 1기념일 투쟁, 반전민주화투쟁, 독립투쟁 등을 주도하였으나(朴慶植, 1979: 45) 1928년 일제 검거를 당했다. 또한 1929년 도쿄 등지에 고려공산청년회 일본부를 설치했으나 1929년 일제 검거당했다.

이러한 탄압 속에서 1928년 이후부터 1930년대 초반 일본 단체로의 해소기까지 조선공산당 재건운동이 일어났다. 1928년 이들은 공산주의 이론잡지 『계급투쟁(階級鬪爭)』을 발간하여 당 재건운동을 전개했고 1931년에는 조선공산당재건설동맹(이후 조선공산주의자협의회로 개칭)을 조직했다. 1931년 계속된 탄압 속에서 노동계급사를 조직하

17 1929년에 검거된 오사카조선적화당(大阪朝鮮赤化黨), 조선무산청년독서회(朝鮮無産青年讀書會) 등 여러 단체들이 존재했다.

여 『노동계급(勞動階級)』을 발행하고 비밀리에 지도기관으로서 조선공산주의자 재건협의회 일본출판부를 조직했다. 이 단체는 주요 성원의 다수가 체포되고 잔류성원들은 일본공산당에 합류하게 됨으로써 활동이 중지되었다.[18]

문화 중심의 프롤레타리아트 문화운동이 또 하나의 주요한 움직임 중 하나였다. 이미 여러 단체들이 발행한 기관지를 통하여 이 운동은 진전되고 있었다고 보아야 하겠지만, 하나의 체계적인 조직운동으로 이루어지기 시작했던 것은 1927년에 조선프롤레타리아예술동맹(서울에서 1925년에 결성) 지부가 도쿄에 설치되면서부터이다.[19] 이 단체는 자신을 무산계급의 예술운동을 위한 것으로서 무산계급운동의 일부분으로 삼고 봉건적 자본제적 관념을 철저히 배제하며, 이에 항거할 것을 선언하였다. 이 단체는 기관지 『예술운동(藝術運動)』을 당시 검열이 극심했던 서울을 피해 도쿄에서 간행했고 1929년에는 재일조선인 계몽을 목적으로 합법적 출판사 무산자사(無産者社)를 조직, 기관지 『무산자(無産者)』(이것은 사실상 『예술운동(藝術運動)』의 속간이다)를 발행하였다. 이밖에 이 시기 여러 사상단체에서 발행했던 기관지들도 문화운동에 합류했던 셈이다.

1931년에는 앞서의 제 단체(조선프롤레타리아예술동맹 도쿄 지부, 무

18 이 조선공산당 재건운동은 1930년대 후반 조선과 일본 내에서 다시 일어났다(坪江汕二, 1966: 317-322).

19 이것은 물론 일본 내 프롤레타리아트 문화운동에서 영향받은 바도 크다고 할 수 있다. 일본에서의 이 운동은 1921년 좌익문화인들이 공산주의 문화운동을 벌이기 시작하여 1926년에 일본프롤레타리아문예연맹(日本プロレタリア文藝連盟)을 결성, 『문예전선』이라는 기관지가 나오면서 본격화되었다. 1926년에는 수위예술가동맹(首衛藝術家同盟)이 결성되고 이것은 앞의 프롤레타리아문예연맹과 합동하여 전일본무산자예술연맹(全日本無産者藝術連連盟, NAPF) 운동을 주도하였으며 이후 여러 단체를 통합하여 1931년 정치적 편향이 농후한 일본프롤레타리아문화연맹(日本プロレタアア文化連盟, KOPF)을 결성한 바 있다(坪江汕二, 1966: 365-366).

산자사 등)의 성원이었던 몇몇 사람들이 보다 적극적인 마르크스주의 예술 이론의 연구단체로서 동지사(同志社)를 결성하고, 기관지 『동지(同志)』를 간행하며 문예, 연극, 영화 음악, 미술 등 여러 부문에서 활발한 운동을 전개하였다. 이것은 조선-일본 합체운동기인 1932년 일본프롤레타리아문화연맹(日本プロレタリア文化連盟, KOPF)에 해소하여 프롤레타리아조선협의회(コップ朝鮮協議會)로서 활동하였다. 이 단체는 기관지 『대중의 친구(大衆の友)』를 발행하고 '조선의 밤(朝鮮の夕)' 등을 개최하였으며, 삼일극장 등의 이동예술활동을 벌여, 카프(KAPF)의 가명단체 중 가장 활발하였다. 프롤레타리아조선협의회는 1934-1937년의 인민전선적 운동 중 도쿄신연극연구회(東京新演劇研究會), 조선예술좌(朝鮮藝術座), 학생예술좌(學生藝術座) 등의 합법적 단체를 조직하여 사회주의 사상을 보급하고자 하다가 검거되었다(朴慶植, 1975e: 185; 朴慶植, 1976b: 176-179).

이러한 여러 갈래의 공산주의 사상운동들은 점차 가혹해진 일본 정부의 탄압과 1928년 코민테른 6차대회가 채택한 '일국일당주의', 그리고 일본인 공산주의 단체들의 협력 등에 의하여 1929년부터 1930년대 초에 걸쳐 일본인 단체로 해소되었다.[20] 일본인 단체와의 협동기간과 그 후의 인민전선 운동시기(대략 1934-1937년의 기간) 공산주의 운동은 매우 약했으며 사실상 사상운동과 노동운동으로 구별하기가 더욱 힘들어졌다.

20 이에 대해서는 이 장의 VII절, '2. 일본인 노동단체로의 해소'에서 보다 자세히 논할 것이다.

3. 1937년 이후

이와 같이 쇠약해졌던 공산주의 운동은 1937년 중일전쟁 이후 비밀결사의 형태를 띠고 산발적으로 살아나기 시작했다. 여러 대학에서 비밀리에 공산주의 그룹과 비밀결사가 다수 형성되었고 조선공산당 재건운동이 도쿄를 중심으로 다시 일어났다.

문화운동도 다시 나타나 1939년에는 재도쿄조선학생예술좌(在東京朝鮮學生藝術座)의 관계자를 중심으로 프로연극연구회(プロ演劇研究會)가 조직되었고, 같은 해에 형상좌(形象座)로 발전하였으나 1940년 공산주의 선전 연구를 진행하였다는 이유로 일제히 검거되었다. 이외에도 조선인이 관계된 사건으로 1937년 에스페란토·프로에스(エスペラント·プロエス) 재건사건 및 신협극단연구생(新協劇團研究生) 사건, 1940년 신협신축지극단(新協新築地劇團) 사건, 1941년 창생·분류친유기(創生·奔流グループ) 사건 등이 일어났다(坪江汕二, 1966: 352-365, 389-400; 司法省刑事局, 1973: 171-194).

V. 친일운동

앞서 본 재일조선인의 주류 운동 외에 친일단체들도 다수 있었다. 일본 정부에 의해 융화친목단체로 분류되었던 이 친일단체들의 수와 인원은 오히려 민족주의계가 공산주의계 단체들보다 많았으나[21] 실제

21 1931년 융화친목계 단체의 수는 450개, 회원은 65,439명이었다. 동년 민족주의계 단체의 수는 144개, 회원은 111,887명, 공산주의계 단체의 수는 50개, 회원은 12,400명이었다(日本內務省警保局, 1931).

활동은 크지 않았던 것으로 보인다. 일본인들이 조선인을 대상으로 경영한 단체도 있었는데 이들은 주로 노동자들을 위한 봉사(숙박시설, 간이식당의 제공, 기업소개 등)를 표방하였으나 음으로는 사익을 꾀하는 것이 보통이었고 조선인과 일본인의 융화를 위해서도 큰 효과는 없었다(日本內務省警保局, 1922). 그중 내선융화를 표방하였으나 실제로 재일조선인의 노동 단체나 기타 민족·사회운동 세력을 탄압·해체하는 기능을 수행한 상애회(相愛會)와 협화회(協和會)가 주목할 만하다.

1920년 조선인이 도쿄에 상구회(相救會)를 결성하였다가 1921년 말 사회사업 단체로서 상애회를 발족하여 1923년에는 요코하마, 나고야, 오사카 등지에 지부를 설립하였다. 이 조직은 조선인에 의해 발족되었으나 일본 기관과 조선은행으로부터 재정적 도움을 받았으며, 일본인 정부관리 및 조선총독부 고위관리, 그리고 일본 경찰들을 고문으로 하여 경영되었다. 또한 이 조직은 재일조선인을 위한 사회사업 단체로 표방되었으나 실제 목표는 재일조선인의 운동과 조선인 노동자들의 노동쟁의, 고용 등의 문제를 통제하는 것이었다. 상애회는 다수의 지부조직과 회원을 가진 큰 조직으로 성장하였으나[22] 1938년 협합회(協合會)가 결성되면서 이에 발전적 해소를 하였다(小澤有作, 1973: 70-71).

협화회는 보다 적극적인 정부의 계획에 의해 등장하였다. 일본 내에서 조선인 문제가 표면화되고 심각해지면서 1924년에 내선협화회(內鮮協和會), 1925년에는 현내선협회(縣內鮮協會)가 설립되었다. 일본 정부는 이러한 협화사업을 중앙집권적으로 통일하고 체계화할 것을 구상하여 1934년 내선문제협의회(內鮮問題協議會)를 발족했

22 1931년 지부가 44개, 회원이 16,803명이었다.

다. 1936년 내무성 사회국은 보다 체계적인 협화사업의 안을 세우고, 1938년 31개 지역에 협화회를 설립, 중앙에는 중앙협화회(中央協和會)를 세우기에 이르렀다. 이 조직은 광범하게 재일조선인을 포함시켜 일본인화할 것을 계획하였다. 협화회는 1942년에는 1,124개의 지회와 163만 8,782명의 회원을 가진 큰 단체로서 조선인 민족운동을 탄압하는 중요한 기능을 수행하였다. 또한 전시에 내무후생성의 외곽어용단체로서 강제동원된 조선인노무자들의 작업배치, 훈련 등을 수행하였고, 1944년에는 그 기능이 보다 강화되어 흥생회(興生會)로 개편되었다(日本法務研修所, 1955: 42-45; Lee, 1981: 162).

VI. 노동자 단체의 형성

일제강점기 재일조선인 노동자들이 전개한 조직운동의 진전 과정은 운동의 성격상 대체로 다음과 같은 몇 개의 시기로 구분된다. 첫 번째는 주로 일본의 공업도시에 조선인 노동자들이 모여들기 시작한 1910년대의 시기로서 이들의 거주 지역에 산발적이고 소규모로 친목단체의 형태를 띤 모임들이 이루어지기 시작한 때이다. 두 번째는 노동자들의 움직임이 노동조합운동의 형태를 띠며 적극적으로 전개된 1922년부터의 시기로서, 노동자들은 물론 지식층의 여러 운동들이 이 노동운동에 합류하여 노동운동이 재일조선의 대표적 운동이 되었던 때이다. 세 번째는 국내외 제반여건으로 인하여 재일조선인 노동조직이 일본인 단체로 해소되어 일본인과 연합운동의 형태를 띤 1930년대 전반기이다.

이러한 연합운동은 일본 정부의 계속된 탄압으로 계속 희미해지다가 1930년대 후반 소위 인민전선의 시기에 합법적·단독적 조직의 형태로 새로이 전개를 시도하였다. 1937년 이후 전시체제로 들어가면서 조직운동은 전면적으로 중지되고 산발적인 비밀결사의 형태로 맥을 유지하다가 해방을 맞게 된다.

1. 1910년대

일본 주요 도시에[23] 조선인 노동자가 급격히 증가하기 시작한 1917년을 전후해서[24] 이들 지역에는 노동자들의 상호구제를 목적으로 하는 단체가 형성되기 시작됐다. 일본으로 도항한 조선인 대부분은 빈곤하고 교육수준이 낮은 데다가 연고 없는 이민의 첫 세대이므로[25] 이러한 산발적 친목단체가 조직운동의 첫 단계로 이루어진 것이다.

노동자 구호를 목적으로 하는 단체로 제일 처음 등장한 것은 1914년 오사카에서 형성된 재오사카조선인친목회(在阪朝鮮人親睦會)이다. 이 단체는 오사카 거주 조선인(在阪鮮人) 약 35명으로 구성되었다는 기록이 있으나 발기인은 간사이 대학생(關西大學生)으로서(日本內務省警保局, 1916) 노동자 단체보다 한 발 앞서 조직되기 시작했던 유학생 단체들의 한 부분으로 볼 수도 있을 것이다. 1916년 와카야마현에

23 앞서 살펴보았듯이 일제강점기를 통하여 재일조선인들이 집중해 있던 일본 도시는 오사카, 도쿄, 효고, 후쿠오카 등이다.

24 1917년경을 중심으로 조선인 노동자 수가 급격히 증가했던 것은 1차 세계대전 시기 일본 산업의 도약으로 노동력이 크게 요구된 때문이다.

25 재일조선인 노동자들의 약 50-60%는 문맹이었으며 고등학교 졸업 이상의 학력을 가진 사람들은 거의 없었다. 일본어를 해득하는 사람들의 수는 일제강점기 후반으로 갈수록 점차 늘어났지만 이민 초기 단계인 1910년대에는 매우 낮아서 50% 정도의 사람들이 일본어를 전혀 이해하지 못했다. 이 시기 일본 정부 및 여러 시 당국에 의해 이루어진 조사보고에 의하면, 도항 당시 이들 조선인은 거의 무일푼이거나 극히 적은 돈만을 소지하고 있었다(司法省, 1927; 山口縣警察部特別高等課, 1927; 東京府社會課, 1929).

와카야마시 조선인친목회(和歌山市朝鮮人親睦會), 가고시마현에 결맹형제회(結盟兄弟會), 오사카에 동맹합자회(同盟合資會) 등이 소규모로 조직되었다. 이들은 모두 노동자, 학생들의 상호 친목, 부조, 구제, 지식의 계발, 저축장려 등을 목적으로 이루어진 것이며 민족과 계급에 대한 약간의 의식적인 움직임이 보였다(朴慶植, 1979: 63). 그러나 이들 조직은 특기할 만한 활동을 보여 주지는 못했다.

본격적인 노동자 단체로서 1917년 도쿄에 도쿄노동동지회(東京勞動同志會), 1919년 오사카에 조선인저금회(朝鮮人貯金會), 효고에 조선인효고간친회, 1920년에 아이와에 선인노동민우회(鮮人勞動民友會)가 설립되고 같은 해 교토에 교토조선인노동공제회(京都朝鮮人勞動共濟會)와 고베에 조선노동제진회(朝鮮勞動濟進會) 등이 설립되었다.[26] 이들은 회원들의 병 치료 등 구제를 위하여 매월 공동저금을 한다든가 근면저축을 장려하고 상호 친목 생활향상을 도모하며 지식을 계발하는 등의 목적을 가지고 이루어졌으나, 그 외에 노동자와 학생들이 상호 연관을 맺는 것을 또 다른 중요한 목적으로 하였다(日本內務省警保局保安課, 1926).

이 시기 노동자 단체에 있어서 지식인, 특히 유학생들의 역할은 매우 중요했다. 발기인은 대부분 노동자들이었으나 유학생들이 고문 또는 성원으로 단체의 형성기부터 참여하기도 하고 이미 이루어진 단체에 가담한 경우도 많았다. 예를 들면 교토조선인노동공제회는 노동자 3명이 발기하였으나 중심 인물은 교토제대 경제학부 학생이었고, 고베시 조선노동제진회는 인삼행상업자가 발기하였고 직공 및 하숙

26 교토의 조선인노동공제회와 히메지의 조선노동제진회는 1920년 조선 내 최초로 정치목적을 명확히 하고 설립된 노동단체인 조선노동공제회를 따라 조직된 것이다(朴慶植, 1975e).

업자들이 다수 참여하였으나 고베시 학생들이 주요 동의인(同議人) 중에 포함되어 있었다. 도쿄노동지회는 노동자 단체로서 조직되었으나 후에 학비를 벌기 위해 각종 노동에 종사한 고학생들이 다수 참여하여 사실상 고학생들의 단체가 되었고 1920년에는 그 명칭 자체가 동도쿄고학생동우회(東東京苦學生同友會)로 바뀌었다.[27]

이들 대학생은 노동자 단체의 형성에 큰 역할을 했을 뿐 아니라 단체의 성격에도 중요한 영향을 미친 것으로 보인다. 지식수준이 낮은 대부분의 노동자들에게 지식을 보급하는 외에 민족과 계급의식을 고양시키는 데 한몫을 한 것이다. 이러한 학생들의 활동이 실질적인 노동자들의 생활향상을 위한 것이라기보다는 그들 자신의 사상적·정치적 활동으로 기울어져, 노동자와 학생들 간에 상호 마찰이 생기는 경우도 있었다. 동도쿄고학생동우회에서 노동자들이 분리하여 상구회(相救會)를 구성한 것이 그 한 예이다(日本內務省警保局, 1922).

노동조직이 전국적 규모로 되어 새로운 국면에 접어들기 시작한 1922년까지 노동단체들은 이와 같이 산발적이고 소규모이며 성격이 다소 혼란스러운 상태였다. 이때의 노동자 단체 수는 약 20개로 추산된다(日本內務省警保局, 1922).

2. 1922–1929년: 노동조직운동의 전개

앞서 본 바와 같이 대부분 산발적 친목단체였던 1910년대의 노동조

27 대학생들과 노동자들의 연계는 당시 일본에서의 경우, 특히 학생이면서 동시에 노동자였던 고학생들이 많았기 때문에 더욱 용이했다고 볼 수 있다. 1924년의 조사보고에 의하면 신문이나 우유를 배달하거나 인력거를 끌면서 공부하는 고학생들이 도쿄의 조선인 유학생 중 약 1/3이었으며, 이들 고학생 중 상당수는 그러한 노동으로 학업을 계속할 수 없어 완전히 노동자화되기도 했다고 한다(內務省警保局保安課, 1920; 朝鮮總督府警察局東京出張員, 1924).

직들이 보다 체계적이고 의식화된 노동운동으로 전개되기 시작한 것은 1922년 도쿄와 오사카에 노동동맹회라는 노동단체연합이 조직되면서부터이다. 이와 함께 노동조직운동은 더욱 체계적으로 전국적 규모로 전개되어 이후 재일조선인 운동의 주류를 이루었다.

노동자들의 조직운동이 전개된 과정은 당시 재일조선인들에 의해 이루어졌던 여러 조직운동들의 움직임과 밀접하게 연관되어 있다. 이들 재일조선인의 여러 조직운동들이 조선 내의 조직운동과 일본인 단체들의 운동을 그 배경으로 하고 있었음은 물론이다. 1920년 조선에서는 1919년 3·1운동 이후 문화정치가 행해졌으며 지식인들 사이에 사회주의 사상이 확산되는 한편 노동자 계급이 성장하여 전반적으로 조직운동이 왕성했던 시기였으며 일본에서는 독점자본이 한층 확대되고 군부·관료가 결탁하여 노동자·농민에 대한 탄압이 심했던 시기였다.[28]

재일조선인 노동자 수가 1921년대에 들어서면서 크게 늘어났고 이들에 의한 모임도 또한 늘어났다.[29] 1910년대에 산발적으로 일어났던 노동쟁의도 1920년대에 들어오면서 각지에서 큰 규모로 격렬하게 일어나기 시작했다.[30] 이러한 노동자 계급 스스로의 성장이 전국적인

---

28 이때의 주요 조직운동 및 사건을 간추리면, 조선에서는 고려공산당 성립(상하이, 1920), 조선노동공제회의(경성, 1920), 서울청년회, 화요회, 북리회 등 사상단체의 결성(1922-1926), 조선노농총동맹 성립(1924), 조선공산당 고려공산청년회의 성립(1925), 조선프롤레타리아예술동맹의 결성(1925), 6·10만세사건(1926), 신간회의 성립(1927), 일본의 조선공산당 탄압(1925-1929), 원산노동쟁의(1929), 광주학생사건(1929) 등이고, 일본에서는 일본사회주의동맹 결성(1920), 일본공산당의 성립(1922), 관동대진재(1923), 치안유지법 등 악법 제정(1925), 일본노동총동맹 분열, 일본노동조합평의회 결성(1925-1926), 일본노동조합전국협의회 설립(1928), 공산당 및 진보진영에 대한 대탄압(1928-1929) 등이다(朴慶植, 1975d: 183-184).

29 1924년 118,152명이었고 1925년 노동자 친목단체 수는 30개였다.

30 이 책에서는 노동쟁의를 구체적으로 다루지는 않을 것이다. 노동쟁의에 대한 구체적인 내용에 대해서는 朴慶植(1979)과 日本內務省警保局, 『社會運動の狀況』(각 연

노동조직운동의 기본적인 배경이 되었음은 말할 나위가 없다. 여기에 끊임없이 영향을 주었던 유학생 지식인의 사회주의 사상과 함께 활발해졌던 것이다. 앞서 사상운동 부분에서도 지적한 바와 같이, 실제로 사회주의 사상운동과 노동운동은 상호 긴밀하게 연관된 커다란 한 그룹 내에서의 움직임이었고, 특히 1920년대 후반 이후 사상운동은 실질적인 노동운동으로 흡수되는 경향이 강했다. 노동운동에 지식인들이 대거 참여했던 것과 노동자들의 사상 및 계급의식이 크게 높아졌던 것이 조직운동의 전개 과정에서 뚜렷이 나타났다.

1922년 도쿄에서 노동운동을 연구하는 그룹이 자유노동연맹(自由勞動連盟)을 결성하고 조선인자유노동조합(朝鮮人自由勞動組合)을 설립했으나 회원 수가 적고 내용도 별로 없었다. 같은 해 재일본노동자상황조사회(在日本勞動者狀況調査會)가 설립되고 이 구성원들이 노동조합을 만들고자 노력하였다(朴慶植, 1975d: 194). 그러나 전국적 규모의 본격적인 노동조직운동은 1922년 도쿄와 대만에 노동동맹회(勞動同盟會)가 조직됨으로써 시작되었다.

1922년 니가타현(新潟縣)의 시나노강 수력공사역(信濃川水力工事易)에서 약 80명의 조선인 노동자가 학대와 부당착취를 규탄하는 모임을 벌인 것을 계기로 도쿄에 있는 조선인 노동자, 고학생 및 일부 사회주의자들이 규합해서 1922년에 도쿄조선노동동맹회를 조직했다. 이들은 "무산계급의 해방과 조선인 노동자의 계급의식 촉진 및 직업의 안정"을 표방하였다. 같은 해에 오사카에 오사카조선노동동맹회가 조직된 후[31] 잇달아 교토, 고베, 효고에 같은 조직이 설립되었다. 1924

도) 참조.

31 여기에도 사상단체의 역할이 컸던 것으로 보인다. 북성회 대표들이 오사카로 와서 이 조직의 형성에 직접적으로 기여했다고 한다(朝鮮總督府警務局東京出張員, 1924).

년 도쿄와 오사카의 조직은 서로 제휴할 것을 결정하는 한편 학생을 중심으로 한 사상운동과 노동운동의 단결을 강화하였다.

1924년에는 재일조선인의 민족적 역량을 높이기 위해 통일된 조직이 필요함을 절감하고 일월회 및 그간에 조직된 노동단체인 조선노동구호회, 조선노동공생회와 도쿄조선노동동맹회 등 여러 단체가 서로 의견을 모아 12개의 노동조합 또는 단체가 가맹한 재일본조선노동총동맹(在日本朝鮮勞動總同盟)을 결성하였다.[32] 이 조직은 기관지 『조선노동』을 발행하고 사상연구회, 정치연구회 등의 연구 및 교육모임을 주도하는 한편 각지에 노동조합을 조직하고 노동쟁의를 조성하거나 그에 협조하며[33] 다각적인 대중훈련을 펼치는 등 적극적인 활동을 벌였다.[34] 1926년에는 가맹단체가 25개로 불어나고 간토와 간사이에 각 연합회를 결성하는 등의 발전을 보였으며, 1927년에는 조합원이 3만 명에 이르렀다. 1928년에는 지역별 단위로 하여 하나의 조합을 설립할 것을 방침으로 하고 도쿄, 교토, 효고 등 각지에 통일된 조선노동조합을 확립하였다.

노동운동의 양적인 규모와 조직적 역량이 커짐과 함께 노동자들의 계급의식도 상당히 높아졌던 것으로 보인다. 1932년 일본 경찰에

---

32 결성 당시의 가입단체는 도쿄조선노동동맹회, 조선노동총동맹공생회 교토조선인노동동맹, 고베조선인노동동맹, 오사카조선인노동동맹, 사카이조선노동동지회청년단, 오사카 니시나리조선노동조합, 츠루마치조선노동조합, 이즈오조선노동조합, 이마후쿠조선노동조합이다. 이밖에 오사카 조토조선노동동맹, 교토조선공녀보호회 등 총동맹에 가입하지 않은 노동조직들도 많았다(日本內務省警保局保安課, 1925).

33 특히 1927-1929년 오사카조선노동동맹회가 이끈 노동쟁의는 특기할 만하였다(岩村登志夫, 1972: 135-146).

34 1926년 제2차 대회에서 선언한 재일본조선노동총동맹의 운동방침은 다음과 같다.
① 旣조직노동자의 결속을 일층 강고히 하고 未조직 노동자를 조합으로 흡수할 것.
② 의식적 운동을 하기 위하여 조합원의 교육과 동시에 지도자 교육을 실시할 것.
③ 일본 무산계급과의 관계를 한층 밀접하게 할 것.
④ 조선 무산계급과도 통일된 운동을 재개할 것(朴慶植, 1975d: 197).

의해 체포된 치안유지법 위반자 2/3 이상이 노동자였던 것[35]은 당시 재일조선인 운동이 주로 노동자들에 의해 전개되었다는 사실과 함께 이들의 의식 성장을 반영하는 것이다.

이렇게 확대된 노동운동이 대부분 재일본조선노동총동맹에 의해 전국적으로 통일되어 전개된 것은 이 시기 노동운동의 획기적인 발전 양상 중 하나이다. 일본 정부에 의해 매년 발표된 재일조선인 운동단체의 목록에서 종래 여러 단체로 분산되어 다루어졌던 노동운동단체가 1929년에 이르러 재일본조선노동총동맹이라는 하나의 단체로 집중된 것도[36] 이러한 통일된 체계적 노동운동의 변모를 증거한다.

1920년 후반 민족주의 운동과 무정부주의 운동이 사회주의 운동에 압도·쇠퇴되었다는 것은 앞서 말했거니와, 사회주의 운동 세력 대부분이 노동운동으로 집중된 것은 이 시기 전반적 재일조선인 운동의 주류가 노동운동이었음을 말해 준다. 당시 대표적인 사상단체였던 재일조선청년동맹의 회원은 1929년 겨우 1,300명에 불과했으며 신흥과학연구회, 조선프롤레타리아예술동맹 등 다른 사회주의 사상 및 예술단체의 회원 수도 재일본조선노동총동맹에 비하면 극히 소수였다(日本內務省警保局, 1929). 재일본조선노동총동맹은 정부의 탄압이 강화되면서 1930–1931년에 걸쳐 일본 단체로 해소하였다.

---

35 나머지 사람들 중에도 무직자, 잡업 등의 분류에 속한 사람들은 노동자로 볼 수 있으므로 사실상 대부분이 노동자였던 것으로 판단된다(內務省警保局, 1932). 이것은 1925년의 요시찰 조선인 중 노동자가 18%에 불과했던 것과 비교할 수 있다(內務省警報保安科, 1925).

36 노동운동에 비해 쇠미했던 민족주의, 무정부주의, 공산주의 사상운동 단체들이 여전히 여럿으로 분산되어 있던 것은 노동운동의 조직적 역량을 더욱 돋보이게 한다(日本內務省警保局, 1929).

VII. 일본 노동운동과의 제휴: 1929-1934년

1920년에 활발히 전개되었던 노동 및 사상운동은 1920년대 말 일본 정부의 가혹한 탄압과 검거에 직면하여 약화·침체의 위기에서 일본인 단체로 발전적 해소를 하게 되었다. 이후 1930년대 전반부의 노동 및 사상운동은 일본인 단체들과의 합동운동으로 대표된다.

이러한 해소 과정을 살피기 위해서는 이미 일찍부터 진전되어 왔던 일본인 단체들과의 관계를 살펴보아야 할 것이다.

1. 초기 일본인 사회주의 운동과의 관계

재일조선인의 사회주의 사상 및 노동단체들은 그 성립 초기부터 조선 내의 사회주의 단체와는 물론 일본인 사회주의 단체들과도 긴밀한 연관을 맺으며 발전하였다. 조선인과 일본인 사회주의자들의 최초의 연관에 관해서는 1914년 오사카의 조선인들이 요코타 소지로(横田宗次郎) 일파에 접근한 것(日本內務省警保局, 1922)과 1919년 몇몇 조선인들이 일본인 사상단체 여명회(黎明會)에 참여한 것이 보고·기록되고 있다(朝鮮總督府警務局東京出張員, 1924).

이후 많은 조선인 사회주의자들은 일본인 사회주의 단체 코스모 클럽(コスモ俱樂部), 효민회(曉民會), 자유연맹(自由連盟) 등에 참여했고, 한편 일본 사회주의자들도 북리회 등의 단체에서 강의를 하거나 조선인 단체들이 여는 모임에 협력하는 등[37] 일본인과 조선인의 사회주의

37 재일본조선노동총동맹과 일월회가 주최한 조선수해구제연설회에 정치연구회, 일본노동동맹 등 11개 단체가 후원하는 조선수해구제위원회를 조직해 의연금을 모금한 바 있다.

운동의 연계를 위하여 노력했다. 1925년에 일월회(一月會) 일파는 일본 페비안협회(フエビアン協會)와 함께 극동사회문제연구회(極東社會問題硏究會)를 조직해 조선인, 일본인, 중국인들의 일대연맹을 기도하기도 했다(日本內務省警保局保安課, 1925). 일본공산당도 1927년 식민지의 완전한 독립을 주장해 조선인 단체들의 운동에 대한 협력을 나타낸 바 있다(朴慶植, 1975d: 185). 이밖에도 사회주의 사상운동이 일본인들의 운동과 연관을 가지며 전개된 데 관한 보고가 많다.

사상단체뿐 아니라 노동단체들도 일본 노동단체와 긴밀한 연결을 가지며 발전했다. 일본인 노동단체들의 진보적 성원들은 조선인 노동운동에 매우 호의적이었다. 재일본조선노동총동맹은 해소된 일본노동조합전국협의회(초기 명칭은 일본노동총동맹)[38]와 연결되었다. 이들 조선인과 일본인 노동조직은 우익 사회민주주의 단체들 및 상애회 등 친일단체들에 반대하며[39] 그러한 단체들의 이중 연합에 대한 분리의 압력하에 더욱 긴밀하게 협력하였던 것이다.

조선인 노동자들은 일본인 노동단체들이 주최하는 여러 운동들에 적극적으로 참여했으며,[40] 일본인 노동자들과 합동투쟁으로 노동

---

38 이 조직에 대해서는 약간의 설명이 필요할 듯하다. 가장 큰 일본인 노동단체인 일본노동총동맹은 1920년 조직 초기부터 재일조선인들의 노동조직 형성을 후원했고 1923년에는 식민지인들의 민족주의 운동에도 협력할 것을 결의한 바 있다. 그러나 1923년 이래 이 조직은 좌익과 우익의 두 진영으로 양분되기 시작했다. 조선 문제에 대해서도 이 두 진영은 대립된 의견을 보여 좌익성원들은 식민지의 독립을 주장했고 우익성원들은 독립보다는 자치 정도를 인정하였다. 마침내 좌익성원들은 이 조직을 탈퇴하여 일본노동조합평의회라는 별도의 조직을 만들었고 1928년에 이것을 일본노동조합전국협의회로 개칭했다(岩村登志夫, 1972: 70-146).

39 재일조선인노동총동맹의 일본노동총동맹 우익지도자에 대한 반대가 그 한 예이다. 오사카 등지에서는 공장 측과 일본노동총동맹의 타협에 반대하는 조선인들의 파업도 다수 일어났다(岩村登志夫, 1972: 70-146).

40 1923년 도쿄, 오사카노동동맹회를 조직했던 노동자들은 일본 노동단체들이 주도했던 과격사회운동법 등의 법안 반대운동에 적극적으로 참여했고 메이데이 집회에 참가해 식민지해방을 결의하기도 했다.

쟁의를 일으킨 경우도 많았다.[41]

2. 일본인 노동단체로의 해소

이러한 상호 밀접한 관련은 1920년대 말 일본 정부의 탄압이 강화되면서 양자의 융합을 결과하였다. 1928년 조선공산당 일본 총국과 고려공산청년회의 일본 지부가 일본 정부에 의해 와해되고 재일조선노동총동맹의 간부가 다수 체포되자 동맹의 나머지 성원들은 조직을 해체하고 일본노동조합전국협의회(전협)에 합류할 것을 결정하였다.

1930-1931년에 걸쳐 도쿄, 교토, 오사카, 아이치(愛知) 등 각지에 있는 조선인 노동조합은 해체한 뒤 전협에 합류했다. 이로써 일본에 있는 조선 노동조합은 민족적 형태를 해소하고 일본인 노동자와 함께 일산업일조합주의(一産業一組合主義)에 따라 산업별 노동조합에 참가하여 운동을 전개하였다. 재일본조선노동총동맹은 전협 안에서 전협조선인위원회(全協朝鮮人委員會)로 개칭하고 기관지 『조선노동자』를 창간했다. 이러한 재일본조선노동총동맹의 해소에 일본공산당은 지원활동을 벌였다(日本內務省警保局, 1929-1934).

이와 같이 조선인 노동조합의 대부분을 흡수했던 전협의 조직 안에서 재일조선인 노동운동은 계급의식의 고양과 민족해방을 주요 목표로 삼고 운동을 전개하였는데, 이 시기의 운동은 폭력적 직접행동을 취하는 극좌모험주의적 성격을 나타냈다(朴慶植, 1976a: 187). 전협은 조선인의 노동쟁의를 주도·간섭하기도 하여 일본 단체로의 해소 초기에 조선인 노동자들이 벌인 쟁의 건수와 참가 인원수는 급격히 증대하

---

41 특히 일본의 최하층 천민인 부락민과의 합동투쟁은 더욱 많았던 것으로 보인다(小林末夫, 1974). 노동쟁의에서의 조선 노동자와 일본 노동자 간 협력에 대해서는 岩村登志夫(1972)가 자세히 다루고 있다(朴慶植, 1975e).

였으며[42] 그 양상도 극단적·폭력적인 경향을 나타냈다.[43] 이것은 심화된 경제공황 때문이기도 했지만 전협의 운동지침이 폭력적 투쟁이었고 억눌렸던 조선인 노동자들이 이러한 극단적 행동에 동원되기 쉬웠던 때문이라고 이해할 수 있다(岩村登志夫, 1972: 191-198).

다른 조선인 공산주의 단체들도 1930년도를 기점으로 거의 대부분 일본 단체로 해소되었다. 재일본조선청년동맹은 1929년 일본공산청년동맹에 해소했고 조선공산당 일본 총국 및 고려공산청년 일본 지부는 1931년 해체한 뒤 일본 측 극좌단체에 합류할 것을 결정하였다. 프롤레타리아 문화운동단체였던 동지사(同志社)도 1932년 일본프롤레타리아문화연맹에 해소하였고 조선인유학생학우회, 신간회 지회, 근우회 지회도 마찬가지의 방침에 따라 해체하였다. 이후 사상운동도 일본인과 합동하여 전개하였다. 그러나 이러한 해소의 움직임에는 해소에 반대하는 사람들과의 갈등도 있었다. 대체적인 흐름에도 불구하고 일부에서는 일본 조직으로의 조직적 합류를 반대하며 조선인 노조

---

42 재일노동자들의 노동쟁의 및 참가인원의 수는 다음 표와 같다.

연도	건수	인원	전체 재일노동자 중 쟁의참가자(%)	연도	건수	인원	전체 재일노동자 중 쟁의참가자(%)
1925(1–10)	46	1,075	1.0	1933	344	8,851	3.9
1926(1–10)	84	4,476	3.9	1934	382	9,517	3.7
1929(1–9)	256	7,661	4.1	1935	356	6,378	2.2
1929. 10–1930. 9	486	13,803	7.4	1936	386	8,228	2.7
1930. 11–1931. 10	483	15,079	8.0	1937	297	6,332	2.1
–	–	–	–	1938	166	3,650	1.3

자료: 日本内務省警保局保安課, 1925; 日本内務省警保局保安課, 1926; 日本内務省警保局, 『社會運動の狀況』(1929–1938) 참조.

*1930년 조선인 노동자들에 의한 노동쟁의 중 29%가 노동조직의 주도로 이루어지거나 간섭을 받은 것으로 나타났다(日本内務省警保局, 1930).

43 이 시기 오사카 등 여러 곳에서 다수의 조선 노동자들이 일본인 노동자와 함께 전협의 지도 아래 돌격적인 투쟁을 벌인 예가 많다.

들이 민족적 단체를 조직하여 투쟁할 것을 주장하였던 것이다.[44]

한편 그 세력이 미약했던 일본인 극좌조직들은[45] 조선인 성원들을 받아들이기 위해 적극적인 활동을 벌였다. 전협은 1928–1929년 동일 산업조합 내에 민족별 조합의 협력을 확정하였고 일본공산당은 1932년 조선·대만의 공산주의 운동을 지지할 것과 조선공산당 일본총국의 해소를 결정하였고 일본 내 조선인 노동자와 학생을 조직에 흡수하기 위하여 당 중앙에 민족부를 설치하였다. 일본반제동맹[46]은 1933년 전국대회에서 식민지의 완전독립, 해방의 임무를 명확히 하고 일본 제국주의 타도를 목표로 하여 조선인과 일본인이 공동투쟁을 전개할 것을 강조했다. 1934년 기관지 『반제신문(反帝新聞)』의 조선어판을 발행하여 조선인 모집에 한층 힘을 쏟았는데, 실제로 이 조직의 5–7할은 재일조선인이었다. 처음부터 독립운동 희생자 구원회로 출발했던 일본적색구원회(日本赤色救援會)[47]는 1930년 이후 재일조선인 피검자가 증가하자 활발히 활동하고 재일조선인·대만인을 조직에 흡수하는 데 힘썼다. 일본프롤레타리아문화연맹 내에도 조선협의회를 설치하였다(朴慶植, 1976a: 187; 朴慶植, 1976b: 173–179). 이들의 합동투쟁은 1934년 이후 전협 등 극좌단체에 대한 탄압이 강화되자 코민테른 7차 회의에서 반파쇼인민전선을 채택한 것을 계기로 새롭게 운동을 전개

44 이러한 재일조선인 운동의 일본인 단체로의 조직적 합류에 대한 정당성의 문제를 포함한 이론적·실천적 차원에서의 연구는 중요한 과제라 할 수 있다(朴慶植, 1979: 45).

45 1931년 당시 일본 노동조합은 좌익조합에 대한 탄압으로 말미암아 우익에의 대결집단 성격을 띠고 있었다. 일본노동조합전국협의회는 일본의 전체 노동조합 중 극히 적은 규모에 지나지 않았다(竹中惠美子, 1970: 288).

46 1929년 일본전쟁반대동맹이 반제국주의민족독립지지동맹(국제반제동맹) 일본 지부가 되어 이것을 보통 반제동맹으로 불렀다.

47 1928년 독립운동 희생자 구원회로 조직되었던 것으로 1929년 적색구원회로 개칭하고 국제적색구원회에 가맹하여 활동하였다.

하기 시작한 때까지 계속되었다.

3. 조선인-일본인 노동운동 제휴의 요인

이렇게 조선인-일본인들이 합동하여 운동을 전개하게 된 요인에 대해서는 이데올로기적·구조적으로 생각해 볼 수 있다. 조선인 단체는 민족차별의 문제에서 더 나아가, 그리고 일본인 단체는 국내의 자본주의 문제에서 더 나아가 양자는 모두 세계적 차원의 제국주의 철폐라는 공동의 목표를 가졌던 것이다. 제일 처음 식민지 민족운동에 협력할 것을 결정한 일본노동총동맹은 그 기관지에 "일본과 식민지의 프롤레타리아는 공동의 적을 가졌기 때문에 합동투쟁을 할 필요가 있다"라고 쓴 바 있다. 많은 급진적인 일본 노동단체 성원들은 조선 해방의 목적은 단순히 나라 자체를 독립시킨다는 것뿐 아니라 그 나라의 국민과 자원을 자본주의적 착취로부터 해방시키는 데 있는 것이라고 생각하였다(岩村登志夫, 1972: 78). 한편 조선인 단체들은 전반적인 계급투쟁 속에 민족투쟁을 포함시켰다고 볼 수 있다.[48]

이러한 양자의 협력은 이들이 처해 있던 구조적 상황과도 밀접한 관련이 있다. 무엇보다 중요한 요인은 양 단체 모두에 대한 일본 정부의 극심한 탄압이었다. 일본 정부는 조선인 단체뿐 아니라 일본인 사회주의 단체에 대해서도 심한 탄압을 가했다.[49] 1928년 조선인 단체와 일본인 극좌단체는 모두 비합법적인 것으로 판결되었다.[50] 조직이

---

48 Kuper(1972)는 이러한 민족주의적 입장과 공산주의적 입장의 이데올로기적 융합은 식민지 사회에서 흔히 나타난 현상임을 지적한다.

49 1923년 조선인과 일본인 사회주의자들에 대한 대학살은 이러한 탄압이 정부와 민간 공동의 수준에서 극단적으로 표출된 예라고 볼 수 있다.

50 2차 세계대전 전 어느 시기의 일본에 있어서도 노동조직들이 그들의 공식적 지위

파괴될 이러한 위험 속에서 조선인-일본인 양자의 결합이 이루어졌던 것이다.

이러한 이데올로기적·구조적 상황에서 1928년 코민테른 6차회의가 채택한 일국일당주의와 제2회 범태평양노동조합회의 방침이 양 집단의 조직적 합류에 결정적인 계기가 되었다(日本內務省警保局, 1931).

양 단체의 조직적 특성도 무시할 수 없는 요인이다. 재일조선인 노동단체에서 지식인의 역할은 앞서 지적한 바 있거니와 일본인 노동단체들에서도 노동자들의 힘이나 그들의 경험보다는 외국으로부터 사회주의 사상을 받아들인 지식인들의 역할이 컸다(Harada, 1928: 182-188). 따라서 노동자들의 일상적인 민족적 갈등은 보다 큰 수준인 이데올로기적 통합에 흡수되었던 것으로 보인다. 코민테른의 방침 등 외부의 영향이 쉽게 효과를 나타낼 수 있던 것도 이와 연관된다고 볼 수 있다. 이러한 조직적 특성은 노동조직들이 주로 대도시 중심으로만 이루어졌고 광산·농촌지역에는 별로 전파되지 않은 점에서도 나타난다(日本內務省警保局保安課, 1925). 유학생 및 일본 노동조직과의 관계가 도시에서 보다 용이했던 것은 쉽게 짐작할 수 있다.

를 합법화하거나 조직할 권리나 단체교섭권을 인정하는 법을 가져 본 적이 없다. 1차 세계대전 말 짧은 기간 동안 일본의 노동조합은 급진적인 이념성을 드러낼 때가 있었는데 그것은 1차 세계대전 후 정부에 의한 탄압과 어용노조들의 조직으로 말미암아 파괴되고 말았다. 1925년 이후 노동자들의 단체투쟁은 법적으로 금지되었다(Pempel, 1982: 92).

VIII. 1930년대 후반 이후의 노동운동

조선인-일본인 노동단체들이 합동하여 전개하던 극단적인 운동이 정부의 극심한 탄압하에 점차 희미해지는 단계에서 1935년 코민테른 7차대회에서 채택한 '반파쇼인민전선, 반제민족해방통일전선(反ファッショ人民戰線, 反帝民族解防統一戰線)의 방침'[51]은 새로운 운동의 움직임을 일으켰다. 이는 극단적 지하운동의 형태로서가 아니라 합법적 공간에 진출하고, 전국적 조직이 아니라 지방적·단독적으로 활동하는 것이었다. 그러나 실제로 전국적 조직을 재건할 것을 목표로 한 것은 물론이다. 1933년 도쿄노동조합 결성, 1934년 나고야합동노동조합 결성, 1934년 조선신문사 창립, 부산내선학동친애회(富山內鮮學動親愛會) 결성, 1936년 협동회 조직 등이 이 시기에 나타난 조직운동들이다(日本司法省刑事局, 1973: 171-191).

1937년 중일전쟁 이후 탄압은 더욱 심해져 조직운동은 사실상 불가능해졌다. 1938년에는 우익 노동지도자들이 산업보국회(産業報國會)를 조직하여 노동운동은 본래의 의미를 잃고 전체적 전쟁체제에 흡수되었다. 모든 자립적인 조합과 그들의 전국적 연합체들은 1940년 산업보국회에 흡수되었고 이와 분리된 다른 활동은 인정하지 않게 되었다(Pempel, 1982: 93).

노동조직운동이 불가능해진 이 시기에는 비밀결사만이 산발적으로 나타났다. 직공들이 교토에 독립혈맹을, 신문배달부, 잡역부, 고학생들이 오사카에 조선청년단을 조직한 바 있다(朴慶植, 1976c: 191-192).

---

51 1935년 코민테른 7차 대회는 자본주의 제국에는 반파쇼인민전선, 식민지 종속국에는 반제민족해방통일전선 방침을 채택해서, 정치적 억압과 자본주의 전제에 대항하여 노동자, 농민, 중소 상공업자, 소시민 등 광범한 반파쇼적 민주세력이 결집해서 활동할 것을 전 세계에 호소했다.

전반적인 노동운동이 불가능해지면서 사상연구를 위한 비밀그룹들이 조직되고, 민족주의적 폭력사건이 일어났던 것은 앞서 언급한 바 있다. 이러한 중에 노동쟁의는 조직적 영향을 받지 못한 채 계속 감소하여 1938년에는 전체 노동자의 1.3%만이 쟁의에 참가하였다. 1939년 이후 노동자들의 상황은 매년 증가한 강제이주 노동자들에 의하여 앞서의 기간과 그 성격이 달라졌다. 이 시기에도 작업장 내에서의 극심한 탄압과 협화회 등의 조직을 통한 전면적 통제에 의해 조직운동은 불가능했고 자연발생적인 노동쟁의만 증대하였다.[52]

IX. 맺음말

조선 내에서도 그러했던 것처럼 일제강점기 재일조선인 노동자들 간에 그 노동의 역사가 극히 짧음에도 불구하고 활발한 조직운동이 전개되었던 것은 매우 놀랄 만한 일이다. 지식인들과의, 그리고 다른 사회운동과의 긴밀한 연관도 그 발전의 양상이 획기적이며 주목을 요한다. 노동쟁의의 사례에 대한, 그리고 간행물에 대한 자세한 분석에서 더욱 뚜렷이 나타나겠지만, 노동자들의 의식 수준도 상당히 높았던 것으로 보인다. 이들의 운동은 이 시기 조선 내에서의 노동운동과 함께 1960년대 이후 전면적인 사회적 운동 세력으로 대두한 노동운동에 대하여 중요한 암시를 줄 것이다.

---

52 노동쟁의에 참여한 인원수는 1940년 23,383명, 1941년 33,526명으로 보고되었다. 이들은 주로 음식배급 시 일본인 노동자들과의 차별, 위험하고 불결한 노동조건, 저임금, 조선으로의 송금을 명목으로 한 임금 착취, 동료노동자에 대한 구타, 학살 등에 대한 항의였다. 파업, 태업 외에 집단도주가 저항의 형태로 만연하여 이 시기 일본 정부의 주요 문제가 되기도 했다(日本內務省警保局, 1941; 日本內務省警保局, 1942).

제2부

해방 후 재일동포사회의 분화

제5장

재일동포의 국적과 정체성

在日同胞

I. 재일동포의 정체성을 어떻게 이해할 것인가?

제1장에서 지적한 것처럼 재일동포가 세계의 다른 소수민족집단과 구별되는 특수한 점은 일본으로 이주하여 정주한 지 100년에 가깝도록, 1, 2세는 물론 3, 4세에 이르기까지 아직도 귀화하지 않고 있는 사람들이 40만 명 가깝게 존재한다는 점이다. 해방 후 귀국하지 않고 잔류한 사람이 64만 명이며, 이후 인구의 자연증가를 감안한다 하더라도 일제강점기부터 존재했던 재일동포와 그 자녀들 중 반 이상이 귀화하지 않고 본국의 국적을 유지하고 있다. 1965년 한일협정 당시에는 이들의 존재가 소멸할 것이라고 예측해 2세까지의 영주자격만이 논의되었으며, 1990년대 후반 이후 귀화자 수가 증가하여 다시 자연소멸론이 고개를 들었다. 그러나 그러한 추정을 비웃듯, 최근 귀화자 수는 점차 줄어들어 2011년의 귀화자 수는 2003년 귀화자 수의 절반밖에 되지 않는다.[1] 물론 아주 긴 시점으로 볼 때, 그 수가 줄어들 것이라는 점은 분명하지만, 이들 재일동포는 틀림없이 상당 기간 매우 의미 있는 사회적 존재일 것이다.

특별영주 재일동포(특별영주자)라는 존재는 일제강점기 조선인 이주의 역사와 그들의 생활, 해방 후 국적을 비롯한 여러 면에서 이들에게 주어진 일본 정부의 처우, 일본 사회의 편견과 차별 등등 여러 조건의 표면적인 결과이다. 2000년대 들어 새롭게 집주지역을 만들고 있으며 세계의 다른 소수민족들과 유사한 점을 갖고 있다고 여겨지는 뉴커머들과는 여러 면에서 다른, 일제강점기에 입국한 사람들과 그 자녀들을 일컫는 '특별영주자'[2]들의 정체성을 분석하는 것이 이 장의

---

1 자세한 내용은 제1장 참조.

2 흔히 올드커머라고도 불리는 이들 특별영주자는 1965년 한일협정으로 한일 간 인적

목적이다.

재일동포들의 생활조건이 천차만별이듯이, 이들의 '정체성'도 실로 다양하다. 나는 누구인가라는 질문이 재일동포들에게 있어서는 '민족'과 깊이 연결되어 있기 때문에 '민족정체성'은 이들의 정체성에서 가장 중요한 부분을 점한다. 불행하게도 그 '민족'은 남북한 분단으로 인해 하나의 '국가'와 단순하게 연결되어 있지 못하기 때문에 재일동포에게 있어서 정체성 문제는 다른 어떤 소수민족집단보다도 더욱 심각하다. 한국 정부와 재일동포 자신들의 운동에 의해 일본 사회에서 제도적 차별이 지속적으로 완화되어 왔지만 진실로 사회적 차별이 없어진 것인가, 아직도 한국적, 조선적 동포들이 남아 있는 이유는 무엇인가, 이들이 지키고자 하는 국적의 의미는 무엇인가, 귀화한 사람들은 민족정체성이 없는 것인가, 최근 논의되고 있는 국적을 넘어선 세계시민으로서의 의식은 혹시 허위가 아닌가 등등 우리는 재일동포들의 정체성에 대해 끊임없는 질문을 던지게 된다.

재일동포의 정체성과 관련된 연구는 주로 재일동포 학자들이 진행해 왔고, 여기에 일본 학자들의 연구가 더해진 정도였다. 한국에서는 뒤늦게 일제강점기 동포사회의 형성과 해방 직후 사회운동에 관한 역사학적 연구가 축적되기 시작했고, 재일동포의 법적 지위와 권리투쟁에 관한 연구가 법학, 인류학, 사회학 분야에서 이어졌다.[3] 재일동포의 정

교류가 재개되기 전 일본에 입국한 사람들이며 후술할 바와 같이 1991년 법적 지위를 부여받았다. 그러나 해방 직후부터 상당 기간 사회적 혼란으로 인하여 일본으로 밀항한 사람들이 적지 않고, 이들은 불법적 지위를 합법적 지위로 바꾸기 위해 갖가지 노력을 했다. 그러나 결국 특별영주자의 지위를 갖지 못한 채 일반영주자나 기타 다른 형태로 일본에 살고 있는 올드커머들이 아직도 남아 있다는 사실을 지적해야 할 것 같다. 이에 관한 정밀한 연구는 앞으로의 과제로 남긴다.

3 대표적인 연구로는 정인섭(1996)이 있다.

체성에 대해서 인류학과 사회학을 중심으로 연구가 증대하고 있으며,[4] 학위논문의 주제로도 중요하게 등장하기 시작했다.[5] 뉴커머가 된 한국인 연구자들의 연구도 크게 늘어나고 있다.[6]

재일정체성 연구에서 가장 주목할 만한 것은 한국의 대학교에 유학한 재일동포 학생들의 연구물이다.[7] 재일동포 유학생들이 대학원에서 재일동포의 정체성에 관한 학위논문 주제를 택하고 있는 것을 보면 이들이 얼마나 이 문제로 고민하고 있는가를 알 수 있다. 실제로 재일동포의 정체성에 관하여 이들의 논문만큼 깊이 있는 연구를 보기는 힘들다.

재일동포 정체성의 유형화 시도도 이루어졌다. 재일동포 70여 명을 심층면담하여 그들의 정체성을 공생 지향, 조국 지향, 개인 지향, 귀화 지향의 네 그룹으로 유형화한 후쿠오카(福岡安則, 1993)의 연구가 재일동포의 정체성 연구에 자주 언급되며, 이후에 나온 연구들도 대체로 이러한 유형화를 주요 준거로 삼는 듯 보인다. 서경식(1998: 359-361)은 그와 유사하게 재일한국인의 정체성을 본국 지향, 재일 지향 및 일본 지향으로 구분했다. 이 분류들은 모두 일본을 기점으로 하여 동화가 되었는가의 단순한 조건을 분류의 기준으로 삼고 있다. 보다 중요한 점은 이 분류들이 시간의 흐름에 따라 재일한국인들이 대체로 일본에 동화되어 가고 있다는 안이한 전제를 하고 있다는 것이다(김겨레, 2009: 1). 1, 2세대 중에 귀국 지향이 많았다면 이제 3, 4세쯤 되면 대부분 일본에 정주할 생각을 할 것이므로 공생 지향이 주를 점하

4 대표적인 연구로는 권숙인(2000); 한영혜(2006)가 있다.

5 대표적인 연구로는 윤다인(2014)이 있다.

6 대표적인 연구로는 유혁수(2014)가 있다.

7 대표적인 연구로는 김요자(2004); 김광섭(2005); 김숙자(2007); 강철수(2008); 김겨레(2009) 등이 있다.

지만, 이들에게는 세계시민으로서의 의식도 자라고 있으며 그러면서도 조국에 대한 생각도 새로운 차원에서 형성되고, 이 모든 것을 위해 개인의 능력개발에 최우선적으로 힘을 기울이는 사람들을 종종 볼 수 있으므로 이러한 동화 기준 분류는 별 의미가 없어진다.

이들의 분류 기준에 국적이 빠져 있는 것은 중요한 결점이다. 물론 재일동포에게 있어 국적은 통상적 의미의 국적이라고 할 수 없는 것이 사실이다. 후술할 바와 같이 일제강점기를 지나 일본에 남아 있게 된 이들에게 일본이 강제한 국적은 이들의 내면에서 지향한 '국가'와 일치하지 않았다. 이후 역사의 흐름 속에서도 지금에 이르기까지 분단된 조국에 대해 갖는 국가의 관념이 그들에게 '부여'된 국적과 일치하지 못하는 모순적인 사회적 조건에 놓여 있는 존재가 그들이기 때문이다. 경우에 따라서는 무국적일 수도 있고 또 그들의 관념 속에서 이중국적일 수도 있다.[8] 한국 국적을 가지고 세계 축구 무대에서는 북한 대표로 뛰는 정대세의 국적은 무국적일까, 아니면 이중국적일까?

그럼에도 한국적, 조선적, 일본적에 따라 조(본)국 지향의 의미도 다를 것이며, 재일 지향, 개인 지향의 내용도 다를 것이라는 주장도 사실이다. 김숙자(2007)는 재일동포 3세를 조선적, 한국적, 일본적으로 분류하고 각각의 정체성을 정리했다. 특별영주 재일동포들에게 있어 국적의 의미가 약해지고 있다는 지적이 많으나, 역시 아직 국적의 구분은 생활에 중요한 영향을 주는 지점이 있으므로 주의 깊게 살펴볼 만하다는 점을 충분히 드러낸 연구이다. 그러나 단순하게 국적이라는 단일 변수만으로 정체성을 구분하였다는 한계를 지닌다.

이 장에서는 국적을 기준으로 하여 재일동포들이 본국과 일본에

---

8 '관념적 국적'과 '실효적 국적'이라는 개념이 논의되기도 한다(金英達, 1992; 金泰植, 2012).

〈표 5-1〉 주요 재일동포 연구대상자

구분	성별	연령	국적	직업	면담 시기
A	여	60대	한국적	회사원	2016. 11
B	남	60대	〃	가수	2016. 11
C	남	30대	〃	교수	2003. 9
D	여	60대	〃	작가	2016. 11(간접 면담)
E	남	70대	〃	교수	2016. 11(전화)
F	남	70대	〃	강사	2016. 9
G	여	40대	〃	강사	2016. 9
H	여	40대	조선적	동포조직 직원	2016. 11(이전 수차례)
I	남	30대	〃	교수	2016. 11
J	남	30대	한국적	모국 수학생	2016. 11
K	여	70대	〃	학교 이사	2016. 11
L	남	70대	조선적	동포조직 직원	2016. 5(이전 수차례)
M	여	30대	한국적	모국 수학생	2016. 11
N	남	50대	〃	시민활동가	2016. 8
O	남	60대	〃	회사원	2016. 11
P	남	40대	뉴커머	교수	2016. 8
Q	남	50대	조선적	교장	2016. 8
R	여	40대	한국적	연구자	2016. 8
S	남	60대	〃	기업인	2016. 9
T	여	50대	조선적	동포조직 직원	2016. 9

대하여 어떠한 생각을 가지고 있는지를 추적해 보고자 한다.

이 장의 주요 연구방법은 재일동포들에 대한 심층면담이다. 필자는 1989-1990년, 2003년, 2007년, 그리고 2016년에 집중적으로 재일동포들을 만났으며, 한국에서도 많은 '모국 수학'생들과 대화했다. 제네바에서 유엔 인권회의가 열리는 동안 회의에 참석한 재일동포들과 면담했으며, 필자가 참가했던 일본군 위안부 관련 운동을 통해 일본과 한국 및 세계 여러 나라에서 만난 재일동포 활동가와 깊이 있는 대화를 나누었다.

이 장은 또한 그동안 축적되어 온 재일동포의 정체성에 관한 연구에 더해, 잡지나 수기, 회고, 회의에서의 발표문 등에 실린 재일동포 자신의 이야기들과 다른 사람들에 의한 기술이나 연구들도 광범위하게 분석에 포함시켰다. 재일동포 연구에서 매우 중요한 부분을 차지하는 영화와 연극 및 다큐멘터리에 등장하는 재일동포의 묘사도 참고했다.

이렇게 직접 또는 간접 조사를 통해 재일동포 정체성 연구에 고려한 사람은 60명이 넘는다(한국적 41명, 조선적 19명, 일본적 3명). 그중 좀 더 깊이 대화를 나누어 분석에 자주 인용한 사람은 〈표 5-1〉과 같다.

II. 재일동포의 국적 변화

1. 일본 국적 식민지인에서 '조선'적 재일동포로

일제강점기부터 조선인에게 일본이 부여한 법적 지위는 애매했다. 조선인은 일본신민(日本臣民)이 되었지만 일본국적법이 아니라 1909년 제정된 민적법(民籍法)과 1923년 이를 대체한 조선호적령(朝鮮戸籍令)에 소속되었다. 조선 국적을 일본 국적으로 전적하는 것은 원칙적으로 금지되었다. 해방 직후 재일동포의 국적은 미국 정부, SCAP, 일본 정부의 주로 치안상 필요에 따라, 한국 정부와 북한 정부가 설립된 후에는 양 정부의 요청에 따라, 자유선택→이중국적(의미상)→일본 국적→외국인('조선')→한국 국적으로 변경 가능과 같은 어지러운 과정을 겪었다. 간략하게 그 과정을 보면 다음과 같다. ① 1945년 7월 6

일 미 국무성은 재일동포에게 자유의사에 따라 국적선택권을 줄 것을 권고했다. ② 이 방침은 곧 애매한 이중국적을 의미하는 방침으로 바뀌었다. 1945년 8월 6일 미 국무부-육군-해군 삼부조정위원회는 "조선국적법은 그들을 국민으로 간주할 것이다. 일본 국적을 받아들이는 자에게만 일본에서의 잔류가 허가된다"고 했으나, 1945년 9월 26일 "일본 국적을 받아들이는 자에게만 일본에서의 잔류가 허가된다"는 문항은 삭제되었다. 1945년 11월 3일 SCAP는 "조선인은… 해방국민으로 취급되지만 필요에 따라서는 적국민으로 취급할 수 있다"고 하여 애매한 입장을 이어 갔다. ③ 곧이어 1945년 11월 5일 SCAP는 "조선에 귀국하지 않는 조선인은 적법하게 성립된 한국 정부가 그들에 대해 한국 국민으로 승인할 때까지 일본 국적을 보유한 자로 간주한다"는 결정을 했다. ④ 1947년 5월 2일 일본 정부는 외국인등록령을 발포하고 재일동포를 외국인으로 규정한 후, 국적란에 모두 '조선'이라고 기재하도록 했다. 이어 1952년 4월 19일 일본 법무부민사국장통달이 공표되어 "조선인은 강화조약 발효일로부터 일본 국적을 상실한 외국인이 된다"고 규정했다. 1952년 4월 28일 샌프란시스코강화조약은 "조선인은… 외국인으로 본다"고 규정하고 등록위반자 강제퇴거까지 포함시켰다.

재일동포의 '조선'적은 이렇게 만들어진 것이다. 외국인등록령 시행규칙(1947. 5. 2) 별기(別記)등록신청서 양식 내 주의사항 제3호는 "국적란에 대만인 및 조선인은 대만 또는 조선으로 기입한다"고 설명했다. 당시는 남북한에 정부가 수립되기 전이므로 이때의 '조선'이란 한반도를 가리키는 용어였다(정인섭, 1996: 134).

2. 재일동포의 법적 지위와 조선적/한국적/일본적으로의 분화

해방 직후 우여곡절을 거쳐 '조선'인으로 표기되었던 재일동포들은 이후 한국 정부와 북한 정부, 일본 정부의 정책에 따라 많은 수가 '한국적'으로 분화되어 나갔으며, 귀화한 일본 국적 집단도 커지고 있다.

1948년 남북한에 각각 정부가 수립되었는데 남한은 국명이 '대한민국', 북한은 '조선민주주의인민공화국'으로 결정되었다. 1950년 1월 6일 대한민국거류민단은 외국인 등록 시 국적란의 조선을 정식 국호인 대한민국으로 통일해 달라고 일본 정부에 요청했다.[9] 한국 정부도 주일대표부에 같은 요청을 했다. 이에 대해 일본 외무성은 "조선이란 전 코리아(全 Korea)를 의미하는 것으로서 한국이나 대한민국과 같은 용어 사용이 부적당하다"고 답변했다. 이 문제는 한국이 다시 SCAP에 같은 요청을 하여 다음달 2월에 일본 각의에서 본인의 희망에 따라 기존의 조선을 한국 또는 대한민국으로 수정할 수 있도록 했다.[10] 이러한 내용은 1965년 10월 26일 일본 법무성 견해 '외국인 등록상의 국적란의 '한국' 또는 '조선'의 기재에 관하여(外國人登録上の國籍欄の『韓國』あるいは『朝鮮』の記載について)'에 다시 명기되었다. 이는 앞서 제1장에서도 언급하였듯이 "외국인 등록 시 '조선'이라는 기재는 재일조선인의 국적 변경의 특수사정상 일본 영토였던 한반도에서 來日한 조선인을 가리키는 용어이며 어떠한 국적도 표시하지 않는다"는 것이다(정인섭, 1996: 136). 이것은 현재까지도 일본 정부와 지자체에서 그대로 인정하고 있는 내용이다. 예컨대 오사카 사카이(堺)시 2006년 외국

---

9 「외국인등록 증명서교체에 관한 건의서」에서 요청한 내용이다.

10 당초 한국에서 다시 조선으로 바꾸는 것은 허용되었지만, 곧 인정하지 않게 되었다(정인섭, 1996: 134-135).

인 통계는 한국 및 조선을 하나의 범주로 만들어 규모를 측정했는데, 통계표 아래에 "조선이란 국적이 아니라 조선반도 출신자라는 것을 나타낸다"고 설명을 붙이고 있다.[11]

본인의 희망에 따라 기존의 '조선'을 한국 또는 대한민국으로 수정하게 됨에 따라 재일동포 국적에 '한국적'이 생기기 시작했다. 조선이 국호가 아니라 출신지역을 표시하는 것에 반해, 한국은 국호로 취급함에 따라 한국만이 일본 정부가 인정하는 재일동포의 정식 국적이 되었다. 이후 1965년 협정영주권이 한국적 재일동포에게만 부여됨에 따라 조선에서 한국으로의 국적 이동이 가속되었다. 1991년 한국적과 조선적 동포가 특별영주자로 일원화된 후에도 한국적으로의 이동 흐름은 지속되었으며, 2000년대 초 북한이 일본인 납치를 인정한 후 이 흐름은 걷잡을 수 없게 되었다. 이와 같이 조선적을 가지고 있는 사람들은 북한을 지지하는 집단으로만 구성된 것은 아니다. 이들은 남북한 정부가 수립된 후 한일 관계의 여러 국면에서 한국적으로 바꾸지 않고 남아 있는 사람들이다.

2015년 말 이전에는 일본 정부가 한국적과 조선적을 통합하여 통계를 산출했으므로, 정확한 수치를 알 수 없었다. 1999년에 재일작가 김석범(1999: 328)은 조선 국적자가 15만 명이라고 추산했으며, 2009년 재일본대한민국민단(민단)에 문의한 결과, 특별영주자 405,571명 중 한국 국적자가 36.5만-38.5만 명이고 조선적은 약 3-5만 명이라고 추정했다. 2015년 12월부터 일본 정부는 외국국적 중 한국과 조선을 분리하여 통계를 내기 시작했는데, 그에 따르면 특별영주자 한국 국

11 사카이시 홈페이지(https://www.city.sakai.lg.jp/shisei/tokei/jinkoudoutaitou/kokuseki.html).

적은 311,463명, 조선적은 33,281명이었다.[12]

한편 일본에서 제도적 차별이 완화되고 일본 국적 취득 절차가 간소화되는 과정에서의 귀화도 크게 늘어나고 있다. 일본 정부가 1985년 여성차별철폐조약에 가입한 이후 1899년 제정된 일본국적법은 새롭게 개정되었다. 개정된 일본국적법은 종래 부계혈통주의를 부모 양계혈통주의로 변경하여, 부모 중 어느 일방이 일본 국민이면 그 사이에서 출생한 자는 일본 국적을 취득할 수 있게 하였다. 정부에 의한 시혜적인 국적 승인의 관행이 바뀌어, 1990년대에 들어서는 신변조사가 거의 없이 국적 취득이 이루어지게 되었다. 1985년 국적법 개정에 따라 호적법도 일부 개정되었는데, 이는 귀화하면서 일본명 대신 민족명을 사용하는 것을 가능하게 했다. 즉 외국계 성(姓), 외국식 이름이 공인되어, 일본식 성으로 창씨개명을 해야 국적이 승인되었던 이전의 제도가 사라졌다. 이러한 과정에서 1980년대 후반부터 동화가 아니라 권리로서의 일본 국적 취득론이 재일동포들 사이에 확산되기 시작하여 1990년대에 일본 국적 취득이 더욱 확대되었다. 1991년 구식민지 출신자를 '특별영주자'라는 법적인 범주로 묶은 후, 2001년 4월 '특별영주자 등의 국적취득의 특례에 관한 법률안'이 공표되었다. 이것은 '영주외국인 지방참정권부여 법안'과 연동되어 찬반양론이 아직도 진행 중이지만, 권리로서의 일본 국적 취득론의 확대를 촉진시키고 있는 것은 사실이다.[13] 제1장에서 살펴본 것처럼 이에 따라 귀화가 늘어나서 1995-2004년 10년간 매년 1만 명 수준을 유지하다가, 이후 점차 감소하여 2010년대 들어 매년 5천 명 정도가 귀화하고 있다.[14]

---

12 일본 법무성의 「재류외국인통계(在留外國人統計)」(旧登録外國人統計)(http://www.moj.go.jp/housei/toukei/toukei_ichiran_touroku.html).

13 일본 국적 취득에 관해서는 김광섭(2005) 참조.

14 구체적인 귀화자의 수는 제1장의 〈표 1-3〉 참조.

III. 민족정체성과 국적

1. 재일동포 민족정체성의 분류와 국적

국적이 재일동포의 정체성을 늘 정확하게 표상하는 것은 아니다. 즉 자신의 정체성이 국적과 일치하지 않는 경우가 적지 않으며, 같은 국적 내에도 서로 다른 정체성이 공존한다. 그럼에도 이들의 복잡다단한 정체성을 살펴보기 위해서는 우선 아직도 강고하게 이들 간에 경계를 긋고 있는 국적을 일차적 범주로 삼는 것이 옳다고 생각된다. 왜 조선적을 고수하고 있는지, 조선적으로부터 일본 국적을 취득하지 않고 왜 한국적을 택하게 되었는지는 이들의 민족정체성과 무관하게는 도저히 설명할 수 없는 것이다.

이 장은 특별영주 재일동포를 국적에 따라 조선적, 한국적, 일본적 취득자의 세 집단으로 나누었는데, 다시 그 안에서 서로 다른 정체성을 갖는 몇 개의 집단을 확인할 수 있었다(그림 5-1 참조). 다음에서 그 내용을 상세히 살펴보고자 한다.

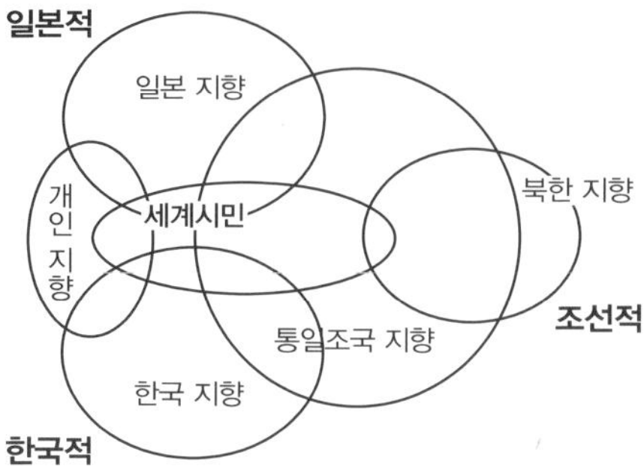

〈그림 5-1〉 특별영주 재일동포의 정체성

2. 재일동포 공통의 경험과 인식

조선적, 한국적, 일본적에 상관없이 현재 재일동포들이 갖는 공통의 경험과 인식이 있다. 1970년대부터 확실하게 형성되기 시작한 귀국의지의 포기 그리고 세대, 계층에 따라 다소 다를지라도 공통적으로 가지고 있는 일본 사회에서의 차별 경험이 그것이다. 또 하나 중요한 공통점은 조선적, 한국적, 일본적 재일동포 모두가 한국에서 느낄 수 없는 조국통일에 대한 매우 절실한 염원을 가지고 있다는 것이다.

1) 일본 정주

이미 1970년대부터 재일동포 대부분이 귀국의지를 접고 일본에 정주하기 시작했다. 귀국하기에 이미 늦었고, 남북한 모두의 정치적·경제적 상황이 불안했기 때문이다. 북송이 완전히 끝난 것은 1984년이지만 1970년대 초반에 거의 완료되었다고 보아야 한다.[15] 필자가 진행한 심층면담 대상자인 A에 따르면, 조선학교도 1970년대부터 학생수가 감소하기 시작했으며, 1980년대에 동포들의 일본 정주를 전제로 교과서를 개편했다고 한다.[16] 아직도 한국적, 조선적을 갖고 있는 동포들도 이제 일본 정주를 기정사실화하고 있다. 그들은 통일이 되어도 일본에 살 것이라고 말한다.

사람에 따라 다르지만, 일본에서의 생활이 편리한 것은 공통의 생각인 듯하며, 수많은 차별 경험에도 불구하고, 한국, 북한보다 일본정부를 더 신뢰하는 경향도 보인다. A는 외국에 나가서 어려움에 봉착했을 때, 남북한 정부보다 일본 정부가 자신들을 도와줄 것이라고

15 구체적인 북송 현황은 제1장의 〈표 1-2〉 참조.

16 이하 필자가 진행한 심층면담 대상자 정보에 대해서는 제5장의 〈표 5-1〉 참조.

말한다. 그는 한국인이라는 뿌리는 잊지 않겠지만, 이제 재일조선인이란 존재는 일본의 일부분이라고 말한다.

2) 차별 경험

대부분의 재일동포는 직접적·개인적인 차별 경험을 가지고 있으며, 본인이 직접 겪지 않은 경우에도 간접적으로 다른 동포가 겪는 차별을 보았다고 말했다. 조선적 동포에 관한 더욱 심한 차별의 이야기도 적지 않다. 이에 관한 수많은 기록과 소설, 영화가 있지만, 필자의 심층면담 결과를 몇 개만 적어 본다.

도쿄의 한 라이브카페에서 노래를 하는 B는 오사카 출신 동포 3세이다. 그는 등록금이 있는 조선학교에 가지 못하고 무료인 일본 소학교에 들어갔는데 일본 선생님의 끔찍한 차별을 받고 싸움꾼이 되었다. 그는 아주 소수를 제외하고 대부분의 일본 선생님들이 조선 학생을 심하게 차별했다고 말했다. 그가 자란 곳은 가난하고 위험한 환경이었다. 그곳에서는 어느 날 옆집 형이 빠칭코에서 싸우다 칼 맞아 죽었다거나, 어떤 누나는 야쿠자의 여자가 되었다는 등의 이야기가 평상의 언어처럼 들렸다. 홍수에 강이 범람하면 부모님은 축축한 바닥에서 주무시고 아이들만 다다미 위로 올라가 자게 했다. 아버지는 기관지가 아팠는데 약만 먹으면 되는 상황에서 마루타처럼 수술을 받았고, 그 장면이 어른이 된 후 지금까지도 트라우마처럼 남아 있다. 그는 중학교에서 음악을 배우면서 싱어송라이터가 되었는데, 그의 노래는 어릴 적 그 무참한 환경을 배경으로 한다.

A는 비교적 유복한 가톨릭 가정에서 자라면서 직접적인 차별을 당한 적은 없었지만, 조선인이라고 이지메를 당하는 아이들을 많이 보았다고 말했다. 재일동포 내에도 계층 차가 존재했다는 사실이 드러난다.

재일동포 모국 수학생인 김겨레(2009: 32-27)는 제도적 차별이 완화된 2000년대 일본 사회의 대놓고 말하기 힘든 눈에 보이지 않는 차별에 대해 진지하게 말한다. 그는 학교에서 국가 제창을 할 때, 기미가요가 내포하는 은밀한 압력을 감각적인 공포로 감지한다고 말하며, 고바야시 요시노리 만화나 북한의 일본인 납치 문제를 거론하는 일본에서 재일조선인을 지킬 곳은 없다고 지적한다. 그는 다른 한편 학교에서 양심적인 교사들의 운동으로 이룩한 본명 부르기나 민족학급에서도 타자화의 억압을 느낀다고 말한다. "식민지 이후에 대두한 양심적인 코드는 부조리함을 표현할 언어를 빼앗아 간다"는 그의 독백은 재일동포의 복잡한 내면의 깊이를 짐작케 한다.

3) 자신을 숨긴 경험

A는 중학교까지 일본학교를 다니면서 자신이 '조선인'임을 숨기고 살았다. 주변에서 조선인에 대한 차별이 노골화되어 있었기 때문에 자신이 조선인임이 밝혀지면 똑같이 차별당하겠다고 생각해서였다. 또 당시 주변 노인들이 위생적이지도 않고 힘들게 살고 있어 조선인에 대한 긍정적 이미지가 없었기 때문이기도 했다. 그런데 그가 조선을 멀리해도 해결되지 않는 문제가 있었다. 싫어도 자신이 조선인이라는 사실을 피할 수 없다는 것이었다. 그래서 고등학교를 조선학교로 가게 되었다. 1970년대 조선학교는 "체계도 없고 교원도 없고(이렇게 말해도 되는지…), 조선학교를 통괄하는 재일본조선인총연합회(총련)도 엉망"이었으나,[17] 그는 거기서 비로소 자신을 찾아가기 시작했다. F도 부모님이 기타큐슈의 야하타 탄광으로 강제연행되어 왔는데, 어릴 적

17 당시 '김병식 사건'으로 일컬어지는 총련 조직 내 부패, 폭력 사건이 있었다.

왜 조선 사람으로 태어났냐고 원망했고 자신감 없고 허무주의에 빠지기도 했다. 그러나 그도 어머니 덕분에 차별 없는 조선중학교에 들어가 우리말, 우리 역사를 배우면서 민족성을 찾았고, 어깨를 펴고 살게 되었다고 말했다.

B는 노래하는 사이사이에 말한다. "어머니는 한국어를 못 쓰게 했고 한국 음식도 안 해 주셨다. 한국, 조선 모두 싫고 우리가 부끄러운 민족이라고 생각하며 자랐다. 차별보다도 나 자신이 그렇게 생각한 것이 더 부끄럽고 억울하다. 지금 동포뿐 아니라 세계의 억압받는 사람들을 위해 노래 짓고 노래 하는 사람이 된 것은 기적과 같다."

4) 조국의 통일, 민주화 염원

1970년대 모국 수학을 위해 ○○대학에 재학하다가 학생간첩단 사건에 연루되어 5년 이상 수감되었던 O는 일본으로 돌아가 회사에 취직하여 그런대로 편안하게 살고 있다. 필자가 한국을 생각하면 몸서리나지 않느냐고 물었더니 돌아온 그의 답은 가슴 저린 것이었다. "내가 그런 일을 당하지 않았다면 더 좋았을 것이다. 조국이 분단되지 않고 풍요롭고 민주화되었다면 더 좋았을 것이다. 그러나 이대로라도 한국이 있다는 것은 내게 더할 수 없는 행복이다. 내게 조국이 존재한다는 것은 그렇지 않은 것과 비교도 할 수 없다." F는 분단의 아픔 때문에 운동하고 있다고 말한다. "3, 4세는 그 아픔을 몰라요." 그는 일본 초등학교에서 민족수업을 하면서 남북분단이 표시되어 있지 않은 통일지도를 사용하며, 초등학생들이 이해하기 쉬운 말로 설명한다. "나의 고향은 조선반도. 전쟁으로 분단되었어요. 전쟁은 안 돼요. 이웃을 침략하는 것은 안 돼요. 사이좋게 지내요."

민족학교인 도쿄 제2초급학교를 촬영한 한 영상은 학생들이 "내가 태어날 때부터 사랑하는 조국은 둘이었네. 슬픈 역사가 이 땅을 갈라도 마음은 서로 찾았네 불렀네"라는 가사의 노래를 부르며, 통일되었으면 좋겠다고 말하는 장면을 보여 준다. 한 초등학생은 "한국하고 조선은 같으니까 나는 한국 사람이고 조선 사람이야"라고 말한다.[18]

이렇게 존재하는 조국에서 통일이 이루어지면 재일동포들에게 큰 힘이 될 것임은 말할 것도 없다. 통일이 염원인 것은 많은 개인들과의 대화에서도, 동포 조직의 활동에서도 나타난다. 총련은 일찍부터 한국적/조선적을 제한하지 않으며, 민단도 2005년부터 회원자격을 한국 국적자에서 한반도 출신자로 바꾸었다. 2006년 5월 17일 총련과 민단이 화해·화합을 시도하고 8·15기념축제 공동 개최 등에 합의했을 때, 당시 재일동포 99%가 찬성했다는 사실은 이들의 통일 염원을 웅변하는 것이다.[19]

재일학자 윤건차(2016: 874)는 900페이지가 넘는 장대한 저서의 결론으로 "통일은 적어도 불가피한 통과점이며 일본과 조선이 재출발하는 데 기본적인 요건이 된다"고 말했다. 재일작가 박경남(2016: 83)은 아버지의 소원이 "일본, 한국, 북한에 뿔뿔이 흩어져 사는 가족이 모두 평안하기를…, 한반도가 하나가 되어 평화의 시대가 실현되기를…"이었다고 말한다.

3. 재일동포 국적의 배경

재일동포에게 있어서 한국적, 조선적, 일본적이라는 국적을 결정하게

18 〈나는 가요, 도쿄 제2학교의 여름〉(https://www.youtube.com/watch?v=PHtlbfKI1kA).

19 이 합의는 곧 이은 7월 5일의 북한의 대포동 2호 미사일 발사로 백지화되었다(이범준, 2015: 299-305). 5·17합의와 결렬에 대하여 민단은 한국 내 종북세력과 총련의 공작 때문에 일어난 사태라고 말한다.

하는 조건이나 그 배경들에 관하여 다음의 몇 가지 양상들을 정리할 수 있다. 이것은 이들에게 국적이 무엇을 의미하는가를 가늠하게 한다.

1) 한 가족에 한국적, 조선적, 일본적이 공존

재일동포의 존재에서 국적은 어떤 결정적이거나 당연한 조건이라기보다는 상황적인 변수인 경우가 적지 않다. 한 가족에 몇 개의 국적들이 공존하는 경우가 적지 않은 것이다. F는 어머니와 함께 기타큐슈 지역의 초등학교에서 민족수업을 하기 시작하여, 어머니가 돌아가신 후에도 지금까지 천 회 넘게 계속하고 있다. 그를 포함해 7남매인데 누나 한 명과 본인만 한국적이고, 다른 형제들과 그 가족은 모두 조선적을 유지하고 있다. 그는 1989년 한국적으로 바꾸어 한국을 몇 차례 방문한 적이 있고, 그의 아들은 광주에서 음식을 배워 기타큐슈 지역에서 한식당을 경영하고 있다. G 가족의 국적 구성은 더욱 복잡하다. G는 일본인 어머니와 한국적 아버지 사이에서 태어나 한국 국적을 가지게 되었다. 동생 둘은 일본적을 가지고, 과거에는 한국인임을 숨기고 살았다. 그는 일본학교를 다녔지만, 일본 선생님이 만든 조선문화연구회에서 민족문화를 만났고, 총련 청년동맹이 주관하는 여름학교에서 민족의식이 확고해졌다. 대학 입학할 때는 본명을 쓰기에 이르렀으며, 남학과 북한을 모두 방문했다. 2006년 고향인 후쿠오카에 돌아와 F와 만나게 되고 현재까지 민족수업을 같이 하고 있다. 그는 태어날 때 부모님으로부터 받은 국적을 일부러 바꿀 필요는 없다고 생각하지만, 조국의 역사를 생각할 때 조선적을 그대로 유지하고 있는 사람들에 대해 깊은 존경심을 가지게 되었고 남편을 조선적 동포로 선택했다. 남동생 둘은 모두 일본적이고 큰아버지는 한국적이다.

A는 가톨릭 집안에 태어난 동포 3세로서 조부모와 부모와 같이 한국적을 갖게 되었으나, 조선고급학교, 조선대학교를 다니면서 민족

의식을 가지게 되었다. 그는 조선신보사에서 일하면서 조선적 남편을 만나 결혼했는데, 시부모님도 조선적이다. 그는 총련 분회 활동을 열심히 하는데 분회에서 조선적, 한국적, 일본적 동포들이 격의 없이 어울린다. 그의 사촌오빠는 북송대열에 끼어 현재 북한에서 살고 있다. A는 한국의 한 대학교 대학원에 입학해서 사회학 석사학위를 받은 후 일본에 돌아갔으며 지금도 한국을 자주 방문한다. 그는 또 북한도 방문하여 사촌오빠를 만났으며, 한번은 시아버지와 함께 북한에 가서 사촌오빠, 시아버지의 제자들을 함께 만난 적도 있다. 또 그의 사촌언니는 민단부인회에서 활동한다.

H의 부모님은 제사를 모시러 고향에 가야 해서 한국적으로 바꾸었지만, 자신은 그대로 조선적을 유지하고 있다. 남동생은 사업하기 위해 일본적으로 바꾸었고, 또 한 명의 남동생은 조선적이다. 그는 자신을 북한 지지자보다는 '조선반도 지향'이라고 말하고, 자신의 남편도 조선적을 가지고 있는데 자신과는 다르게 실제로 북한 지향의 생각을 가진 사람이라고 말한다. D는 한국적으로 한국 방문도 여러 번 한 사람인데, 조부모와 부모님은 모두 조선적이다.

도쿄 제2초급학교 학생은 조선적 33명, 한국적 25명, 일본적 1명이며, 학생들의 아버지는 조선적 23명, 한국적 20명이고, 어머니는 조선적 27명 한국적 15명, 일본적 1명이다. 교장은 부모 국적이 다른 사람들이 많다면서, 아무 상관없다고 말한다.[20]

그야말로 재일동포들은 한 가족 내에 세 개의 국적이 아무 문제없이 그러나 많은 사연을 품은 채 공존하고 있다.

---

20 〈나는 가요, 도쿄 제2학교의 여름〉(https://www.youtube.com/watch?v=PHtlbfKI1kA).

2) 국적에 상관없는 교류

그들은 국적보다 커뮤니티가 중요하다고 말한다. 실제로 조선적에서 한국적으로 바꾼 사람들도 그동안의 커뮤니티 교류를 별다른 변화 없이 이어 간다고 한다. 앞에서 언급한 대로 A는 총련 분회에서 위로를 얻으며 살고 있는데, 그 분회에는 조선적, 한국적, 일본적 동포들이 같이 활동한다. 가수인 B는 오사카의 어린 시절을 그리며 "여기가 일본인가, 조선인가. 조선인가, 한국인가"라는 노랫말을 자신이 지은 음율에 실어 부른다. 그렇게 그들은 함께 살고 있는 것이다. K는 한국적인데 조선초급학교 이사를 하면서 조선적 학생과 교사, 다른 이사들과 같이 생활한다.

뿐만 아니다. 총련이 경영하는 조선학교에 조선적뿐 아니라 한반도에 뿌리를 갖고 있는 한국적, 일본적 동포학생들이 아무런 문제없이 다니고 있다(정진성, 2012). 민단과 총련은 국적에 상관없이 동포 회원을 받는다. A에 따르면, 재일본조선청년상공회(청상회)라고 하는 총련 산하의 상공인들 모임은 조선학교를 지원하는 중요 회원인데, 그 안에 한국적, 일본적 동포가 대부분이다.

3) 자신의 뜻과 상관없이 정해지는 국적

누구나 국적을 선택하여 태어날 수 없다. 이 만고의 진리 앞에 유독 재일동포들은 자신의 뜻과 상관없이 정해진 국적에 대해 문제의식을 품는다. B는 "나는 아무 영문도 모르고 오사카에서 한국 사람으로 태어났다. 왜 한국 사람인지도 모르고 심한 차별을 받으며 살았다"고 말한다. 앞서 언급한 바와 같이 G는 북한에 대해 깊은 일체감을 갖고 있지만, 한국적으로 태어났으므로 국적은 일부러 바꾸지 않고 그대로 산다고 말한다. 재일에 관해 많은 글을 남긴 E는 1990년대 이회성, 김석범 등 재일 작가들 사이에 이루어졌던 조선적 '무국적자' 존재 논쟁에 대해서, 자신은 태어날 때부터 한국적이므로 할 말이 없다고 말했다.

앞서 언급한 도쿄 제2초급학교 영상에서 초등학교 3학년 아이는 다음과 같이 말한다. "내 사촌 ○○는 조선 사람이고, 나는 한국 사람이래…."

4) 국적에 대한 서로 다른 생각

재일동포들에 있어 이제 국적은 별다른 큰 의미는 없다고 생각하는 것이 일반적이다. 앞의 논의에서 보았듯이 한 가족에도 여러 국적이 존재하고, 또 서로 어울려 생활하는 데 국적이 장애가 되지 않는다.

그러나 후술할 바와 같이 국적의 의미에 대해 모두 같은 생각을 가지고 있는 것은 아니다. 한국적이며 한국과 북한을 여러 번 방문했고 총련 활동을 하는 A는 "이제 일본적으로 바꾸려고 한다. 국적은 상관없다"고 말한다. 그러나 아직도 "조선적을 한국적으로 바꾸는 것은 괜찮지만, 일본적은 안 된다"고 말하는 사람들(B, E, K 등)이 적지 않다. 조선적을 유지하는 것이 우리의 자존심이라고 생각해서 실제로 북한만을 조국이라 생각하며 온갖 불편을 감수하며 조선적을 유지하는 사람(T) 등, 국적에 대한 생각은 동포 사이에 일률적이지 않다.

IV. 조선적 재일동포

앞서 본 대로 해방 후 일본 정부에 의해 국적이 '조선'으로 표기된 후, 지금까지 한국적이나 일본적으로 바꾸지 않고 그대로 조선적을 유지하고 있는 동포가 3만여 명이 넘는다. 간혹 한국적이나 일본적에서 조선적으로 바꾼 사람들도 있으나 극히 소수이다. 후술할 바와 같이 북일 관계 악화로 인하여 또는 해외여행 등 생활의 편리를 위해서 '일부러' 일본 국적 취득의 흐름에 따르지 않거나 한국적으로 국적을 바꿀 필요나 여유가 없던 사람, 식민지배와 분단, 차별의 역사적 상징으로서 조선적을 버릴 수 없다고 생각하는 사람, 진지하게 북한을 지지하는 사람까지 조선적 내부에도 여러 층의 사람들이 존재한다. 이들을 크게 통일조국 지향과 북한 지향으로 나누어 보았는데, 필자가 조사한 19명의 조선적 동포 중 8명은 통일조국 지향, 11명은 북한 지향으로 분류할 수 있었다. 물론 두 지향은 명확히 상호 배타적으로 분리되지 않고 상당 부분 중첩된다.

1. 통일조국 지향

재일작가 김석범은 통일된 조국을 지향하는 일단의 사람들을 "'조선' 국적의 '북'공화국 국적화에 따라 '북'쪽으로 귀속하지 않고 그리고 '남'으로도 귀속하지 않은 '무국적'의 소수자"라고 정의했다. 그는 "남, 북 어디에서도 태어나지 않은 채 지니게 되는 '조선' 국적은 통일이 지상과제인 한에 있어서는 분단에 대한 반대의 위치에 있다.… 앞으로 일본과 조선민주주의인민공화국과의 국교 정상화에 따라… 십수만의 조선 국적자 중 '자동적'으로 '북' 국적을 취득하게 될 사람들과 '북' 국적도 취득하지 않으려는 '무국적' 재일조선인이 지금까지와는 달리 명확한 윤곽을 갖고 나올 것으로 예상된다"고 말했다(김석범, 1999: 319-328). 이 사람들은 국적이 민족 내에 벽을 만든다면 국적을 초월해야 한다고 믿는다. 그런 점에서 민족주의자이다. 이들은 일본에서 조선적의 존재는 남북통일을 앞당길 수 있다고 믿으며, 한국 정부가 조선적을 가지고 자유롭게 한국을 왕래할 수 있도록 해야 한다고 생각한다.[21] 민주화된 정부조차 조선 국적 동포의 입국을 거부하는 현실에서도, 한국적으로의 이동은 안이한 선택이라고 이들은 주장한다.

앞서 언급한 역사적인 사실로 보면 '조선'을 통일조국으로 믿는 이들의 생각이 틀리지 않다. 문제는 현재 '조선'이 현실적으로 북한을 지칭하는 용어로 쓰이며, 특히 총련과 북한 정부가 조선을 국호로 인정할 것을 일본 정부에 요청하는 가운데, 이러한 입장을 지키는 것이 쉽지 않다는 것이다. 이 통일조국 지향의 조선적 재일동포의 존재는, 1965년 협정영주권이 한국 국적자에게만 부여된 이래 늘어난 조선적으로부터 한국적으로의 이동이 한국에서 군사독재가 끝나고 민주화와 경제번영이 이루어진 1990년대 이후 크게 증가하면서 드러났다. 1990년대 후반 김석범, 이회성, 서경식 등 재일지식인들 사이의 번민과 논쟁이 한국 사회에 소개되면서 소위 '무국적자' 존재의 역사적 의미가 깊이 성찰되었다. 특히 2010년대 한국에 보수정부가 들어서면서 조선적 동포의 한국 입국이 전면적으로 거부되었으며, 이를 둘러싸고 한국의 시민사회가 법적 투쟁을 벌이기도 했다.[22]

의식적으로 통일조국을 생각하며 조선적을 유지하는 사람 외에, 한국 방문이나 외국여행을 위해 불편한 조선적을 한국적으로 바꿀 계기가 없던 조선적 동포들 중에도 자신의 조국을 구태여 북한, 또는 남한으로 생각하기보다는 그저 '조선 사람'으로 남아 있는 사람이 많다.

가족 중 누군가 북송선을 타고 북한에 거주하게 된 사람이 있어서 조선적을 유지하고 있는 경우도 적지 않은 듯하다. D의 아버지는 자신의 부모와 동생이 북한에 살고 있기 때문에 자신이 한국적을 취득하면 북한에서 그들에게 어려운 일이 생길 것을 걱정하여 조선적을

---

21 ○○ 씨는 두 번째 입국 시 국적변경을 요구받았다. "나는 북한을 지지하지 않지만 그렇다고 '조선적'을 바꿔야 할 이유도 없다." 강성현(2002) 참조.

22 박유하의 문제적인 저서(『제국의 위안부』, 2015)를 예리하게 비판하여 한국에도 독자층이 두터운 정영환 교수가 이 투쟁에 동참하였다.

가지고 있다고 말한다.

앞서 언급한 대로 부모에 의해 일본적이나 한국적으로 등록된 동포 중에 조선적을 다시 되찾고자 노력한 사람들이 있다. 교토에서 민족학급 교사를 오래 했던 박정혜는 일본인 어머니의 국적을 따라 일본 국적을 갖고 살다가, 민족정체성을 자각하면서 조선적을 취득했다(나카무라 일성, 2016). 이들의 정체성을 어떤 범주로 구분짓는 것은 어렵고도 무의미한 일일 수 있다. 그러나 이들이 구태여 조선적을 어렵게 되찾는 것이 북한을 지향한 것이 아니라 통일조국에 대한 강한 염원 때문이라는 점은 곳곳에서 발견할 수 있다.

2. 북한 지향

앞서 고찰한 바와 같이 일본 정부 통계에서 국적란의 조선은 북한을 의미하는 것이 아니었지만, 한국 국적이나 일본 국적으로 이동하지 않고 조선적을 유지하는 사람들의 다수는 조선을 북한과 일치시킨다. 이들을 총련계(Chongryun Korean)라고 하는 것도 이 때문이다. 이 집단 내에도 상이한 여러 생각들을 가진 사람들이 존재한다. 북한과 일체감이 강한 집단과 북한을 조국으로 생각하지만 비판의식도 동시에 갖고 있는 집단이 구별된다. 한국에 대한 생각이 다양하고 일본 국적 취득에 대해서도 매우 상이한 생각들이 공존한다. 이들의 정체성에 영향을 주었던 사회적 조건들이 변하기 때문이다. 위 두 집단을 위축시키며 한국적으로 국적을 바꾸는 잠재적 집단이 또한 존재한다. 북한의 침체가 빠르게 진행되고 북일 관계 악화로 일본의 민족학교와 조선적 동포에 대한 처우가 폭력적으로 되면서, 한국적으로의 이동도 가속화되고 있다.

1) 성찰적 북한 지향

성찰적 북한 지향에 해당하는 이들은 조선적을 유지하고, 북한을 자신의 조국이라고 생각하며 애정과 충심을 가지고 있지만, 일본 정주의식이 확실하고 현실적으로 북한에 대한 비판적 견해까지도 가지고 있는 사람들이다. 이들의 또 다른 특징은 한국에 대해 개방적이라는 점이다. 필자가 만나 본 대부분의 조선적 사람들이 이 집단에 속한다.

총련 간부 중에서도 3, 4세로 오면, 1, 2세와 같이 북한과 일체화하는 정체성을 찾아보기 어렵다. 이에 대해서는 오사카 총련 지부의 재일동포 3세로서 20대 후반의 남녀 활동가 6명을 조사한 강철수(2008)의 실증적 연구가 있다. 수많은 동포들이 총련을 이탈하는 가운데, 총련에 활동하기 위해 들어온 이들은 북한 지향 정체성을 가졌음에 틀림없지만, 1, 2세들과 확연히 다른 점은 총련이 대부분 재일동포들이 더 이상 귀국 지향이 없어졌다는 것을 인정하고, 일본에서 정주하는 재일동포의 현실을 직시하여 일본에서의 생활을 돕는 활동을 해야 한다는 생각이 있다는 것이다. 그와 아울러 다른 여러 점에서도 폐쇄적인 총련의 운영방식을 개선하고 싶어 한다.

총련 조직은 아니지만 총련과 상당히 긴밀한 관계를 갖고 있거나 민족학교 교장이나 교사 중에서도 북한과는 심리적 거리를 두고 일본에서의 생활에 맞추어 의식이 개방된 사람들을 많이 만날 수 있다. 필자가 1990년대 초부터 일본군 위안부 문제를 위한 운동에 참여하면서 만난 조선적 활동가 L씨는 조선대학교를 졸업하고 조선학교 교사를 하다가 일제강점기 강제연행 문제 조사에 전력을 쏟기 시작하여 현재까지 북한은 물론 서울까지도 수차례 방문하고 유엔을 비롯한 세계사회와 교류하며 일본 국회의원과도 협력하면서 맹렬하게 활동하고 있다. 그는 총련 간부들과도 긴밀하게 연결을 가지고 있는 것으로 보이며 그의 부인과 자녀들도 조선적을 가지고 조선학교에 다녔다. 그런데도 그는 북한 인권상황에 대한 필자의 비판에 대해 늘 미소로 답을 했으며, 총련이 현실에 맞추어 방침을 변화해야 한다는 인식도 확실히 있다는 것을 느끼게 했다. 다만 그의 관심은 일제의 조선인 강제연행이라는 역사적 사실의 규명과 그에 대한 국제법적 해결을 추구하는 데 맞추어져 있기 때문에, 북한 정부와도 이를 위해 협력하고 있는 것이라고 생각되었다. 그는 최근 진전되고 있는 조선적으로부터 한국적으로 국적을 바꾸는 경향에 대하여 하나의 조국이므로 괜찮다고 말하는 자신감을 나타냈으며, 그러나 앞으로 통일을 앞당기기 위해서는 조선적 재일한국인의 존재가 남아 있는 것이 도움이 된다고 말했다.

필자가 2003년에 방문했던 오사카 이쿠노 조선초급학교(生野朝鮮初級學校)의 교장은 왜 어려운 가운데 이 학교를 계속 운영하는가라는 질문에, "역사적으로 국가를 잃고, 민족을 잃고, 인간으로 일본에서 사는 데는 민족정체성이 가장 중요하며, 이것을 지키는 데 교육이 가장 중요하기 때문"이라고 답했다. 조선학교 교장인 Q는 조선적 동포 3세이며 북한을 자주 방문한다. 그러나 일본에서 나고 자란 우리들이 북한의 실상에 찬동만 할 수는 없지 않느냐면서, 학생들에게도 김일성 사상은 거의 가르치지 않고 재일동포 역사에 집중한다고 말했다.

필자가 2003년에 만난 4-5명의 조선대학교 학생들은 북한에 대한 애착과 충성을 드러냈다. 이들 중 한 사람은 어려운 처지에 있는 북한을 위해서 자신이 할 수 있는 일을 찾고 싶다고 말했다. 2002년 도쿄에서 열린 조선적과 한국적, 일본적 재일동포, 뉴커머를 포함한 '재일'의 모임에서 만난 한 조선적 재일동포는 통일이 되면 조국에 돌아가고 싶다고 하면서, 언어와 국가를 알아야만 세계 속에서의 자신을 알 수 있다며 민족의 중요성을 강조했다. 이들은 모두 조총련 조직이 이러한 민족적 정체성을 키우고 유지시키는 데 매우 중요한 역할을 해 왔으며 감사와 충성심을 느낀다고 말했다.

그러나 이들이 이러한 조국 지향을 가지면서도 일본 사회와 한국, 민단계 재일한국인들에 대하여 점차 개방적인 태도를 보이고 있는 것은 중요한 변화라고 할 수 있다. 이미 1970년대 후반부터 많은 총련계 재일동포들이 조국 귀환의 의지를 접고 일본에의 정주를 기정사실화하기 시작했으며, 총련계와 민단계의 재일동포들이 함께 기획, 참여하는 문화 및 권익활동이 증가하고 있다. 뿐만 아니라 한국과의 교류도 확대되고 있다. 필자가 만난 조선대학생들은 모두 한국 드라마, 소설을 자유롭게 볼 수 있는 것은 물론이고, 한국 방문, 한국 학생들과의 교류도 빈번하게 하고 있으며 한국 학생과 이메일을 주고받기도 한다. 서울에 친구가 많다며 필자에게 친근감을 나타낸 한 조선대학교 남학생은 홋카이도에서 열린 한국-일본 대학생 합동 유골 발굴 작업에 참여했다고 한다. 2002년 월드컵 축구대회에서 한일 간 교류에 자원활동으로 통역을 한 학생도 상당수 있으며, 이를 통해 자신이 중요한 역할을 수행할 수 있다는 자신감을 갖게 되었다고 말하는 학생도 있었다.

지나친 폐쇄성으로부터 벗어나야 한다는 불안감을 표출하는 경우도 눈에 띈다. 필자가 2002년에 만난 한 조선대학교 여학생은 총련계 재일한국인의 한국과의 교류가 증대되는 것을 보면서, 나만 단절되는 것이 아닌가 하는 초조감이 인다고 말했다. 조선대학교 졸업생인 H는 일본에서 민족학교만을 다녔기 때문에 일본 사회에 대해 너무 모르고 일본인들과의 교류도 거의 없어 단절된 느낌을 가지고 있었으며, 그것을 극복하기 위한 방법으로 영국에 유학하여 이제는 한국 유학생 친구가 많아졌다고 말했다. 필자가 2003년에 방문한 조총련 조직에 속하여 총련계 사람들과의 교류만을 주로 해 온 도쿄 근교의 부녀회 사람들은 한국에서 자신들의 존재를 아는가, 자신들이 민족정체성을 지키고 있는 이유를 아는가에 대해 알고 싶어 했다. 이것은 여러 사회적 변화에 따라 이루어진 총련계 재일동포의 개방성의 다른 표현인 것이다.

재일동포의 정체성에 관한 많은 연구들은 재일동포 중 외국으로 유학하는 사람들을 일본에서 민족적 정체성의 혼란을 느끼고 개인 지향적 정체성을 가지게 된 사람들이라고 분석했지만(福岡正則, 1993), 필자는 외국으로 나와 더욱 깊이 자신의 민족정체성을 성찰하는 경우를 보았다. 앞서 여러 번 언급한 H는 필자가 2002년도 유엔 인권소위원회[23]에 교체위원의 자격으로 참석했을 때, 당시 영국 옥스퍼드 대학에서 유학하고 있다가 여름방학을 이용하여 팍스로마나(Pax Romana)라는 국제 NGO의 인턴으로 인권소위원회를 방문했다. 그 후 지금까지도 간간히 연락을 이어 가고 있으며 필자가 일본을 방문하면 거의 빠짐없이 만나고 있다. 재일동포 2세인 H는 민족학교에서 교육을 받으면서, 일본학교를 다녔을 경우 일본 학생이나 교사로부터 받았을지 모를 편견과 차별을 경험하지 않았고 정체성의 혼란을 겪지 않은 것을 큰 다행이라고 말한다. 그럼에도 일본이라는 나라에서 섬처럼 존재하는 조선적 재일동포사회의 고립을 걱정한다. 그래서 자신도 영국 유학을 선택했으며 많은 사람을 만나게 되었고 특히 한국유학생 친구들을 많이 만들게 되었다고 한다. 그러나 여전히 일본인들의 사회 속으로 들어가기는 힘든 듯이 보였다. 유학 후 일본으로 돌아온 H는 총련계 인권단체에서 재일동포들을 돕는 일을 하고 있다. 그는 북한의 경제 위기와 핵 문제, 납치 사건 등에 대해 심각하게 실망하고 있지만, 이런 어려운 상황일수록 조국을 버릴 수 없다고 말한다.

---

23 United Nations Sub-Commission on the Promotion and Protection of Human Rights. 2007년 유엔 인권 메커니즘의 개혁에 따라 Human Rights Council Advisory Committee로 변경됨.

한편 I는 다음과 같이 말한다. "'북이 아닌 것은 아니다'라는 거예요. 재일조선인들의 지난 역사를 보면 북과 여러 인연을 맺으며 살아왔고 나는 고교까지 조선학교를 다녔어요. 지금도 총련계 인권단체의 이사로 있어요. 내가 국가적인 정체성을 꼭 북에만 두고 있는 것은 아니지만 북도 인정을 할 수밖에 없어요. 지금까지 내가 스스로 선택해서 살아왔고 활동을 했는데 이를 부정하고 싶진 않습니다."[24]

재일동포 2세로 영국 케임브리지 대학에서 박사학위를 받은 소니아 량(Sonia Ryang)은 자신을 '총련계 조선인(Chongryun Korean)'이라고 규정하면서도 민족학교의 교육과 총련에 대하여 비판적인 분석을 하고 있다(Ryang, 1997: 20).

북한 귀국 지향에 비해 훨씬 복잡한 인식을 가지면서도 궁극적으로 북한에 대한 애정을 잃지 않는 이들의 정체성은 무엇으로 설명할 수 있을까? 그 열쇠는 결국 민족학교에 있다. 이들 대부분은 민족학교를 다닌 경험이 있다. 일본에서 자칫 길을 잃을 수도 있었던 자신들의 삶에서 민족적 정체성을 지켜준 것은 민족학교이고, 이 학교가 존재할 수 있었던 것은 1950-1970년대 북한 정부의 지원 덕분이었다고 이들은 생각한다.

2) 북한과 일체화

북한을 유일한 조국으로 생각하며 자신을 북한 국민으로 생각하고 모든 것을 북한 지향으로 맞추고 있는 대표적인 집단은 총련의 재일동포 1, 2세 간부들이다. 총련에 들어가는 사람들은 대체로 대학교까지 민족학교를 졸업하여 민족교육을 철저히 받은 사람들이다. 총련 1세

---

24 『한겨레』(2016. 7. 6)(http://www.hani.co.kr/arti/politics/defense/751112.html#csidxb05115ac062c3f1812d56c67ebc84f8).

간부들은 총련을 북한의 해외공민단체로 만든 장본인들이다. 1950년대 말부터 1980년대에 이르기까지 9만 3천여 명을 북한으로 귀국시킨 총련 활동가와 귀국한 사람들 대부분이 북한 지향/귀국 지향의 사람들이다. 총련은 출발부터 북한이라는 단일한 체제의 일부로서, 북한의 당대회에 총련대표가 축하연설을 하기도 했으며, 총련의장단이 1967년 북한 최고인민회의 대의원으로 선출되어 참석하기 시작한 후, 매기마다 총련 간부들 중 7명가량이 선출되어 참석하고 있다(진희관, 2003: 135-136). 이렇게 조직 자체가 북한과 일체화되어 있으므로 북한과 한국, 재일동포 의식과 북일 관계 등 여러 사회적 조건들이 크게 변화된 속에서도 총련 1세 간부들의 조국 지향은 변하지 않고 있으며, 따라서 총련의 방침 자체도 변화가 매우 느려 보인다. 총련의 내부 변화에 대해 연구를 진행한 강철수(2008)에 따르면, 젊은 활동가들이 총련을 변화시키기 위해 열심히 활동을 하고 있지만, 결국은 실망하고 총련을 떠나는 경우가 많다고 한다. 총련 핵심 간부들의 인식이 바뀌지 않아서 총련의 조국 지향 노선을 변화시키는 데 한계를 느끼는 것이다.

T는 조선적 재일동포 2세다. 오사카에 살았는데 가난해서 돈이 드는 조선학교에 가지 못하고 일본학교에 다니면서 차별을 받았다. 방학에 조선대학, 조선고급학교 학생들이 와서 하기학교를 열고 분회 사무실에서 우리말, 우리 역사를 가르쳤다. 그들과 얼마간 같이 생활하면서 민족정체성이 만들어지기 시작했다. 대학에 가서는 재일본조선인유학생동맹(유학동, 총련계 대학생 조직) 활동을 했으며, 졸업 후 조선신보사(총련이 운영하는 신문사)에 취직해서 남편을 만났다. 그는 '조선적'은 인간의 자존심이며 생활의 불편을 조금만 감수하면 된다고 말한다. 실제로 그는 다소 복잡하지만, 공화국(북한) 여권을 받아 독일을 왕래했다. 아이는 조선학교에 보내는데, 일본학교를 다녔던 자신

과 달리 민족교육으로 확고한 민족의식을 가지고 있는 것을 보며 자신도 배우고 있다고 말한다. 그는 핵 문제를 비롯한 북한의 군사 문제에 대해서도 확실하게 북한 정부를 인정하는 입장을 취하며 최근 조선학교의 고교무상화 제외에 대한 항의운동에도 열심이다. T의 남동생도 조선적을 유지하면서 대학교수를 하며 해외여행을 수없이 하고 있다고 말한다.

지역에 따라서 아직도 분단이 고착화되어 있는 곳이 있는데, 이러한 곳의 총련계 사람들이 북한과 일체화된 정체성을 고수하고 있지 않을까 추측된다. 2003년 필자가 교토 히가시쿠조(東9條) 근처의 민단계 사람들이 다니는 교회를 방문했는데, 이 교회에는 총련계 신자가 한 사람도 없을 뿐 아니라 목사의 설교에 북한과 총련에 대한 비판이 상당 부분 있었다. 이러한 재일동포 커뮤니티의 분단체제는 총련계 동포들의 북한 지향 정체성을 짐작케 했다.

결국 북한 지향 정체성의 주 요인은 남북한 분단의 냉전체제라고 볼 수 있는데, 상황이 크게 바뀐 오늘날까지 이러한 생각을 고수하고 있는 사람들이 그다지 많지 않을 것이라 생각했지만, 필자는 조사한 19명의 조선적 동포 중 11명을 이 집단으로 분류할 수 있었다.

V. 한국적 재일동포

앞서 언급한 대로 1947년 재일동포들은 외국인으로 취급되어, 국적란에 '조선'이라고 기재하게 되었다. 1948년 대한민국 정부가 수립된 후, 한일 정부 간 타협에 의하여 한국적으로 변경할 수 있는 문이 열렸고, 북한과 일본의 국교가 정상화되지 않아 '조선'이 기호에 지나지 않은 상태에서 조선에서 한국으로의 국적 이동이 가속되었다. 2002년

북한이 일본인 납치를 인정한 후 이 흐름은 걷잡을 수 없게 되었다.

뉴커머인 일반 영주자까지 포함하여 재일동포의 거의 대다수가 한국적인데, 조선적 동포와 마찬가지로 한국적 재일동포의 정체성도 매우 복잡하다. 필자가 조사한 41명의 한국적 동포 중 반 정도(19명)가 통일조국 지향으로 판단되었다는 점은 놀라운 일이다. 해외여행이나 일본에서의 현실적 필요성에 따라 조선적에서 한국적으로 바꾸었으나 여전히 부모나 조부모가 떠나온 통일조국을 고향으로 생각하고 통일을 염원하며 조선적과 함께하는 커뮤니티에서 생활하고 있는 사람들이 많다는 사실을 나타낸다.

1. 통일조국 지향

한국적을 가진 재일동포들 중에는 통일조국을 지향하는 조선적 동포와 거의 같은 생각을 가진 사람들을 많이 만날 수 있다. "국적은 한국이지만, 북한도 나의 조국이다. 내게는 조국이 두 개다. 통일되어 하나의 조국을 가지고 싶다. 적어도 남북한 관계가 좋아져서 남한과 북한을 모두 자유롭게 방문하고 싶다.…"와 같은 말을 하는 사람들을 어렵지 않게 만날 수 있다. 조선학교와 총련까지 한국적 동포에게 전면적으로 개방되어 있는 것도 이러한 사실을 뒷받침한다. 통일조국 지향의 재일동포는 대체로 다음 두 개 범주의 사람들이다. 첫째는 부모가 한국적이어서 태어날 때부터 한국적을 갖게 되었으나 후에 민족정체성을 갖게 된 사람들이며, 둘째는 더욱 많은 사람들의 집단으로, 생활의 편리를 위해 한국적으로 바꾸었지만 커뮤니티의 일상적 인간관계와 생활은 변하지 않고 생각도 바뀌지 않은 사람들이다. 조선적 동포들이 조선적이라는 국적(또는 무국적)을 유지하는 것에 대해 매우 심각하게 생각하고 실제로 많은 어려움을 겪고 있는 데 반해, 통일 지향의 한국적 동포들은 국적이란 생활의 편리일 뿐, 3, 4, 5세에 이르는 현재의 재일동포들에게 별다른 의미가 없다고 생각한다.

자신의 의사와 상관없이 한국적이 된 첫 번째 범주의 대표적인 사람이 앞서 언급한 A, G, K 등이다. A는 부모님이 한국적이어서 태어나 곧 한국적을 취득했지만 고급학교부터 조선학교에 다녀 민족성을 키웠으며 북한도 남한도 자유롭게 방문하고 있다. 그는 일본적을 취득할 예정이라며 조선계 일본인으로서 한국과 북한을 자유롭게 왕래하며 살고 싶다고 한다. G는 부모님이 한국적으로 바꾼 후 태어나 자연스럽게 한국적 동포가 되었다. 그는 일본학교를 다녔는데, 한국인이라는 사실을 숨기고 살았다. 그에게 민족을 일깨운 것은 유학동 선배인데, 고교 시절 그로부터 조선의 역사와 문화를 배웠다. G는 대학에 들어와서 유학동의 열성 멤버가 되었으며, 북한 방문도 하고 있다. 그러나 그에게 국적이란 중요하지 않다. 일부러 부모님이 주신 국적에서 조선적으로 바꿀 필요는 없다고 말한다. K는 도쿄강제연행진상조사단에서 일했고 현재 사업을 하면서 도쿄의 조선초급학교에서 어머니회와 이사 일을 열심히 하고 있다. 손수 여러 수예품을 만들어 바자회에서 팔아 그 수입금을 학교 발전을 위해 쓴다. 자녀와 손주들을 모두 이 초급학교에 보내며 민족교육을 시킨다. 그런데 막상 자신은 일본학교를 다녔다. 아버지가 가족을 모두 데리고 한국 국적을 취득할 때 자신도 한국적이 되었다. 그때 나이가 들었던 오빠들은 조선적이 옳다고 주장하며 조선적으로 남았다. 20세쯤 되었을 때 총련 사람들이 일본학교에 다니는 동포학생들에게 조선말과 역사를 가르쳐 주고 친절하게 대해 주었다. 그때부터 차츰 민족성에 눈을 뜨게 되었고 본명도 사용하기 시작했다. 그는 '우리학교' 졸업생이 삼성에도 취직된다면서 민족교육의 중요성을 강조한다.

두 번째 범주는 외국 여행을 위해, 고향 방문을 위해, 성묘를 위해, 제사를 위해, 자신의 교육과 활동을 위해 스스로 한국적으로 바꾸었지만, 여전히 조선반도 전체를 자신의 고국으로 생각하고 통일조국을 염원하는 사람들이다. F는 부모가 강제연행되어 탄광에서 노동한 2세인데, 일본학교의 민족수업 강사를 하면서, 한국과 교류하기 시작하여 한국 방문을 위해 한국적을 취득했다. 그를 포함한 일곱 명의 형제자매는 조선적과 한국적이 섞여 있다. 그는 한국을 좋아하고 아들을 한국 광주에 보내 전라도 음식을 배워 오게 해서 기타큐슈에 한국 식당을 차렸지만, 통일조국에 대한 염원이 매우 강하다. 90분간 진행되는 그의 민족수업 강의는 '하나의 조국'에 대한 사랑으로 넘친다. 그는 강의에 한반도가 하나로 되어 있는 통일지도를 사용하고, 중앙에 일본 국기, 좌에는 인공기, 우에는 태극기를 그려 넣은 휘장을 걸며, 조선학교 출신 여성을 데려와 〈고향의 봄〉을 노래하게 한다. 그는 남북 관계가 호전되어 재일동포들이 남과 북을 자유롭게 왕래하게 되길 애타게 바란다.

재일동포 사진작가 김인숙은 "부모님이 일본학교에서 차별받는다고 조선학교에 보냈는데, 내겐 따뜻한 온실 같은 곳이었다. 조선적을 가졌을 때는 여권이 없어서 미국에 가려면 출입국 허가증이 필요했다. 공항의 보안검색대에선 매번 가방을 뒤졌다. 현지에서 사고라도 당하면 난민 취급을 받았다. 한국 국적을 얻으며 해외 방문이 편해졌다. 2003년 한성대학교 사진영상과에 유학했다. 그러나 나의 정체성은 그대로다. 지금도 한반도인이라는 생각에는 변함이 없다"고 말한다.[25] 한국 국적을 취득한 후에도 자신을 '조선' 민족이라고 여겨서 '조선인'이라고 부르는 사람도 있다. 서경식은 "나는 한국 국적을

---

25 『주간조선』(2010. 8. 30)(http://weekly.chosun.com/client/news/viw.asp?ctcd=C09&nNewsNumb=002120100016).

갖고 있지만 자신의 민족적 소속을 표현할 때는 언제나 '조선'이라는 호칭을 의식해서 쓰고 있다. 그것이 분단되지 않은 민족의 총칭으로서 우선은 제일 적절하다고 생각하기 때문이다. 내가 '조선인'이라고 말하는 경우, 그것은 국적이나 거주지와는 상관없이 조선 민족의 성원 전부를 가리키고 있다"고 말한다(서경식, 2002). ○○는 한국 입국을 위해 영사관에 갔고, 국적변경을 요구받았다. 국적을 한국적으로 변경했지만 자신의 정체성에 변화된 것은 없다(강성현, 2002: 11). 이회성은 조국을 현실적·물리적으로 경험하기 위해 한국적으로 바꾸고 한국에 자주 왕래하지만, 통일조국에 대한 염원을 잃지 않고 있다(김석범, 1999).

이 사람들에게서 북한에 대한 진한 연민이 느껴질 때도 있다. A는 중학교까지 일본학교를 다니다가 조선고급학교를 택했는데, 처음 김일성, 김정일 초상화에 거부감을 느꼈고, 공산주의에 반발했으며, 김일성 중심의 교육내용을 이해하지 못했는데, 점차 왜 일본에 사는 조선인이 그럴 수밖에 없는지 이해하게 되었다고 말한다. 일제강점기에 겪은 고통, 해방 후 심한 차별 속에서 북한 정부가 내어 준 따뜻한 손길, 민족학교 건립과 지원 등이 없었다면 재일동포의 현재는 없었을 것이라고 A는 말한다. 이는 무조건적 지지를 의미하는 것은 아니다. 그는 1960년대에 이미 북한이 얼마나 심각한 문제를 갖고 있는지 알았지만, 어려울 때 도움을 준 것을 잊을 수 없고, 또 나의 조국이므로 껴안을 수밖에 없다고 말했다. 그는 일본과 한국에서 비판하는 바와 같이 북송동포들이 모두 핍박 속에 살고 있는 것은 아니라며, 자신의 사촌오빠가 북한의 시골에서 조용하고 행복하게 살고 있는 것을 보고 왔다고 말한다. G는 원산에 처음 가서 사람들이 활기차게 왕래하는 것을 보고, 일본의 매체에서 보여 주는 북한이 편향되어 있음을 알았다고 말한다. 조선학교에 붙어 있는 김일성·김정일 사진은 학교의 이사장 정도로 생각하여 별다른 비판을 할 생각이 없다고 말한다.

R은 조선학교 출신으로 아버지가 총련 간부이다. 그는 한국인 뉴커머 교수와 결혼하여 한국적을 가지고 한국을 자주 왕래하며 한국인들과 폭넓은 교류를 하고 있지만, 북한과 조선학교의 민족교육에 대해 상당히 개방적인 의식을 가지고 아이들을 조선학교에 보내고 있다. 그는 웃으면서 "아이들이 북한은 우리나라, 남한은 남조선으로 알고 있어요. 그렇지만 괜찮아요. 이 아이들이 한국을 자주 나가서 할머니, 할아버지도 뵙고 그러니까 다 알아요"라고 말한다.

2. 한국 지향

상당히 자연스럽게 한국인으로 살아가는 재일동포들이 많다. 특히 한국과 일본의 교류가 많아지고, 뉴커머의 숫자가 늘어나면서 '재일한국인' 사회의 규모가 커졌다. 그러나 이 한국인들의 한국에 대한 인식에는 서로 큰 차이가 존재한다. 민단으로 대표되는 한국에 대한 무비판적 일체화의 집단부터 한국에 대하여 객관적·비판적 거리를 유지하고 있는 집단, 그리고 한국에 매우 비판적인 집단에 이르기까지 모두 인식의 결이 다르다.

1) 본국 정치와 긴밀히 연결

민단 간부나 열성멤버들은 한국의 상황에 민감하게 반응하며 밀착되어 있다. 민단이 이승만, 박정희 정부에 찬동하고 김대중 핍박에 동참한 역사는 잘 알려져 있다. 남북 관계가 다소 유연했던 2006년 총련과 민단이 화해를 시도했을 때, 99%의 동포가 찬성했음에도 불구하고 결국 두 달도 채 안 되어 결렬된 것도 이러한 한국 정부와 밀착된 민단 주변의 상황 때문인 것으로 해석된다(이범준, 2015: 305-310).

반대로 1972년 7·4 공동성명을 지지하여 8월 도쿄에서 결성된 민족통일협의회(민통협), 그 후 김대중 구출운동과 결합되어 한국의 민주화와 통일운동을 위해 1973년에 결성된 한국민주회복통일촉진국민회의(한민통), 1989년 재일한국민주통일연합(한통련) 등 한국의 민주화를 위해 운동하다가 고초를 겪은 그룹들이 있다. 1970년대 한국에 유학왔다가 '학생간첩단'에 연루되어 수많은 동포 학생들이 옥고를 치렀다. 그들 중 다수가 일본으로 돌아간 후에도 한국의 시민단체들과 계속 연계를 가지며 활동하며, 한국을 자신의 모국으로 변함없이 생각하고 있는 데서 민족이라는 의미가 참으로 깊다는 것을 느낄 수 있다.

2) 자연스러운 한국화

본국 정치와 긴밀하지는 않지만, 총련이나 조선학교에 적대적이거나 아니면 적어도 그를 멀리하는 사람들이 적지 않다. '민중'이라고 할 수 있는 일반 시민들이 지역사회에서 조선적이나 한국적, 민단이나 총련에 개의하지 않고 매일을 살고 있는 것[26]과 비교된다. 이 사람들의 민감한 대응은 종종 민족통합이나 중립 조직의 존립을 불가능하게 한다. 역시 남북 관계가 유연했던 2002년 창립된 자이니치코리안변호사협회(LAZAK)는 2010년 일본 고교무상화에서 조선학교가 제외된 것에 대한 대응의 입장 차이로 인하여 분열되었다(이범준, 2015: 305-310).

북한이나 총련에 대한 경험으로부터 비판적 의식을 갖게 되고 자연스럽게 한국에 친밀해진 경우도 적지 않다. S는 소, 중, 고, 대학교 모두 일본학교를 다녔으나, 늘 일본 사람과 자신이 다르다는 생각을

---

26 2016년 11월 청구학원 교사 면담.

했다. 24세경 조선 사람이라는 느낌이 확실히 오면서 총련 일군이 되어 충실히 일했다. 그러나 점차 북한의 실상을 알게 되고 총련의 무능과 부패를 보면서, 조선적 동포사회와 민족교육의 개혁에 대해 생각하고 행동하기 시작했다. 그러다 총련에서 축출당하고 2002년 한국적을 취득했다. 그는 한국 왕래를 자주하고 한국에 지인도 많다. 그러나 동포사회의 역동성을 놓치고 본국에 집착하는 총련과 민단 모두를 비판한다. 조선학교와 한국학교 모두 질적으로 부족한 점이 많아서 새로운 관점을 가진 국제적인 교육기관으로 바뀌어야 하는데, 가능성이 별로 없다고 비판한다. 조선학교는 한 학년에 3명 또는 아예 학생이 없는 곳이 많아지고 곧 없어질 것이라고 생각하는 것이 상식이라고 한다. 그럼에도 그는 일본으로 귀화하는 것에는 절대 반대한다. 민족 정체성이 확실한 한국 사람으로서 일본에 사는 것이 더 가치 있는 것 아니냐고 말한다.

윤건차는 2015년 일본에서 출판하고 2016년에 한국에서 번역된 방대한 저서 말미에 자신이 대학 때 총련 조직을 통해 민족을 알게 되었고 대학원 시절에는 북한에 가서 사상교육을 받은 적도 있다는 사실을 고백했다. 그는 한국적이었는데도 이런 일을 겪었다. 그는 그 교조주의적 체제와 행동에 적응하지 못해 총련에게 버려지고 이후 자연스럽게 한국을 방문하여 한국인들과 교류하며 한국적 동포로 살았다. 한국에 잘 알려진 동포 학자 강재언은 1968년까지 총련운동을 했는데, 그즈음 북한에서 대대적인 숙청이 이루어지고 김일성 신격화가 고조되는 것을 보며, 더 이상 거짓말로 강의하거나 쓸 수 없다고 생각했다고 한다(윤건차, 2016: 515).

3) 국제적 한국인

조선적 동포 중에도 물론 국제적인 활동을 하거나 국제적인 감각을 가진 사람이 없지 않을 것이나, 한국적 동포 중에는 이런 범주로 분류할 수 있는 사람들이 많다. 조선적에서 한국적으로 바꾸는 이유 중 하나가 해외여행이라는 점을 상기할 때, 한국적 동포에게 국제적인 요소는 매우 중요하다. 김겨레는 '세계화시대에 기여하는 재일조선인'이 재일동포 사이에서뿐만 아니라 일본과 한국에서 재일동포를 보는 주된 시선이라며[27] 자신도 고립된 재일조선인이라는 부정적인 존재를 벗어나 세계화를 지향하면서 일본 문화와 한국 문화 소유자라는 입장을 활용하는 삶을 영위하는 데 약간의 자만심에 빠져 있었다고 말했다. C는 재일 지향이냐, 본국 지향이냐의 이분법을 넘어서 동아시아의 지역적(regional) 존재로서 자기규정을 하는 강상중의 영향을 받아 한반도 중심주의를 넘어 동아시아의 코리안 네트워크(Korean network)론을 제창하였다. M은 국제적인 활동을 하기 위해 일본에서 코리아국제학원에 진학했고 그 후 한국으로 유학왔으며, 미국 유학도 꿈꾸고 있다. N은 재일동포의 권익 증진에서 더 나아가 인권을 존중하는 다문화사회 일본을 위해 활동한다. 이들은 국제화된 일본 사회에 기여함으로써 재일동포의 위상이 높아진다고 믿는다.

이러한 초국적성(transnationality)의 적극적 자기 평가와 일본 사회 공헌 시각에 동화와 차별의 함정을 외면할 위험이 있다는 점을 유의해야 한다는 시각도 존재한다.

---

27 그는 이런 시선도 재일동포에 대한 하나의 억압이라고 호소했다. 이에 대해서는 김겨레(2009) 참조.

VI. 일본 국적을 취득한 재일동포

1990년대 들어 귀화가 급격히 증가하기 시작하면서 국적에 관한 논의가 새롭게 조명되고 있다. 가장 중요한 점은 더 이상 일본 국적 취득이 터부시되지 않게 되었다는 것이다. 귀화인에 대한 재일 사회 내의 차별이 감소하고 귀화절차가 간소화되었으며, 동포 집단 전체의 시각보다 개인의 결정이 과거보다 중요하게 된 상황에서, 국적의 의미를 새롭게 논의하기 시작했다. 그러한 상황에서 귀화가 현재 재일 한국인·조선인이 취할 수 있는 가장 현실적인 방안이라고 생각하는 집단이 늘어나고 있다. 일본적을 가진 한국인이라는 새로운 정체성이 확산되고, 한국명을 유지한 귀화[28]가 늘어나고 있다. 이것은 이미 1980년대에 그 싹을 보였던 것으로, 1985년 조직된 '민족명을 되찾는 모임(民族名をとりもどす會)'[29]은 귀화 시 등록한 일본명을 재판을 통하여 민족명으로 다시 바꾸는 운동을 전개하면서 일본적을 가진 한국인의 생활방식을 제시했다.

그러나 이들 일본 국적 취득자들도 정체성이 다른 몇 개의 집단으로 나누어 볼 수 있다. 일본인으로 동화되어 사는 사람, 정체성의 혼란을 겪으며 더욱 큰 고뇌 속에 사는 사람, 한국계 일본인으로서 적극적으로 사는 사람 등이다. 필자가 조사한 60여 명의 교포 중 일본적은 3명에 불과했으며, 그 3명이 모두 한국계 일본인으로 적극적으로 살고자 하는 사람들이었다. 앞의 두 집단의 사람들은 그 성격 때문에 쉽게 찾아볼 수 없었다.

---

28 예를 들어 손 마이요시(孫正義)가 이에 해당한다.

29 이것은 1994년 9월 발전적으로 해소했다.

1. 일본인으로 동화

앞서 본 대로 2000년대 매년 1만 명, 2010년대 매년 5천 명 정도에 이르는 재일동포들이 일본 국적을 취득하고 있다. 이들 중 많은 사람들이 일본 사회로 동화되어 흡수되었다. 김겨레(2009)는 일본인도 한국인도 아닌 역사성을 가진 재일조선인이 간직하는 역사가 일본 사회의 공간에서 희석되어 갈 수밖에 없는 현실을 일본 사회 공간에 내재하는 폭력으로 보았다. 그는 식민주의적 무의식이 존재하는 일본 사회에서 재일조선인 문제는 식민주의 문제라고 지적한다. 필자가 만난 재일동포 중 이 그룹에 속한 사람이 없었으므로, 이들의 정체성에 대하여 논하는 것은 생략하기로 한다.

2. 정체성의 혼란

1970년 재일동포 2세 양정명은 "우리들의 국적은 하늘에 있다"고 하며 자살했다. 그는 어릴 적부터 멸시받던 체험을 되살리며, 그의 부모에게 아무리 괴롭고 힘들었어도 귀화하는 일만은 하지 않아야 했다고 말했다. 자신의 의지와 상관없었지만 민족과 조국을 배반하고 일본 국적으로 귀화한 것은 고뇌를 몇 배로 증가시켰다고 했다(서경식, 2002). ○○는 태어나면서부터 일본 국적이지만 마음이 복잡하고 일본 국적이 불편하다면서 선거는 안 한다고 한다(김겨레, 2009: 39).

3. 한국계 일본인으로 적극적으로 살기

앞서 언급한 대로 귀화에 대한 편견이 약해지면서, 일본 국적을 가진 한국계로서 적극적으로 살고자 하는 사람들이 늘어나고 있다. 필자가 조사한 일본적 재일동포 세 명이 모두 이러한 생각을 가진 사람들이다.

가네시로(金城)는 북조선에 충성하던 아버지가 한국적으로 바꾸자 한 걸음 더 나아가 일본 국적을 취득하고 그러나 스스로 '재일코리안'이라는 소수민족으로서의 정체성을 오히려 더욱 뚜렷하게 하며 살고자 한다(정병호, 2003: 147-148). 박실은 귀화 후, '민족명을 되찾는 모임'을 만들어 활동했다.

VII. 전망

이렇게 국적이 분화하는 가운데 이들 사이에 반드시 강고한 선이 그어져 있지는 않다는 것을 보았다. 조선적, 한국적, 일본적 재일동포들이 국적에 구애받지 않는 민족정체성을 갖는 것이다. 특히 일본에서 나서 자란 3세 이후의 동포들은 남북한 국가에 대한 귀속의식이 약하며, 남북한을 구별하지 않고 하나의 한민족으로 생각한다. 국적에 상관없이 재일동포들의 '커뮤니티'가 유지되고 있는 것도 주목할 만하다. 같은 커뮤니티에서 생활하는 사람들이 국적과 상관없이 같이 어울리고 같은 민족학교에도 다니고 있는 것이다. 최근 총련계 민족학교에 한국적 학생 비율이 크게 늘어나고 있는 것도 이런 맥락이다. 이렇게 볼 때, 재일동포 '커뮤니티'가 국적과 함께 재일동포들의 정체성을 형성하는 중요한 조건이 되고 있다는 것을 알 수 있다.

그럼에도 국적 간 경계가 지속되고 있는 모순이 재일동포의 현실이다. 1977년 사카나카 히데노리(坂中英德)가 쓴 논문은 재일동포 자연소멸담론을 불지폈다. 그는 재일동포의 정주 경향이 강해지는 과정에서, 이들의 귀화를 보다 용이하게 하는 정책이 필요하다고 주장했다. 그는 21세기 초가 되면 재일동포는 소멸할 것이라고 진단했으나[30] 2017년 6월 기준으로 아직도 33만 명에 달하는 특별영주자가 남아 있다. 1945년 해방 당시 약 59만 명이었던 것을 생각하면 실로 상당한 수의 동포들이 세대를 이어 가며 민족정체성을 지키고 있는 것이다. 권리로서의 일본 국적 취득 개념이 확대되고 있지만 여전히 민족을 지키고자 하는 정신이 일본 곳곳에서 느껴진다.

특히 조선적이 3만 명 조금 넘는 소수이지만 남아 있다는 것은 놀라운 사실이다. 이에 대해서도 곧 소멸될 것이라는 시각이 상당히 존재하지만, 앞서 논의한 대로 통일 지향뿐 아니라 북한을 조국으로 인정하고 애착을 놓지 않는 사람들이 상당수다.

그런데 불편한 한국적, 더욱 불편한 조선적을 고수하는 사람들이 있는 것을 보면, 이들 사이에 국적이 전혀 문제가 아닌 것은 아니다. 이 국적 때문에 동포들 사이 크고 작은 갈등이 지속된다. 조선학교가 고교무상화에서 제외된 문제를 둘러싸고 조선적과 한국적 동포 사이에 골이 패여 있다. 변호사 단체가 분리되고, 수많은 일본인들이 참여하는 반대운동에 한국적 참여자는 없다.

재일동포들의 국적이 한국과 북한과의 관계에서는 더욱 심각한 경계를 만든다. 조선적 동포는 지난 10년간 한국 입국이 불가능하다가 최근 정부가 바뀌면서 다시 가능해지기 시작했다. 그러나 한국인들이 일본에서 조선적 동포를 만나기 위해서는 통일부에 북한주민접촉 허가를 받아야 한다. 따라서 조선학교와 총련은 방문하기 힘들다. 동포들은 이러한 남북한 관계 때문에 정치적 희생물이 되기를 반복했다.

분단의 책임을 일본과 중국, 미국에 돌려 그만이면 좋겠는데, 이 어려움을 남북한 주민, 재일동포 모두가 지고 있다. 남북한 정부와 사

30 1977년 논문과 그것을 둘러싼 토론들에 대해서는 坂中英德(1999) 참조.

회는 책임이 없을까? 해결노력이 없어도 될까? 재일동포 민족정체성을 국적과 관련하여 볼 수밖에 없는 것도 이러한 복잡한 우리의 상황 때문이다.

在日

제6장

민단-총련 관계의 변화

同胞

I. 머리말

남북한 정부 관계가 순조로웠던 2000년대 후반 필자에게 다가왔던 두 개의 장면은 남북한 정부, 총련과 민단, 그리고 남북한 및 재일동포의 시민사회라는 중층적 관계들의 복잡한 구성에 대해 성찰하는 계기를 주었다. 첫째는 2007년 2월 YTN 뉴스이다. 도쿄 특파원은 최근 늘어나고 있는 총련계 민족학교 학생들에 대한 일본인들의 폭력 사건을 전했다. 그 보도는 민족학교를 민족정체성과 모국어를 이어 가게 하는 곳으로 보는 긍정적인 시각에 바탕하고 있었다. 이 보도는 총련에 대한 한국 사회의 명확하게 달라진 시각을 보여 주는 것이었다. 이후 〈우리학교〉 같이 민족학교에 보다 명확한 공감을 표현하는 영화가 제작·상영되었고, 에다가와 학교의 경우처럼 일본 사회에서 차별받는 민족학교에 대한 우리 사회의 실천적인 지원이 이루어졌다. 그 속에 숨어 있는 중요한 현상이 조선적으로부터 한국적으로의 국적 이동과 총련계 민족학교의 한국적 학생 비율의 증가였다. 그러나 총련-한국 정부가 공식적 관계를 맺는 것은 여전히 곤란한 상황이었고, 그에 따라 우리 사회의 민족학교에 대한 공식적 지원 역시 힘든 상태였다. 이것을 어떻게 풀 것인가는 통일과 남북한 사회통합에 매우 중요한 시사를 줄 것으로 보였다. 총련-민단의 관계변화를 통해 총련-한국 정부가 소통할 수 있지 않을까? 마찬가지로 그러한 관계 변화를 통해 민단-북한 정부가 관계를 맺을 수도 있을 것이고, 그러한 모든 변화 속에서 남북한 정부의 관계는 보다 용이하게 맺어질 것이라고 생각되었다.

그러나 또 다른 하나의 사건이 떠올랐다. 2006년 5월 민단과 총련이 공식적인 만남을 가지고, '5 · 17 공동성명'을 발표했다. 이미 시민 차원에서 이루어져 온 남북한계 동포들의 통합을 민단-총련이라는 공식 기관의 차원에서 완성한 것이 아닌가. 동포사회뿐만 아니라 남북한, 일본 사회가 모두 흥분하고 긴장하기도 했으나, 곧바로 여러 비판과 분열에 휩싸이다가 한 달 반 만에 공동성명이 철회되었다. 그뿐만 아니라 1990년대 이후 꾸준히 접근해 왔던 양 단체의 관계는 다시 냉전 상황으로 돌아가 버렸다. 무엇이 이런 허망한 결과를 만들었는가. 실제로 민단-총련의 상황은 어떠하며, 남북한계 재일동포사회는 어떠한 상태에 있는가. 이러한 문제들을 추적하다 보면, 재일동포사회의 여러 측면들이 드러날 것이다. 재일동포사회와 민단-총련은 단지 남북한 정부 관계의 반영물인가, 아니면 남북한 관계를 변화시킬 수 있는 중요한 역할을 할 수 있는가, 또는 상호 영향을 주기는 하지만, 결국 상당한 한계를 가지고 멀어져 가는 존재들일 뿐인가. 이 장은 이러한 총체적인 질문을 가지고 해방 후 현재에 이르기까지 민단-총련의 관계를 검토했다.

해방 후 대립 일변도의 관계를 보였던 민단-총련 관계는 1970년대 후반부터 변화하기 시작하여 1990년대 들어와 완연히 달라졌다. 1970년대 후반 이후 변화된 민단-총련 관계는 단지 남북한 관계를 반영한 것만은 아니었다. 어떤 면에서 남북한의 국가 관계를 넘어 민족통합의 가능성을 제시하는 독립변수의 역할을 하고 있다고도 볼 수 있었다. 그러나 다른 한편 남북한 정부 간의 관계가 상당히 부드럽게 진전되고 있던 2006년 민단-총련 관계가 오래된 경직성을 넘어서지 못하고 다시 대립관계로 돌아선 것은, 오히려 그것이 민족통합의 가장 마지막 도달 지점이라는 것을 보여 준 것은 아닌가. 그렇다면 민단-총련 관계 완화는 남북한 관계의 단초가 되는 것은 아닐까? 아무튼, 민단-총련 관계가 남북한 관계의 단순한 반영물이 아닌 것은 확실하다. 따라서 독립적인 현상으로 고찰할 필요가 있으며, 남북한 관계에 미치는 영향도 탐색해 볼 만하다. 필자가 1999년부터 수차례에 걸쳐 면담한 오사카 지역 총련 소속의 한 조선대학교 졸업생은, 1990

년대 말부터 재일동포들 사이에서 가속되고 있는 조선적으로부터 한국적으로의 국적 이동 경향에 대하여 하나의 조국이므로 괜찮다고 말하는 자신감을 보였으며, 그러나 앞으로 통일과 통일 후 통합을 위해 조선적 재일동포의 존재가 중요한 역할을 할 것이라고 말했다. 이 장은 바로 이러한, 단지 남북한 관계의 종속변수가 아닌, 독립적인 역학을 보이는 민단-총련 관계 변화를 연구하는 것이며, 그것이 남북한의 통일과 통합에 있어서 갖는 중요성을 포착하는 것을 목적으로 한다.

아직 이 분야에 관한 연구가 많지 않으므로, 이 장에서는 신문, 단체 자료 등 일차자료를 폭넓게 이용했으며, 필자가 1999년, 2002-2003년, 2007년, 2008년에 일본과 한국에서 수행한 재일동포 심층면담을 중요하게 참고했다.

민단-총련 관계 변화의 시기 구분

재일동포의 역사는 일제강점기 식민지 민족의 노동이주와 강제연행으로부터 시작되어 혹심한 차별의 상황에 있었으며, 해방 후에는 조국의 분단으로 인해 남한계와 북한계로 분단되었는데, 일본과의 국교 단절로 모두 조국과의 왕래가 끊어졌다. 남한계는 1965년 수교로 새로운 상황을 맞았지만, 북한계는 아직도 무국적자와 같은 조건에서 살고 있다. 이 모든 상황에 민단과 총련이 있다. 해방 후 상당 기간 그 두 단체는 남한계와 북한계의 재일동포를 대변했지만, 차츰 남북한 정부와 각기 긴밀한 관계를 갖고 있는 두 단체로부터 이탈한 재일동포의 '시민사회'가 형성되었다. 민단-총련의 관계는 따라서 단순하지 않다. 그것은 다음과 같이 대체로 역사적 흐름에 따라 정리할 수 있는데, 이 시기 구분에 따라 다음 절들에서 구체적인 논의를 하기로 한다(표 6-1 참조).

〈표 6-1〉 민단-총련 관계의 변화

시기	시민 차원	민단-총련 차원
1. 1945-1946년	민족단체들의 난립	
2. 1946년-1970년대 전반	민단/총련 결성, 분열과 대립	
3. 1970년대 후반-1980년대	통합 시작	대립
4. 1990년대-2006년 5월	통합 진전	통합 노력 시작
5. 2006년 7월 이후	통합 진전	대립으로 선회

II. 민단-총련의 형성과 대립의 역사적 변화: 해방 후-1970년대 중반

해방 후 혼란기에 고국으로 돌아오지 못한 재일동포들은 민족단체를 만들려는 노력을 했으며, 이러한 중에 민단과 총련이 설립되었다. 양 단체는 남북한 대립 체제와 궤를 같이하며 해방 후 1970년대 중반까지는 대립 일변도의 길을 걸어갔다고 보인다.

1. 해방 후 민족조직: 1945-1946년

1944년 일본 정부의 통계에 나타난 재일동포의 수는 200만에 가까웠다. 그중 많은 사람들이 해방 직후 조국으로 귀환했으므로, 귀환이 거의 완료되었다고 보이는 1947년에는 그 숫자가 598,597명으로 줄어들었다. 해방 직후 일본 정부와 연합군 최고사령부(SCAP: Supreme Commander of Allied Powers)의 한국인 귀국방침에 따라 재일동포는 대개 귀국했으나, 이때 여러 이유로 귀국하지 못한 사람들이 재일동포 집단을 형성했다. 이들은 귀국을 위한 최소한의 경비를 감당할 수 없었던 최하층 빈민과, 반대로 귀국 시 휴대 가능한 화폐와 짐이 극히 제한되어 있었던 관계로 이 시기의 귀국을 잠시 보류했던 다소 여유가 있던 층과 더불어, 북한으로의 귀환이 원칙적으로 봉쇄되어 있던 상황에서 북한 귀국을 희망하는 사람들이었다.[1]

일본에 남은 재일동포들은 당장의 어려운 상황을 서로 협력하여 해결하기 위해 민족단체를 조직하기 시작했다. 해방 직후 재일동포 사회에는 재류조선인대책위원회, 재일본조선인민거류동맹 등 300여 개의 단체가 결성되었는데, 이러한 단체를 규합하여 전국적인 통일단체를 만들기 위해 1945년 9월 재일본조선인연맹(조련) 중앙준비위원회가 결성되었고, 이를 모체로 1945년 10월 조련이 정식으로 발족되었다. 한편 우파적 민족주의자들은 조련의 결성에 반대하여 1945년 11월 16일 조선건국촉진청년동맹(진청)을 발족했고, 또 다른 한편, 조련과 건청의 대립을 목도하면서 무정부주의계 및 민족주의적 중립파들이 1946년 1월 20일에 신조선건설동맹(건동)을 결성했다. 건청과 건동을 비롯한 군소 32단체들은 반공 우익진영의 결집체로서 1946년 10월 3일 재일본조선거류민단[2]을 결성했다.

2. 분열과 대립의 시기: 1946년–1970년대 전반

이러한 해방 직후 민족단체의 혼란한 상황은 한반도 내 남북분단과 궤를 같이하며, 차츰 좌우 분열로 고착되어 갔다.

1) 조련의 좌경화와 민전의 설립, 그리고 조총련의 탄생

처음 조련은 정치적 색채를 띠지 않고 전국적 대중조직으로서, 귀환

1 보다 자세한 내용은 정진성(2005) 참조.

2 1948년 재일본대한민국거류민단으로, 1994년 재일본대한민국민단으로 개칭.

절차 돕기, 생활상담 등 재일동포의 생활을 돕는 활동을 주로 했으나, 김천해 등 일본공산당 간부들의 대거 참가와 더불어 점차 공산주의의 정치적 성격을 강하게 나타내게 되었다. 더욱이 과격한 무력 행동을 벌이기도 하여, 1949년 9월 일본 법무부는 조련 해산 명령을 내렸다. 그 후 얼마간 좌파 조선인은 일본공산당 내에 조선인부를 만들어 활동했으며, 1949년 12월 그것을 지하조직인 민족대책부로 개편했다(진희관, 1999: 83-88).

1950년 6월 한국전쟁이 발발하자, 곧바로 6월 28일 일본공산당 민족대책부는 조국방위위원회를 조직했고, 9월 이것을 조국방위대로 개편하여 전국적인 조직으로 완성했다. 이 조직은 청년들을 중심으로 이루어져 미국을 적대시하고 북한과 긴밀히 연계할 것을 원칙으로 했으며, 이 모든 것은 일본공산당의 지도로 이루어졌다. 조국방위대는 1955년 5월 조총련이 결성된 후 7월 해산되었다.

다른 한편, 일단의 재일동포들은 조련 해산 직후 준비위원회를 만들어 수차례 회의를 거듭하면서 "조선민주주의인민공화국을 사수한다"는 친북적 입장을 재일단체로서는 처음으로 공식적으로 표명하고 1951년 1월 재일조선통일민주전선(민전)을 결성했다. 이 단체는 산하에 재일조선민주여성동맹, 민주소년단, 통일민보사 등 많은 부속단체를 두고, 강제추방, 강제격리, 조선학교 문제 등 재일동포들의 여러 문제 해결을 위해 활동했다. 이렇게 북한과의 직접적인 동일시를 표명한 민전은 일본공산당으로부터의 독립을 보다 확실히 하는 재일동포 단체를 세우기 위해 민전 해산을 선언했다. 북한노동당 지도를 받는 단체로서 한덕수라는 북한과 밀접한 연락을 가지고 있던 강력한 인물을 중심으로 1955년 5월 재일본조선인총연합회를 조직하게 되었다(진희관, 1999: 88-99).

앞서 언급하였듯이 총련은 출발부터 북한이라는 단일한 체제의 일부였으며, 이후 여러 측면에서 이러한 성격이 보다 확고해졌다. 북한의 당대회에 총련대표가 축하연설을 하기도 했으며(1956년 3차 대회, 1961년 4차 대회), 총련의장단이 1967년 북한 최고인민회의 대의원으로 신출되어 참석하기 시작한 후, 매 회기마다 총련 간부 중 7명가량이 선출되어 참석하고 있다(진희관, 2003: 135-136). 북한 정부도 재일조선인에 대해 지속적으로 배려와 지원을 보내 왔다. 1957년 4월부터 북한은 총련에 '교육원조금 및 장학금' 명목으로 연 2억 엔을 지원하기 시작, 1960년대에는 10억 엔 내외, 1970년대에는 20-30억 엔을 계속 지원했다.[3] 이것은 민족학교를 세우고 유지하는 데 주로 사용되었지만, 총련계 재일동포사회를 강화하는 데 또 다른 중요한 역할을 수행했다.

북한 정부가 재일조선인에 보여 준 관심은 이들에 대한 단순한 지원 그 이상의 것이었다. 즉 남한과의 관계 개선과 조국통일을 위해 이들의 존재를 중요하게 생각했던 것이다. 특히 한국전쟁 후 단절된 남북한 관계에서 대화의 통로를 재일조선인이 만들어 줄 수 있다고 기대했다. 1955년 10월 북한의 외상인 남일은 이바노프(Vasily Ivanovich Ivanov) 소련 대사와의 회담에서 "일본에 사는 조선인…을 연줄 삼아 남쪽을 대표하는 누군가와 관계가 형성될지도 모르고 조국통일 문제를 해결하기 위해 남북한 정부 간 회담을 향한 움직임이 촉진될 수도 있다. 이러한 목적을 염두에 두고 북한 정부는 재일동포에 대한 물자 지원이 꼭 필요하다고 생각하고 있다"고 말한 바 있다(스즈키, 2008: 159-160).

이러한 총련과 북한 정부의 긴밀한 관계 속에서 1959년 '조선인

3 1975년을 기점으로 그 액수는 감소하기 시작하여, 1990년대에는 연 2억 엔으로 줄었다(진희관, 2005: 146).

상공인연합회'는 총련 가입을 결정하고 '재일본조선인상공연합회'로 개칭했으며, 1961년에는 '민족조합'이 총련에 가입, '재일본조선인신용조합협회(조신협)'으로 개칭했다. 총련은 북한에서 지원받은 비용을 조신협 산하은행에 맡겨 사용했고 은행들은 이를 동포들에게 대출해 주는 순기능구조가 형성되었다(진희관, 2005: 146).

2) 민단[4]

총련이 동포사회에서 자리를 잡아 가고 있는 동안, 다른 한편에서 민단이 한국 정부와 긴밀한 관련을 맺으면서 대립적인 조직으로 성장했다. 1946년에 설립된 '재일본조선거류민단'은 1948년 "우리는 대한민국의 국시(國是)를 준수한다"는 내용을 강령에 집어넣어, 한국 정부를 적극 지지하는 단체임을 명백히 하면서 '재일본대한민국거류민단'으로 거듭났다.

북한 정부의 전폭적인 지원을 받았던 총련과 달리, 민단은 자유당 정부로부터 큰 지지를 받지 못했다. 이승만 대통령이 1948년 10월 방일했을 때, 동포들이 정성을 다해 준비한 환영행사에 불참하고 민단 관계자만 모인 환영식에 참가했는데, 이것은 많은 사람이 실망하여 민단을 떠나는 계기가 되었다. 북한 정부가 민족학교를 위해 거액을 지원한 것과 달리 이승만 정부는 민단계 한국학교의 수요를 알지 못했으며, 재일동포 북송이 시작되었을 때도 아무런 조치를 취하지 않았다. "그야말로 재일동포는 일본에 버려진 것이다(김태기, 2001: 63-73)."

이러한 상황은 동포사회의 분열을 가져왔다. 민단 내 분열이 애

4 민단의 형성과 발전 과정에 관한 이 소절의 내용은 김태기(2001)에 많은 부분 의존했다.

초에 남한계와 북한계가 함께 전개한 통일운동 전선을 둘러싸고 일어나기도 했지만,[5] 남한 정부를 지지하는 집단과 그에 반대하는 집단 간의 분열이 심각했다. 1949년부터 재외국민등록을 한국 대표부가 직접 접수받지 않고 민단에 위탁하여[6] 민단이 한국 정부의 하부기관과 같은 역할을 맡은 반면 재일동포에 대해 무관심한 이승만 대통령에 대한 반감, 특히 이 대통령의 장기집권과 북한의 동포 북송정책에 대한 무대응에 대한 반감으로 인해 반정부 그룹이 형성되었던 것이다. 자유당이 1958년 12월 신국가보안법을 국회에서 불법으로 통과시킨 데 반대하여, 재일동포의 한 그룹은 1959년 2월 '국가보안법반대 재일투쟁위원회'를 조직했으며, 북송에 대해 아무런 대책이 나오지 않자 1959년 민단중앙의 3기관장 이름으로 자유당 정권에 대한 불신임 결의를 냈는데, 이를 둘러싸고 민단 내부에서 분열이 일어났다(김태기, 2001: 75).

재일동포에 다소 적극적인 관심을 표했던 장면 내각[7]이 짧게 끝난 후 박정희 정부가 들어서면서, 1961년 민단 집행부[8]는 군사정권에 대한 적극 지지 의사를 명백히 하며 전체적으로 친정부체제를 굳혀가기 시작했으나, 다른 한편 재일한국청년동맹(한청)[9] 등 독재체제를

5 민전과 함께한 조국평화통일촉진협의회에 참여한 그룹과 그에 대해 반대하는 그룹 간의 분열 등이 있었다.

6 1949년 11월 새로 부임한 정환범 주 일본 대사 시기에 벌어진 일이다.

7 1958년부터 한국 정부는 민단 육성을 위해 3만 달러(780만 엔)의 보조금을 민단중앙에 지급하기 시작했고, 장면 내각은 1960년 중소기업 육성기금으로 200만 달러 융자를 결정하여 1961년 지급했다. 1961년 1월 초행자 모국 방문단 267명이 내한했고, 문교부는 재일한국인교포교육상황시찰단을 파견했으며, 같은 해 3월에는 국회의원 10명이 민단을 방문했다(김태기, 2001: 74-78).

8 5월 16일 제27회 민단전체대회에서 조직된 권일 중심의 새로운 집행부를 말한다.

9 한청 위원장은 곽동의로, 후에 재일한국민주통일연합(한통련)으로 이름을 바꾼 후에도 계속 활동하고 있다. 한통련은 일본 오사카에 본부를 두고 조국의 자주적·민주적 통일의 관점에서 평화통일 운동을 펼치는 한편, 1980년대에는 신군부 세력인 전두

반대하는 집단도 형성되었다. 민단의 친정부체제는 북한 정부의 일부와 같이 되어 있던 총련과의 대립전선을 굳혔으며, 민단 내 분열은 내내 민단-총련의 통합을 막는 요인이 되었다.

박정희 정부는 재일동포에 대해 일본 영주를 장려하고, 반공과 본국 및 한일우호를 증진하는 선봉장 역할을 할 것을 강조했다. 민단의 기관지인 『한국신문』을 지원하고, 재일동포 본국 유학 및 모국 방문을 활성화함과 동시에 민단에 대한 조직적 개입을 시작했다. 민단 역시 한국 정부에 적극 협력하여, 1964년 도쿄올림픽 개최 당시 '도쿄올림픽 재일한국인후원회'를 결성했으며, 한일회담 촉진운동을 벌였고, 1965년 한일회담 시에는 재일동포의 권리를 주장했다. 한일회담의 결과로 1966년 1월부터 협정영주권 신청이 개시되었으며, 오사카 등 세 곳에 총영사관, 후쿠오카 등 다섯 곳에 영사관이 설치되기에 이르렀다. 1972년 12월 민단관계자 250명은 '새마을운동 참관단'으로 한국을 방문했으며, 1973년 초부터 일본에서 '새마음운동'을 전개하기도 했다. 민단은 또한 한국 지방자치단체와 자매결연을 맺고 새마을운동 지원모금활동을 벌였다. 1976년 민단은 '거족적인 총화체제 확립'[10]을 표방하고 한국 정부에 적극 협력할 것을 재차 천명했으며, 1977년에는 '평화통일촉진본부'를 설립, 한국 통일방침에 협력할 것

환 정권의 잔학성과 김대중 재판의 부당성, 5·18민주화운동의 실상 등을 국제사회에 알리는 데 힘쓰고 줄곧 국가보안법 철폐 등을 주장하였다. 그러나 1978년 대법원에 의해 '반국가단체'로 규정된 이래 반국가단체의 굴레에 묶여 구성원들의 자유로운 한국 왕래가 허용되지 않았는데 2003년 임시로 여행증명서를 받아 29명이 방한한 이후 2004년 10월 10일 오후 곽동의 당시 상임고문 등 회원 146명이 정식 여권을 발급받아 인천공항을 통해 고국을 방문하였다.

10 민단의 총화를 위한 사업으로는 각급 민단 간부의 개편, 민단 확대간부회의의 본국 개최 유치, 연 2회 민단조직 강화 대책회의, 민단의 재정 확립방안 수립, 민단 사무요원 등에 대한 연수 강화, 청년회 및 산하단체 조직 강화, 부인회 조직 강화 및 상은 신용조합 확충, 기존 협동조합 조직 강화 및 소비조합 등의 결성을 들 수 있다.

을 결정했다. 이에 1977년 박정희 대통령은 매년 10억 엔 지원을 약속했으며, 1978년부터 6만 달러의 단체 육성비와 별도로 매년 10억 엔을 지원하기 시작했다(김태기, 2001: 80-90).

한편 이러한 친박정희 정부 성향의 민단 활동에 반대하는 남한계 재일동포들도 생겨 민단 내 분립 또한 계속되었다. 베트남 파병을 반대하는 집단이 형성되었으며, 1972년 8월 김대중 납치사건 당시, '한국민주회복통일촉진국민회의(한민통)' 일본 본부가 결성되었는데, 민단은 이들을 완전 배제했다(김태기, 2001: 81).

3) 분열과 대립

해방 후 민단과 총련의 형성 과정 자체가 양 단체의 분열과 대립의 과정이라고 볼 수 있다. 남북분단과 양측 국가 형성 과정에서 두 정부와 긴밀한 관계를 맺으며 형성된 민단과 총련이, 남북한 정부의 대립과 궤를 같이하여 분열과 대립 관계를 형성한 것은 당연한 결과이다.

한국전쟁과 한일회담을 거치면서 대립관계는 더욱 고착화·첨예화되었으며, 양국의 독재체제로 인해 좀처럼 화해의 길을 찾지 못했다. 총련계가 대부분인 민족학교에 대한 일본 정부의 탄압에 한국 정부와 민단이 미온적으로 대응한 것[11]이나, 북송동포,[12] 남한으로의 재

---

11 1965년 한일조약 체결 후, 일본 문부성은 오사카 등지에서 실시되고 있는 일본 공립학교에서의 '민족학급'(재일교포 학생들에게 방과후 조선어와 조선사를 가르치는 시간) 폐쇄를 지시했다. 일본인과 같은 교육을 행하도록 한다는 취지였다. 같은 해 12월에는 문부성에서 사무차관통달 '조선인만을 수용하는 교육시설의 취급에 대하여'를 발표했는데 그 내용은 다음과 같다. 첫째 조선인 학교는 학교교육법 제1조의 학교(정규학교)로서 인가해서는 안 된다. 둘째 조선인으로서의 민족성 또는 국민성을 함양하는 것을 목적으로 하는 조선인 학교는 일본 사회에 있어서 각종학교의 지위를 부여하는 적극적 의의를 가지는 것을 인정하기 어렵기 때문에 이를 각종학교로서 인가해서는 안 된다. 1966년에는 지방자치단체가 가지고 있던 학교설립인가권·시정·폐쇄명령권을 문부대신에게 집중한다는 내용의 외국인학교법안을 발표했다. 이에 대해 박정희 정부와 민단도 반공실리론(민단계의 학교보다 총련계

일동포 추석 모국 방문[13] 등으로 인해 상호 갈등이 심화되었다.

1972년 김대중 납치사건과 1974년 문세광의 육영수 저격사건 등도 양 단체의 갈등을 심화시켰으며, 문세광 사건을 계기로 시작한 새민단운동이나 앞서 언급한 총화체제 확립은 총련에 대항하여 조직을 정비 · 강화한다[14]는 측면이 강했다.

4) 간헐적 화합시도와 좌절

이러한 중에도 간헐적으로 화합이 시도된 적이 있으나, 매번 좌절되었다. 예컨대 1960년 4 · 19혁명이 일어났을 때, 동포사회에 화합과 통일로의 움직임이 나타났다. 1961년에 재일남북경제인간담회, 한국학생동맹-조선유학생동맹 합동문화제, 신입생환영회, 졸업생환영회, 8 · 15조국해방16주년기념제 연합미술전, 합동문화제 · 미술전 · 사진전' 등 여러 민단-총련 통합 행사가 이루어졌으며, 조국평화통일남북교류촉진재일문화인회의가 결성되었다(박병윤, 1992: 99). 이후 계속되지 못한 것은 물론이다.

보다 중요한 화합의 시도는 1972년 7 · 4 공동성명 발표 직후 이루어졌다. 한국청년동맹과 조선청년동맹이 합동문화제를 개최하고 민단-총련 합동행사가 모색되었으나, 양국의 독재체제로 인해 좌절되었다. 7 · 4 공동성명은 재일동포들에게 매우 큰 기대를 갖게 했던

의 학교가 압도적으로 많은 상황에서 총련계의 학교가 무너지면 한국 정부에 이익이 된다)을 펴 찬성의견을 표명했다(진희관, 2005: 150-151).

12 1959년 12월에 시작하여 1984년까지 총 93,339명의 재일동포가 북한으로 이주했다(진희관, 2005: 147).

13 1975년 민단이 총련계 재일동포의 추석 모국 방문을 제안하여 12월 말까지 1,500여 명이 한국을 방문했는데, 이것은 총련에 타격이 되었다.

14 1977년 외무부 교민1과 「교민업무편람」(1977. 12. 20)은 "재일거류민단은 조총련을 압도하는 총화체제로 발전시키며, 국가안보적 차원에서 유신민단으로서의 기반을 공고히 함"이라고 기록하고 있다(김태기, 2001: 90).

남북한의 접근시도였으므로, 이것이 무산되었을 때 좌절도 심각했다. 1985년 남북한계 재일동포들이 함께 참여하는 원코리아페스티발의 시작을 주도한 정갑수 씨는 7·4 공동성명 후 '7·4회'를 만들어 그 씨앗을 유지하고자 했다고 말했다(정갑수, 2000: 27).

III. 재일동포사회의 변화와 시민 차원에서의 통합 시작: 1970년대 후반-1980년대

1970년대 후반 이후 완연한 진전을 보인 남북한계 재일동포들의 일본 정주 경향과 그에 따른 남북한계 동포들의 상호 융합 경향으로부터 영향을 받아 대립 일변도였던 민단-총련의 관계에 약간의 변화가 생기기 시작했다.

1. 재일동포 시민 차원에서의 통합 요인

고국으로 돌아갈 날을 기다리던 재일동포들이 일본에 정주하기로 마음을 돌리게 된 데는 여러 이유가 있다. 우선 그 배경이 되기도 한 중요한 사회적 조건은 재일동포 내부의 인구학적 요인이다. 일본에서 태어나 자란 3, 4세들이 재일동포사회의 중심이 되면서 본국 지향 의식이 크게 약화되기 시작한 것이다.[15] 남북한 정부의 독재체제가 본국에 대한 기대를 더욱 약화시켰으며, 남북한 정부의 대립관계는 이들을 더욱 실망시켰다. 앞서 언급한 대로 7·4 공동성명에 대한 기대

15 재일동포의 인구학적 변화에 관해서는 정진성(1990) 참조.

와 좌절은 본국 지향을 결정적으로 꺾은 계기가 되었던 것이다.

이후 시민 차원에서의 재일동포 운동은 탈정치화되고 역사·문화적 성격이 강화되었으며, 이를 통해 보다 긍정적인 민족정체성을 찾고자 하는 노력이 경주되었다. 1970년대 이후 방과후 어린이회 활동을 이용하여 농악, 노래, 춤, 한글을 가르치는 학교가 늘어나고, 어머니학교 학생들에게 한글, 춤, 민요를 가르치는 활동도 이루어졌다. 한 동포의 다음과 같은 말은 재일동포의 이러한 움직임을 대변한다. "이제 동포사회는 단지 피해자가 아니라, 우리 자신의 뿌리를 찾고자 하는 긍정적이고 창조적인 민족의식을 향해 가고 있습니다"(김경숙, 1988: 69-72). 민족의 뿌리는 하나이므로, 남북통합적 움직임은 그 자연스런 결과인 것이다.

때마침 일본의 사회운동이 전반적으로 탈정치화되고 가치 지향적인 소위 신사회운동의 경향이 농후해졌으며, 그중 일본 사회의 재일동포 차별에 대해 비판적인 의식을 가지고 재일동포 운동에 협력하는 움직임이 이루어지기 시작했다. 남한계 재일동포-북한계 재일동포-일본인의 공동 행사가 확산되고, 동포 사이에서 "일본에서 일본인들과 공생한다"는 의식이 퍼진 것이 이러한 맥락이다.

2. 시민 차원에서의 통합

이러한 상황에서 남북한계 재일동포들은 함께 권익운동을 전개하고, 남북한계 동포들이 함께 참여하는 단체를 만들었으며, 공동으로 행사를 진행하였다. 이 같은 움직임에 일본인들도 다수 참여했다.

재일동포의 권익운동이 본격적으로 일어나기 시작한 것은 1960년대로 거슬러 올라가며, 중요한 사건만을 추려 보더라도 다음과 같다. 1963년 재일동포 중고생에 대한 일본 고교생의 집단폭행을 조사하기 위해 '재일조선인의 인권을 수호하는 모임'이 결성되었고, '조선 중고생에 대한 인권침해사건 진상보고집회'가 치요다(千代田)공화당에서 열렸는데 여기에 천 여 명이 참가했다(田中廣, 2005: 154-157; 진희관, 2005: 151-152). 1967년 김희로 사건, 1968년 외국인학교법안 반대투쟁, 1969년 출입국관리령 개악법안 반대투쟁이 있었다. 1970년 재일동포들을 집결시킨 중요한 사건인 히타치 한국인 채용차별 문제가 일어났으며 이를 둘러싸고 많은 활동이 이루어졌다. 법정소송이 그 한 부분이었는데 1974년에 원고 전면 승소 판결을 이끌어 냈다. 이 활동은 지문날인제도의 철폐를 위한 운동으로 이어져 1980년대까지 계속되었다. 1974년 공영주택 · 아동수당 등 생존권 행정차별 철폐운동이 이루어졌으며, 91년 문제[16]를 둘러싼 운동도 전개되었다.

권익운동에 관련하여 많은 재일동포 운동단체가 일본인 운동가를 포함하여 재일동포 전체를 민단, 총련 구분 없이 하나의 시야에 넣어 운동을 전개했는데, 본격적으로 남북한계를 포괄하는 새로운 단체가 만들어지기도 했다. 1974년 조직된 민족차별과 투쟁하는 연락협의회(민투련)가 그 한 예다.

남북한계 재일동포의 공동 문화행사가 속속 열리기 시작했다. 1983년 이쿠노 민족문화제는 "민족의 문화를! 넋을!"[17]을 슬로건으로 하여 매년 열리고 있는데, 첫해 3천여 명이 참가했고 매년 그 숫자가 늘어나고 있다. 1985년 8월 15일에 시작된 '8 · 15민족 · 미래 · 창조

16 한일협정에서 논의가 미비하였던 협정영주 3대 이후의 법적 지위와 처우를 1991년 1월 16일까지 한일 양 정부가 재협의를 통해 해결을 보기로 약속했었다. 이에 관해서는 박병윤(1992) 참조.

17 이 슬로건은 민족의 소원인 조국의 통일을 기원하는 것이고, 이국땅에 태어나 자기 민족의 역사를 배우지 못한 동포 청년들이 1970년대 이후 계속된 활동 속에서 떠올린 생각을 소박하게 표현한 것이라고 한다.

페스티발(원코리아페스티발)'[18]이 지금까지 계속되고 있다. 1990년대에 접어들어 동포 상인들이 광고형식으로 이 행사를 적극 지원하고 있다(진희관, 2005: 139).

시민 차원에서의 통합은 남북한계에 그치지 않고 일본인들도 참여하고 있다. 많은 일본인이 이러한 행사에 참가할 뿐만 아니라, 그들 스스로 운동을 만들어 가고 있기도 하다. 일단의 일본인 교사들은 '본명을 부르고 쓰는 운동'을 추진하면서 재일동포 학생들에게 긍정적인 민족정체성을 가지도록 생활지도를 하고 있는데, 이들이 재일동포를 남북한계 구분 없이 하나로 보는 시각은 뚜렷하다(박병윤, 1992: 94).

남북한계 통혼도 증가하기 시작했다. 이 추세는 조선적에서 한국적으로의 이동과 함께 현재에 이르기까지 계속 증가하고 있다.[19]

3. 민단–총련 대립관계의 변화 조짐

이러한 시민사회 차원에서의 통합 움직임은 민단-총련의 완고한 대립적 관계에도 작은 변화를 가져왔다.

1975년 민단은 총련 산하 동포의 모국 방문을 연 2회 시행하기 시작했으며,[20, 21] 총련은 1985년 방침에서 "민단동포들과의 다양한 공동활동을 도모할 것, 민단동포들과의 단합사업을 강화할 것"이라

18 1985년에 시작한 이래 매년 열리고 있는 원코리아페스티발의 경과에 대해서는 정갑수(2003) 참조. 원코리아페스티발은 현재 통일교의 지원을 받고 있으며, 그 때문에 코리아NGO센터 등은 지원을 그만두었다고 한다.

19 남북한계 통혼에 관해서는 정진성(1990) 참조.

20 민단 홈페이지(http://www.mindan.org/kr/front/newsDetail.php?category=0&newsid=4292, 검색일: 2017년 11월 18일).

21 1970년대 모국 방문은 한국적으로의 전향을 위한 것이었다는 비판이 있다(김성희, 2011). 2000년대 들어 재개한 모국 방문은 성격이 달라졌다. 2005년 모국 방문 30주년 당시 총련 동포 50,570명이 한국을 방문했다.

는 내용을 포함시켰다. 이러한 작은 조짐만을 찾을 수 있을 뿐, 민단과 총련[22]의 양국 정부와의 긴밀한 관계와 상호 대립관계[23]는 여전히 계속되었음에도 불구하고, 통합의 움직임은 1990년대 들어 점점 커져 갔다.

IV. 1990년대 이후 민단-총련 관계의 변화

1990년대 들어 남북한 정부의 관계 변화를 비롯한 여러 사회적 변화가 일어난 가운데, 재일동포 시민 차원에서의 통합이 진전되고 민단-총련 관계에도 획기적인 변화가 일어났다.

1. 변화의 새로운 사회적 요인들

먼저 남북한 정부 관계, 북한-일본 관계 등, 다각적인 차원에서 이루어진, 재일동포사회 및 민단-총련 관계에 영향을 준 새로운 사회적 요인들을 살펴보자.

1990년대 들어 민단-총련 관계에 영향을 준 가장 중요한 요인은 역시 남북한 정부 관계의 개선이다. 남한 민주화로 인한 대북정책의 변화는 1988년 노태우 대통령의 '민족자존과 통일번영을 위한 특별선언(7 · 7 선언)'에서 실감하게 되었고, 북한 정부는 1990년 8 · 15 범

22 총련은 조선노동당에 대표단을 파견해서 축하연설을 했으며(3, 4, 6차), 북한 정부도 총련 결성 40, 45, 50주년에 축하 서한을 보내고, 총련의 첫째 임무는 '주체사상화'라고 강조했다(진희관, 2003: 135).

23 1983년 이쿠노 민족문화제를 개최할 때 활동가들은 일본인들의 편견과 함께 민단과 조총련이라는 커다란 조직의 대립이 어려운 점이라고 말했다(김경숙, 1989: 70).

민족대회를 열면서 남한과 해외동포의 참여를 유도했다(문일석, 1991: 577). 또한 북한이 스스로 총련동포의 모국 방문을 보장해 달라고 요청하기도 했다(진희관, 2003: 141). 1988년 남북한 정부가 제의하여 1989년 첫 예비회담을 시작으로 1990년부터 열린 남북고위급회담[24]은 중단되었다가 2000년 6 · 15 남북정상회담으로 크게 발전하였다.

1990년대 이후 한국 정부의 민주화와 시민운동의 활성화에 힘입어 남북 시민단체의 교류가 크게 확대되었다. 과거사 관련 활동교류는 식민지 역사라는 공통의 기초 위에서 큰 이견 없이 긴밀한 협력이 이루어진 대표적인 경우이다. 여성단체들이 주로 참여한 일본군 위안부 문제를 위한 '2000년 법정' 활동에서 남북 단체들의 협력은 매우 성공적이었다.[25] 이전에는 엄격히 규제되었던 총련계 재일동포들의 남한 시민들과의 교류도 상당히 진전되었다. 조선대학교와 한국의 사립대학이 개최한 친선축구대회라든가, 일본에서 과거사 관련 활동을 하는 총련계 학자 및 활동가들이 한국의 시민단체들과 지속적으로 교류하는 경우도 종종 볼 수 있다. 2003년 8월 21일 총련 비상임 문화부장이 한국을 방문했는데, 북한에서 공훈예술가 칭호를 받은, 한국을 찾은 총련 이사 중 가장 서열이 높았다.

1970년대 후반부터 진전되어 온 일본에서의 공생 기류는 더욱 진전되어[26] 일본 사회에 적극적으로 합류하는 방향으로 가고 있다. 이것이 남북한계 재일동포의 통합에 영향을 미치는 것은 물론이다.

---

24 1993년 1월 한미 양국의 팀스피리트 훈련계획 발표로 끝날 때까지 8회 열렸다.

25 2000년 법정에 관해서는 정진성(2016) 참조.

26 2005년 도쿄와 오사카에 거주하는 재일동포 196명을 대상으로 한 설문조사에 의하면 66.2%가 일본 국적 취득을 고려하고 있는 것으로 나타났으며, 그 이유는 사회보장 혜택을 받기 위해서(36.5%)와 재산권행사가 자유로워서(26.4%) 등 생활상의 편리를 위한 것으로 나타났다(이승우, 2005: 309-310).

1993년 12월 민단은 일본에 귀화한 한국인도 단원으로 등록할 수 있도록 규약을 변경했다(김태기, 2001: 62).

총련 자체도 변화하고 있다. 북한의 경제파탄과 일본의 버블경제의 붕괴가 북한계 재일동포에 영향을 미쳐 1998년 이후 총련 계열 신용조합들이 통폐합되고 조조무역(북한과 조총련 간 무역)의 주력회사인 동해상사가 부도 위기에 처했다(진희관, 2003: 141). 2001년 2월 총련 결성 당시부터 의장을 맡아 온 한덕수가 사망하고, 서만술 의장으로 교체되었는데, 그는 2001년 19차 전체회의의 사업보고에서 무엇보다도 세대교체의 문제와 동포의 요구를 실현해 나가는 데 강조점을 두었다. 그는 6 · 15 정상회담의 실현을 위해 적극 노력하고 남한 측과의 교류와 연대를 더욱 강화할 것을 언급했다(『조선신보』, 2001. 5. 28; 진희관, 2003: 140). 총련계 신문인 『조선신보』도 변화하여 1999년 10월 4일부터 글자체를 기존의 순한글 전용에서 국한문 혼용으로 바꾸고 영문제호도 삽입했으며, 이승엽, 선동렬 선수의 사진과 축하기사를 싣는 등 새로운 모습을 보이기 시작했다. 『조선신보』 사장은 "새 세대를 비롯한 광범위한 동포들에게 생활정보를 제공하는 동포대중신문으로 새출발하게 되었다"고 말했다(진희관, 2003: 143). 1993-1995년과 2003-2006년 민족학교의 커리큘럼을 조정하여 일본학교의 교육내용을 대폭 삽입했으며, 2003년부터 중학교 교실에서 김일성 · 김정은 부자 사진을 떼어 냈다.

북일 관계는 이러한 변화들에 부정적 영향을 미치며 북한계 재일동포의 상황을 곤란하게 만들고 있다. 1989년 8월 다케시타 총리는 북한에 대해 관계개선을 제안했으며, 1990년 9월 자민-사회 양당 대표가 북한을 방문하여 조선노동당과 양국 국교정상화를 촉구하는 '3당선언'을 발표했지만, 1991년 1월부터 북일 국교정상화 회담의 주제는 과거청산과 핵 문제로 바뀌었다(신정화, 2002: 70-73). 1991년 5

월 5차회담에서 납치 문제가 등장한 이래, 1997년 2월 니카타현 여중생 요코타 메구미의 실종이 북한의 납치였음이 언론매체에 공개되고, 1998년 8월 북한의 광명성 1호(대포동 미사일)가 발사됨에 따라 북일 관계가 극도로 악화되었다.

2. 시민 차원에서의 통합 가속화

이러한 상황에서 1970년대 후반 이래 지속되어 온 시민 차원에서의 통합은 가속화되어 갔다. 원코리아페스티발이 계속되어 연례행사로 자리 잡았고, 상인들의 협력이 적극적으로 이루어지고 있다. 한겨레 음악회, 태평양전쟁 한인 희생자들에 대한 합동추도식 등 공동행사가 늘어났으며(진희관, 2003: 139), 오사카의 무궁화어린이회, 이쿠노 민족문화제, 민족교육촉진협의회, 외국인보호자회, 고베시의 마당, 도쿄 아라카와구의 거북선어린이회, 아마가사키(尼崎)시의 통일마당, 야오(八尾)시의 도깨비어린이회 등, 재일동포사회는 통일된 하나의 민족임을 나타내는 여러 단체들이 생겨났다(박병윤, 1992: 99-100). 2004년 설립된 통일교 계통의 평화통일연합은 특히 민단과 총련의 갈등을 해소하고 동포들의 힘을 모아 남북통일의 커다란 결집체가 되는 것을 목적으로 하여 민단과 총련의 간부도 참가했다.[27]

민단-총련계 결혼도 확대되었다. 일본에서 결혼상대로 동포를 만나는 것 자체가 힘드므로 민단, 총련, 귀화동포를 가리지 않으며, 동포 간 결혼을 위한 결혼상담소도 늘고 있다. 1994년 한국 방송에 소개되

---

27 2004년 7월 4일 도쿄에서 출범했다. 같은 해 11월 8일 서울에서 총심정 동족권 평화통일대회를 개최했는데, 여기에 민단과 총련의 간부가 참가했다. 빅카인즈 홈페이지(http://211.43.216.33/search/totalSearchView.do?news_id=01100701.20041109000003001).

었던 남북한계 동포의 결혼에서 '조국통일을 위해 노력할 것'이라는 선서를 하기도 했다.[28]

1990년대 후반, 특히 2000년대 들어서부터는 일제강점기부터 일본에 살아온 남북한계 또는 민단-총련계 재일동포들 간의 관계에 더해서, 1965년 한일협정 이후, 특히 1980년대 후반 이후 일본에 입국해서 정주하게 된 소위 '뉴커머'들도 재일동포사회의 한 부분을 이루게 된 상황에 주목할 필요가 있다. 이들은 물론 거의 전부 한국적으로 민단계 또는 한국적 '올드커머'들과 별도의 집단을 이루며 생활하고 있으나, 남북한계 공동의 조직과 행사에 참여하는 사람들도 많다. 여기에 1970년대 후반 이후 시작된 일본인들의 참여도 계속되어, 시민 차원의 통합은 '재일(在日)'이라는 큰 이름 아래 남북한계 동포, 뉴커머, 귀화인, 일본인 등 모두를 껴안게 된 것이다. 여기에 또 다른 차원의 통합, 즉 다른 재일외국인들과의 관계도 이루어지고 있다. 민족학교, 외국인 노동자 문제 해결을 위해 재일중국인 등과도 협력하게 된 것이다.

북한계 재일동포와 한국인의 직접 교류도 시작되어 남북한계 재일동포의 통합을 가속화하는 효과를 가져왔다. 필자가 2003년 일본에서 면담한 조선대학교 학생들 중에는 2002년 한일 월드컵 당시 통역 자원활동을 한 사람, 홋카이도에서 진행된 한국-일본 학생유골 발굴 작업에 참여한 사람 등, 한국 학생들과의 교류 경험이 있는 사람이 많았는데, 그들은 그후 계속 이메일로 교류하고 있어서 혹시 남북한의 법에 저촉되는 것이 아닌지 걱정하기도 했다. 필자의 또다른 면담 대

28 1994년 11월 20일 TBS 텔레비전에 방영된 결혼식의 결혼선서문은 "부모님들의 깊은 뜻을 간직하여 민족적 긍지와 자부심을 가지고… 동포사회와 일본 사회의 화목과 발전, 조국통일을 위하여 노력할 것을 엄숙히 선서합니다"라고 되어 있었다. 1994년 3월 '동포결혼상담중앙센터' 관계자는 민단, 총련, 귀화동포 누구나 대환영이라고 말했으며, 1988년 오사카에 창립한 '새누리결혼정부서비스'도 민단, 총련을 개의치 않는다고 했다(김지영, 1995: 102-105).

상자는 민족정체성이 강하고 조국 지향을 갖고 있는 총련계 사람들도 민단계 한국인에 대해 개방적 태도를 보이며, 폐쇄성을 벗어나야 한다는 생각을 가지고 있다고 밝혔다. 또한 한국 사회에 총련계 교포들이 민족정체성을 성실하게 지켜 나가고 있다는 사실을 알리고 싶어 하기도 했다.

이러한 남북한계 동들의 통합 경향은 물론 지역에 따라 편차를 보인다. 예컨대 필자가 2003년에 방문한 교토 히가시쿠조 재일동포사회는 남한계와 북한계로 엄격하게 구분되어 상호 교류가 없을 뿐만 아니라 서로 경계를 하고 있었다. 그러나 이들은 전체 재일동포사회에서 극히 적은 부분일 뿐이라고 판단된다.

3. 민단–총련의 화합 노력

1990년대 들어 재일동포사회에서 특기할 만한 것은 민단-총련의 통합 노력이 가시화되기 시작한 점이다. 민단-총련의 화합 노력은 몇 개의 계기를 통해 단계적으로 진척되었다. 1991년 지바 세계탁구선수권대회 남북단일팀 구성, 2000년 6·15 공동선언, 2002년 한일 월드컵, 2005년 광복 50주년 등이 그것이다.

1) 민단–총련 중앙의 화합 노력

1991년 지바 세계탁구선수권대회에 남북단일팀이 참가하게 되었을 때, 민단-총련은 공동 응원을 했다. 이것은 민단-총련 화합의 중요한 계기를 만들었다. 민단-총련은 같은 해 '재일동포교류촉진협의회'를 구성하여 각 지방 지부별로 친목문화행사를 공동 주최했다(진희관, 2003: 138; 문일석, 1991: 567-568).

북핵 문제가 불거지면서 끝내 중앙본부 차원의 공동사업은 실현되지 않았으나(이종원, 2005: 196), 민단-총련 중앙에서 화해의 움직임은 확실히 포착되기 시작했다. 앞서 언급하였듯이 북한은 1990년 8·15 범민족대회를 열면서 남한과 해외동포의 참여를 유도했다. 그 일환으로 조총련의 한덕수 의장을 시켜 민단 측에 서한을 띄웠다. 1990년 7월 17일 한덕수 의장이 민단의 박병헌 단장에게 보낸 서한을 가지고 온 조총련 간부가 민단본부를 방문했으며, 이때 민단은 이들을 정중하게 맞이했다. 이 서한에서 한 의장은 "90년대를 기어이 조국통일의 연대로 되게 하려는 것은 오늘의 겨레의 확고한 의지 신념이다"라면서 8·15 범민족대회에 조총련과 민단의 대표가 함께 참가할 것과, 8·15를 맞아 재일동포 예술의 밤, 체육교류 모임을 공동으로 개최할 것을 제안했다. 박 단장은 8월 1일 자 답신에서 "한 의장의 제안을 긍정적으로 받아들인다"면서 "남북 교류를 촉구하기 위해 우리 측 대표단의 평양 방문과 귀측 대표단의 서울 방문을 판문점을 경유하여 실현해 나갈 것" 등을 제안했다. 이것은 제안 이상으로 진전을 보지는 못했으며(문일석, 1991: 577), 양측이 동의한 '연결협의기관' 설치도 실현되지 못했으나(박병윤, 1992: 98), 민단-총련의 화해 의지는 확실히 발전되었다고 볼 수 있다.

1991년 민단중앙의 박병윤 '91년문제위원장'은 1991년 이상옥 한국 외무부장관과 나카야마 타로(中山太郎) 일본 외무대신이 조인한 '각서'를 보면서, "민단, 조총련이 본국의 분단모순에서 파생하는 일본에서의 좌우대립, 대리전쟁을 거부하고 재일동포의 화합을 위해 자세를 바로 세우는 일이다", "남북정부는 민단, 조총련 관계없이 함께 재일동포 전체의 생명과 재산을 보호할 의무가 있다", "남북의 분단모순을 극복해야 하고 또 타국에 살고 있는 까닭으로 지방차별감정도 쉽게 해소할 수 있다", "재일동포사회의 사상초월, 민족화합, 분단극복은 우리 민족의 통일운동사에 눈부신 금자탑을 세우는 일이 된다",

"일본 내의 남북통일이 한반도의 통일의 길이 된다"고 말한 바 있다(박병윤, 1992: 93-97).

1990년대 이후 이러한 민단의 의지는 민단 자체의 기록에도 표현되어 있다. 민단중앙 홈페이지에는 다음의 기사가 수록되어 있다. "본단은 동포사회의 화합을 목표로 1991년 이후, 중앙·지방을 불문하고 일관되게 총련과의 교류를 제의해 왔다. 특히 (2000년) 6·15 공동선언 이후, 중앙본부 간에는 총련의 소극적인 대응으로 인해 결실을 얻지 못했으나, 본단의 적극적인 호소에 의해 지방본부, 지부 단위에서는 조직적으로 많은 교류가 실현되어 동포사회의 화합을 위한 움직임이 착실히 진행되고 있다."[29]

이러한 움직임이 더욱 가속화된 계기는 2000년 6·15 공동선언이다. 2000년 6월 15일 민단단장은 총련의장에게 "남북공동선언에 입각하여 조국의 평화통일과 동포사회의 통일을 위해 조건 없는 대화와 교류를 해 가자"는 제의서를 보냈고, 8월 24일 총련대표는 총련의장의 '역사적인 북남공동선언 이행에 민단이 함께 나서는 데 대한 총련 중앙의 제안서'를 가지고 민단단장을 방문했다. 그 제안서에서 남북공동선언 실행을 위한 문화·체육행사 등 공동모임 조직, 재일동포들의 생활안정과 민족적 권리 옹호를 위한 상부상조사업 공동 추진, 민족성을 이어 갈 수 있는 사업 논의, 양 단체의 화합과 교류를 위해 총련의 부의장과 민단 중앙본부의 부단장을 책임자로 하는 협의기관 설치 등을 제안했다(진희관, 2003: 139).

2002년 한일 월드컵을 계기로 민단-총련 중앙본부는 상호 신뢰구축의 계기로 삼자며, '2002 월드컵 재일동포 참관단' 실현을 협의했

---

29 민단 홈페이지(http://www.mindan.org/kr/front/newsDetail.php?category=0&newsid=622, 검색일: 2017년 11월 18일).

다. 이를 통해 1천여 명이 서울을 방문하게 되었는데, 양 조직이 하나의 단체를 구성하여 방한하고 행동을 함께한 것은 사상 처음이다.[30]

2004년 8월 15일 제59주년 광복절 경축 중앙식전의 경축사에서 민단 중앙본부 김재숙 단장은 총련 중앙본부에 다음 해 광복절 60주년 식전의 공동개최를 정식으로 제안했으며, 다음 날인 16일 서만술 총련의장에게 다음과 같은 제의서를 보냈다. "본인은 지난 2000년 양 단체가 주고받은 제의에도 명시한 바와 같이 서로가 허심탄회한 대화와 교류를 통해 남북공동선언의 의의이자 모든 재일동포의 요망인 화합의 기반을 준비하기 위해 다음과 같이 제의하는 바입니다. 1. 내년 공동축하행사, 2. 준비단계로 다양한 교류, 3. 상징적 사업으로 서울과 평양을 공동방문하자, 4. 양 단체 상설협의기구 설치. 상기 제의에 대해 가까운 시일 내에 한국민단 중앙부단장과 조선총련 부의장을 책임자로 하는 책임자회담을 개최합시다."

이러한 화합의 노력들이 실제로 실현되지 못한 채 2006년 파국을 맞이한 것은 아무래도 남북한 분단체제의 굴레 때문일 것이다. 그러나 민단-총련 자체적인 화합의 노력이 상당히 진전된 것과 역으로 자체적 발전의 가능성도 충분하다고 말할 수 있다. 민단-총련 지방 차원의 화합 노력과 남북한계 재일동포 시민 차원에서의 화합이 꾸준히, 상당한 정도로 발전하고 있다는 점도 그 가능성을 높인다.

민단-총련 지방 차원의 노력으로 넘어가기 전에, 중앙 차원이 제3의 기관을 매개로 공동행사를 한 경우를 몇 가지 살펴보자. 이것은 현재 끊어져 있는 중앙 차원의 교류를 재개할 실마리이기도 하다. 2004년 서울에서 열린 평화통일대회에 민단중앙 오기문 고문과 총련

30 민단 홈페이지(http://www.mindan.org/kr/front/newsDetail.php?category=0&newsid=7662, 검색일: 2017년 11월 18일).

박상득 전 조선대학교 교수가 민단계와 총련계를 대표해 참가하여 평화통일의 중요성에 공감했다.[31] 2005년 민단, 총련, 한국의 해외교포문제연구소가 공동으로 '재일동포 100년 역사사진전'을 한국 정부 지원사업으로 확정했다. 중앙조직 차원에서 이처럼 큰 사업을 추진한 것은 처음이라고 한다.[32]

2) 민단-총련 지방 차원의 화합 노력

지방 차원에서는 중앙 차원보다 융통성을 가지고 민단-총련의 여러 공식적인 공동 행사가 이루어졌다. 전체적인 이해를 위해서 중요한 사항을 짚어 보기로 한다. 1991년 지바 세계탁구선수권대회 당시 구성된 '재일동포교류촉진협의회'를 통해, 오사카 유도교류대회, 시즈오카 시미즈 지부의 경로회, 코우치, 지바의 골프대회, 사이타마, 켄호쿠, 후쿠이, 츠루카 지부 단위의 신년회, 효고, 홋카이도의 강제연행동포 위령사업 등이 이루어졌다. 나라에서는 연금제도에서 제외된 고령동포를 위한 노력이, 시즈오카에서는 복지수당 획득을 위한 노력이 민단-총련 공동으로 이루어졌다. 1996년 민단 후쿠오카 지부와 총련 히가시후쿠오카 지부가 친목행사로 원코리아 후쿠오카 벚꽃축제를 열었으며, 이것은 2004년, 8년 만에 두 번째로 개최되었다. 2000년 12월 31일 교토에서 원코리아카운트다운이 이루어졌는데, 이로써 2000

31 평화통일대회는 2004년 11월 9일 세계평화초종교초국가연합(문선명 창시)이 주최했다. 오기문 고문과 박상득 교수의 대담에서 다음과 같이 말했다. "노무현 대통령은 재야에 있을 때는 바른말을 했는데 권력을 잡으니 바뀐 것 같다. 초심을 잃지 말고 일을 해야 한다. 초심으로 돌아가 우리나라가 하루속히 평화통일이 되도록 조선을 적대시하지 말아야 한다." 『세계일보』(2004. 11. 9)(http://www.segye.com/newsView/20041109000356).

32 2005년 5월 13일 확정되어 11월 1-7일 서울국제디자인프라자에서 개최되었다. 『재외동포신문』(2005. 11. 1)(http://www.dongponews.net/news/articleView.html?idxno=6841).

년 지방단위의 교류는 총 209건이 되었다.[33]

2001년 2월 한덕수 총련의장이 사망하자, 민단 오사카 본부 단장이 조선회관을 최초로 방문하여 조의를 표했다. 2001년 3월 25일에는 오사카 '재일코리안과 오사카부민 친선교류 페스티벌-오사카 하나 마츠리'가 열렸는데, 민단 오사카 본부 단장과 총련 오사카 본부 위원장, 나카가와 가즈오 전 오사카 지사가 공동대표를 맡았다. 민단은 남북분단 이후 양측이 함께하는 가장 큰 행사라고 밝혔다. 2002년 3월 오사카 민단-총련은 남북상호방문에 합의하고 우선 민단 대표단이 평양에서 개최 중인 '아리랑제'를 참관했다. 그 답례로 총련 대표단은 6월 2일 서울을 방문하여 월드컵을 관전했다. 4월에는 오사카 이쿠노구 서지부의 민단과 총련이 공동으로 하나미(꽃구경)대회를 진행했다(진희관, 2003: 129, 138-139).

2004년 4월 26일, 민단 히로시마현 본부 단장과 히로시마 한상(韓商)은 북한 용천역 열차 폭발사고의 의연금으로 20만 엔을 북한 대표에 기탁했다. 총련 히로시마현 본부의 위원장도 "같은 동포의 지원을 감사하게 생각한다"며 악수로 답했다. 28일에는 민단중앙본부의 부단장과 조직국장이 총련본부를 방문하여 부의장에게 열차 폭발사고 의연금으로 100만 엔을 전달했다. 부의장은 "지원을 감사히 생각한다. 반드시 본국에 전달하겠다"고 감사의 뜻을 표했다. 민단 오사카 본부는 500만 엔을 전달했다.[34]

2004년 12월 3일 민단 오사카 본부 부단장과 총련 오사카 본부의 부위원장은 동포 보호자연락회 회장과 함께 오사카 시립대학을 공동

---

33 민단 홈페이지(http://www.mindan.org/kr/front/newsDetail.php?category=0&newsid=2405, 검색일: 2017년 11월 18일).

34 민단 홈페이지(http://www.mindan.org/kr/front/newsDetail.php?category=0&newsid=1918, 검색일: 2017년 11월 18일).

방문하여 2차 시험의 외국어 선택과목에 '한국·조선어'를 넣을 것을 합동으로 요망했다. 11월 30일 오사카 부립대학에 같은 요청을 한 바 있으나, 두 단체가 공동교섭을 한 것은 이것이 처음이다.[35]

2005년 2월 19일에 민단 사이타마현 본부, 총련 사이타마현 본부, 사이타마현 조선인강제연행진상조사단은 해방 후 귀국하다가 난파되어 사망한 한반도 출신의 징용자를 추도하는 첫 합동추도회를 열었다.[36] 2005년 4월 3일에는 민단 오사카 미야코지마(都島) 지부, 총련 오사카 지부가 합동으로 '아리랑 벚꽃 축제'를 열었는데 두 지부가 합동으로 실시한 야유회는 처음이다. 민단 미야코지마 지부의 김태동 지단장은 여기에 이르기가지 3년이 걸렸다며 감개무량해 했다. 같은 날 오사카 니시나리 지부와 총련 니시나리 지부에서도 '원코리아 야유회'가 열렸다.[37] 2005년 8월 14일 야마구치현 민단과 총련 지부는 광복절 60주년 축하행사를 합동으로 개최했으며, 2006년 1월 9일에는 합동신년회를 열었다. 2006년 1월 15일 홋카이도 하코다테지구 민단과 총련 지부는 합동신년회를 열었는데, 2005년부터 5회 회합을 개최해 온 결과이다.[38]

---

35 민단 홈페이지(http://www.mindan.org/kr/front/newsDetail.php?category=0&newsid=3044, 검색일: 2017년 11월 18일).

36 민단 홈페이지(http://www.mindan.org/kr/front/newsDetail.php?category=0&newsid=3329, 검색일: 2017년 11월 18일).

37 민단 홈페이지(http://www.mindan.org/kr/front/newsDetail.php?category=0&newsid=3517, 검색일: 2017년 11월 18일).

38 민단 홈페이지(http://www.mindan.org/kr/front/newsDetail.php?category=0&newsid=4750, 검색일: 2017년 11월 18일).

4. 총련 경영의 민족학교와 금융조합, 한국적 동포의 증가

총련이 경영하는 민족학교가 한국적 동포에 대해 문을 열고 있는 것도 매우 중요하게 주목해야 할 현상이다. 총련은 1998년 5월 제18차 전체대회에서 조선대학교에 법률학과 신설을 결정, 1999년에 신설했다. 이것은 일본 정부와 사회의 민족차별 때문이었기도 하지만, 일본 사회에 적응하려는 노력의 일환이라고 할 수 있다. 2008년 필자가 일본에서 면담한 조선대학교 학생은 조선대학생의 60% 정도가(적어도 반은 넘는다고 말했다) 한국적 학생이라며, 초중고 민족학교에도 한국적 학생이 상당히 많다고 말했다. 총련은 한국적 학생의 민족학교 입학을 막지 않을 뿐 아니라, 일체 국적을 검토하지 않고 있다고 말했다.

또한 조총련계 금융조합은 조총련계뿐 아니라 민단계 동포들에게도 개방되어 일본 금융기관으로부터 민족차별과 불리한 대부조건에 시달리던 재일한인 상공인들의 경제활동에 상당한 기여를 했다고 평가할 수 있다. 한 학자는 조총련이 금융사업을 동하여 재일한인상공인들에게 영향력을 미칠 수 있는 토대를 마련했으므로 대북한 경제교류가 가능했던 것이라고 단언했다(김재기, 2005: 186).

5. 취약한 기반

그러나 이러한 전반적인 화합의 노력에 한계가 있었던 것도 사실이다. 지방 차원에서 이루어진 노력도 지역에 따라 달랐으며, 중앙 차원의 노력은 늘 반대의견이 나오거나 다른 이해가 이루어지기도 했다. 이러한 취약한 기반이 2006년에 쉽게 파국을 몰고 온 것이라고 판단된다.

몇 가지 예를 들어 보자. 2000년 역사적인 남북공동성명 후, 민단과 총련은 지지성명을 따로 발표했을 뿐, 양 단체 합동의 공식행사는 없었으며(정갑수, 2000: 25), 2000년 총련의 한국 방문이 민단을 제쳐놓고 한국 당국과 총련 간에 결정되어, 중앙본부 단위로의 대화는 결과적으로 지속되지 않았다.[39]

민단이 제58주년 광복절 중앙 기념식전에서 중앙단장 경축사에 핵 문제, 일본인 납치 문제, 재일동포 출신 탈북자 문제를 언급하여 이에 총련이 항의한 바 있다.[40] 민단이 탈북하여 일본으로 입국한 북송 재일동포를 위해 지원센터를 설립하고 취직 알선 등 생활 전반을 지원하고 있는데, 이것은 총련에 매우 불편한 조건이 되고 있다.[41]

앞서 언급한 민단 내 분열이 민단-총련의 화합을 막는 요인이 되고 있기도 하다. 2005년 3월 4일 금강산에서 열리기로 한 남북해외공동행사의 일본준비위원회에[42] 민단은 참가하지 않았다. 1970년대에 민단에서 분리된 한통련이 총련과 직접 교류하여 남한계 재일동포를 대표했기 때문이다. 총련은 민단이 한통련과 함께 참여할 것을 요구하여 공동행사 개최는 난항에 부딪쳤다.[43]

---

39 민단 홈페이지(http://www.mindan.org/kr/front/newsDetail.php?category=0&newsid=2405, 검색일: 2017년 11월 18일).

40 민단 홈페이지(http://www.mindan.org/kr/front/newsDetail.php?category=0&newsid=622, 검색일: 2017년 11월 18일).

41 민단 홈페이지(http://www.mindan.org/kr/front/newsDetail.php?category=0&newsid=1143, 검색일: 2017년 11월 18일).

42 일본준비위원회 의장이 1974년 민단에서 정식 제명처분 받은 한통련의 곽동의였다.

43 정몽주 민단 사무총장은 전화 인터뷰에서 "민단은 이번 일본 지역 준비위원회 결성 과정에서 철저히 소외되었으며 결성주체도 현 한통련-총련이 아닌 민단-총련이 되어야 한다"고 말했다. 총련은 "지금까지 총련-한통련이 같이하고 있으니, 민단도 참여해 달라"고 말했으나, 민단은 "한통련이 있으면 우리는 같이 못한다", 다시 총련은 "한통련은 배제할 수 없으니 민단이 참여해 달라"는 공방이 진행되었다(〈민중의소리〉, 2005. 3. 2, http://www.vop.co.kr).

V. 2006년 5 · 17 공동성명의 좌절과 이후의 민단-총련 관계 악화

이렇게 민단-총련 간의 사이가 좁혀지던 추세는 2006년 5월 17일 소위 5 · 17 공동성명의 좌절로 인해 극적으로 반전되었다. 재일동포사회는 보다 복잡한 양상을 띠면서 통합되는 가운데, 민단-총련은 대립관계를 갖는 1980년대의 모습으로 되돌아갔다. 1990년대부터의 오랜 노력이 이렇게 허망하게 무산된 것은 그러한 노력의 기반이 얼마나 취약한 것이었는가를 말해 준다. 남북한 양국 간의 관계가 계속 순조롭게 화해와 협력의 방향으로 나아가는 중에 일어난 이러한 재일동포 간 관계의 반전은, 민단-총련 관계가 단지 남북한 관계의 반영만은 아니라는 점을 보여 주었으며, 오히려 민단-총련 관계의 변화가 남북한 관계 변화를 따라가지 못하는 지체현상을 보여 주었다.

1. 2006년 5 · 17 공동성명

2006년 5월 17일 민단의 하병옥 단장이 간부 6명과 함께 치요다구 조총련 중앙본부를 방문하여 조총련 서만술 의장과 만나 5 · 17 공동성명문에 서명한 뒤 한동안 포옹하는 감동적인 사건이 이루어졌다. 공동성명의 내용은 다음과 같다.[44]

1. 민단과 총련은 두 단체의 화해와 화합을 이룩하고 재일동포사회의 민족적 단합을 위하여 앞으로 서로 힘을 합쳐 협력해 나가기로 하였다.

---

44 구체적 내용은 민단 홈페이지(http://www.mindan.org/kr/front/newsDetail.php?category= 0&newsid=5138, 검색일: 2017년 11월 18일) 참조.

2. 민단과 총련은 6 · 15 남북공동선언을 실천하기 위한 민족적 운동에 적극 동참해 나가며 6 · 15 민족통일대축전에 일본지역위원회 대표단 성원으로 참가하기로 하였다.
3. 민단과 총련은 8 · 15 기념축제를 공동으로 개최하기로 하였다.
4. 민단과 총련은 현 시기 재일동포사회에 민족성의 희석화와 상실 현상이 늘어나고 있는 현실을 심각히 보고 민족성을 고수 · 발양시키기 위한 새 세대 교육과 민족문화의 진흥 등의 사업에 함께 노력해 나가기로 하였다.
5. 민단과 총련은 동포사회의 고령화 · 소자화 대책을 비롯하여 제반 복지활동과 권익옹호 확대를 위하여 서로 협조해 나가기로 하였다.
6. 민단과 총련은 이상의 합의사항을 이행하고 양 단체 간에 앞으로 제기되는 문제들을 해결하기 위하여 창구를 설치하고 수시로 협의해 나가기로 하였다.

앞서 2006년 2월 개혁민단을 구호로 당선된 하병옥 신임단장은 민단의 수구 보수의 틀을 과감히 깨고 젊고 개혁적인 민단으로 거듭나겠다고 선언했었다. 또 민족의 화해 · 화합이라는 시대 조류에 맞추어 조총련과도 적극 대화에 나서겠다고 공표했다. 이에 따라 하 단장은 신임 집행부 부단장 5명 가운데 2명을 과거에 민단 민주화를 내걸고 활동하다가 제명당한 적이 있는 한민통계 출신으로 채웠다. 민단이 수구 보수의 반공주의 틀에서 벗어나지 못할 경우 스스로 궤멸할 것이라는 시대적 위기의식이 높아지자 과거 보수주의자였던 원로그룹 일부가 민단 개혁 기치를 내건 하 단장에 대해 지지로 돌아서면서 하 단장이 압도적으로 당선되었다.[45]

---

45 『시사저널』(2006. 6. 30)(http://www.sisapress.com/journal/article/118098).

따라서 표면적으로 보면 이러한 공동성명은 이상할 것이 없다. 8·15 기념축제를 공동으로 열고 창구를 설치하여 수시 협의할 것 등, 2000년, 2004년에 김재숙 단장이 제의한 내용과 유사했다. 조총련과의 화해는 역대 민단단장이 늘 공약으로 내걸었기에 새삼스러울 것도 없었다. 그 차이라면 이번에는 하 단장이 빈말이 아니라 전격적으로 먼저 실천에 들어갔다는 점이다.[46] 실제로 민단-총련 단체장이 직접 만나기는 단체 결성 이후 처음이었다. 40분간 열린 회담에서 총련 측 서만술 의장은 "이번 회담은 여러 가지 고생의 결실이자 역사를 새로 개척한 것인 만큼 향후 역사도 책임지자… 우리가 하지 못하면 다음 세대가 우리를 욕할 것"이라고 말했고, 하 단장은 "언제 이런 날이 올 수 있을까 했는데 반세기가 지난 이제야 됐으니 지금부터라도 될 수 있는 일부터 협력해 가자… 재일교포 사회가 매우 기뻐할 것"이라고 답했다.[47] 하 단장은 "50년간 대립해 왔으나 앞으로는 대립에 종지부를 찍고 사이좋게 지내도록 합시다"라고 말했고, 서만술 의장은 이에 동의, "서로를 미워하는 것은 힘을 소모하는 것이며 화해와 화합은 힘이 됩니다"라고 답하며, 성명문에 서명, 교환하고 내용을 공표하였다.[48] 같은 날 민단 오사카 본부 김한익 단장이 이를 환영했다.[49]

당시 뉴스를 보면, 동포사회는 대체적으로 고무된 표정으로 기대감을 표시하고 있었다.[50] 각계각층이 대환영을 했고, 민단 각 지방본

46 『시사저널』(2006. 6. 30)(http://www.sisapress.com/journal/article/118098).

47 〈프레시안〉(2006. 5. 17)(http://pressian.com/m/m_article.html?no=49428).

48 민단 홈페이지(http://www.mindan.org/kr/front/newsDetail.php?category=0&newsid=5139, 검색일: 2017년 11월 18일).

49 민단 홈페이지(http://www.mindan.org/kr/front/newsDetail.php?category=0&newsid=5186, 검색일: 2017년 11월 18일).

50 『경향신문』(2006. 5. 17)(http://news.khan.co.kr/kh_news/khan_art_view.html?artid=200605171822391&code=910100).

부 단장들도 환호했으며, 재일변호사협회 등 교포단체들이 지지성명을 냈다. 재일변호사협회 도쿄 지역 이사인 이우해 변호사는 "민단과 총련의 화해에 대해 재일교포 99%는 찬성했다. 이런 하병옥 단장의 개혁이 실패하면 민단은 곧 보수파들의 노인정으로 전락할 것이다"라고 말했다.[51]

2. 좌절

그럼에도 이 화합 노력은 엄청난 반대에 부딪히면서 곧바로 좌절되었다. 그 좌절에는 여러 요인이 작용했다.

1) 일본 우익의 반대

재일동포들은 무엇보다 중요한 요인으로 일본 정부와 사회의 반대를 들고 있다. 고이즈미 준이치로 일본 총리는 2006년 5월 16일 밤, "민단과 총련의 화해는 좋은 일"이라며 축하의 뜻을 전했으나, 일본 언론들은 양측의 만남에 대해 대서특필하면서도 민단 자금이 조총련을 통해 경제가 어려운 북한으로 흘러갈 가능성에 대해 우려를 표했다. 『마이니치 신문』은 일본인과 결혼해 일본 국적을 취득하는 재일한국·조선인이 급증하고 있는 것이 두 단체에 큰 위기감을 불러와 손을 잡게 했다고 분석했고, 『도쿄 신문』은 이번 만남에 대해 조총련 내부에서는 큰 반발이 없지만 민단에서는 反지도부를 중심으로 이의를 제기하는 목소리가 높다고 보도했다.[52] 또한 역사적인 일이라고 높이 평가

---

51 『시사저널』(2006. 6. 30)(http://www.sisapress.com/journal/article/118098).

52 하 단장은 이같은 목소리를 의식한 듯, "중앙에서 과거 총련과의 행사를 인정하지 않았다.… 그런 중앙을 비판하곤 했다. 더 빨리 이런 자리가 이루어질 수 있었는데 아쉬웠다"고 말했다. 〈프레시안〉(2006. 5. 17)(http://pressian.com/m/m_article.

하면서도 납치 문제 해결에 미묘한 영향을 미칠 가능성도 있다고 우려하면서 앞으로의 양측 협력관계를 주시했다. 민단과 조총련이 협력하면 앞으로 경제제재 등 북한에 압력을 가하기 어렵게 되는 것이 아니냐는 말도 나왔다.[53]

이 밖에 민단 중앙본부의 이번 결정이 본국 정부의 뜻에 따른 것이라는 보도도 있었으며,[54] 주일 한국대사관 개입설, 김정일 지시설, 민단-조총련 밀약설, 하병옥 단장의 숨은 조총련 경력 등 각종 잘못된 기사가 일본 언론을 장식했다. 『산케이 신문』과 『주간 문춘』 등에서는 재일동포 사업가 출신으로 30여 년 이상 보수적인 민단 중앙본부의 의장, 부단장 등 핵심 보직을 맡아 온 하 단장이 과거 조총련계 대학 출신이라는 일본 보수논객들의 황당한 글을 싣고[55] 5 · 17 공동성명에 대해 사상 시비를 걸고넘어졌다.[56]

일본 정부의 반응은 가히 공포스러웠다. 일본 국회에서 한 의원이 경찰청장에게 "옴진리교 지하철 독가스 테러 당시 제정한 '파괴방지법' 적용 대상에 조총련이 포함되어 있는데, 이번에 조총련과 손잡은 민단에 대해서도 같은 법을 적용할 의사가 없는가"라고 질문했고, 이에 경찰청장은 "그렇지 않아도 민단의 동태를 예의 주시하고 있다"고 답했다. 이시하라 신타로 도쿄 도지사는 화해선언 직후 민단 중앙본부 건물과 부지에 대해 지금까지 세금 부과를 면제해 오던 조치를

---

html?no=49428).

53 『동아일보』(2006. 5. 17)(http://news.donga.com/3/all/20060517/8307822/1).

54 이에 대해 외교부 당국자는 "민단과 조총련 수뇌부 모임에 대해 사전지시하거나 관여한 바 없다"고 말했다. 『조선일보』(2006. 5. 19)(http://www.chosun.com/site/data/html_dir/2006/05/19/2006051970081.html).

55 그러나 확인 결과 1954년 도일한 하 단장이 도쿄법정대학 재학 시절 조총련계 조선학교에서 3년간 영어교사로 활동한 것이었다.

56 『시사저널』(2006. 6. 30)(http://www.sisapress.com/journal/article/118098).

취소하겠다고 흘렸다.[57] 요코하마시에서도 민단 지부가 소유한 건물과 부지에 대해 취해 왔던 고정자산세 감면 조처를 취소하고 당해부터 270만 엔의 세금을 부과하겠다고 통보해 왔다. 일본 전역의 민단 지부 건물은 그동안 마을회관과 같은 공익시설로 분류되어 세금 감면 혜택을 받았지만, 일본 정부가 민단의 화해정책 후 노골적으로 재정 압박을 가하기 시작한 것이다. 민단 중앙본부 최정태 상공인회장은 "일본 금융권은 교포 상공인들의 돈줄을 죄기 시작했고, 세무서와 공안에서는 교포업소들에 노골적으로 감시를 강화해 다들 죽을 맛"이라고 말했다. 결국 견디지 못한 교포 상공인들은 5·17 공동성명이 일본 정부의 심기를 건드려 자기들이 직접적인 피해를 입고 있다면서 하단장의 화해정책에 반기를 들고 나섰던 것이다. 일본 우익은 5·17 공동성명 후 민단 중앙본부 건물 앞에서 '민단은 일본에서 나가라'는 요란한 구호를 외쳤다.[58]

2) 민단 내 보수파 반발

민단 일각에서는 하병옥 단장과 서만술 의장의 만남이 반세기 이상 계속되어 온 재일동포사회의 대립을 해소한다는 명분을 내걸고 있으나 결국 현 집행부가 조총련에 전면 굴복하는 행위이며, 북한의 집요한 공작에 걸려든 것이라며 반발했다.[59] 보다 직접적인 반발 요인으로 한국민주통일연합(한통련)[60] 출신 인사를 집행부에 기용한 것을 들

57 도쿄 시내에 있는 민단 중앙본부는 땅은 민단 앞으로 되어 있고, 영사관이 입주해 있는 건물은 대사관 용지로 간주해 지난 50여 년간 세금을 면제받았다.

58 『시사저널』(2006. 6. 30)(http://www.sisapress.com/journal/article/118098).

59 『조선일보』(2006. 5. 16)(http://news.chosun.com/site/data/html_dir/2006/05/16/2006051670785.html?rsMobile=false).

60 한통련은 1989년 대법원에서 반국가단체로 규정된 단체로서 한민통의 후신이다.

고 있기도 하다.[61] 그러나 이러한 민단 내 수구 보수세력의 반발 이면에는 일본 정부를 포함한 일본 내 우익세력들의 총공세가 자리잡고 있다는 것이 일반적 의견이다.[62]

3) 리더십의 문제와 절차상 문제

절차상의 문제도 거론되었다. 하 단장이 개혁을 서둘러서 과거 유신 정권 시절 민단 내부 민주화운동을 벌이다 제명당한 세력들에 대한 대사면과 화해조처를 취하지 않은 채 서둘러 이들을 통해 조총련과의 6 · 15 공동행사를 추진했다는 것이다. 그 과정에서 조총련과의 협상은 민단 내 몇 사람을 제외하고는 지지세력에조차 비밀로 했다. 따라서 지방조직은 어떻게 대처해야 할지도 모른 상태에서 지지세력에서조차 불만이 터져 나온 것이다.[63]

4) 기타 현안들

하 단장이 총련과의 대화를 위해 2003년부터 실행해 온 탈북자 지원활동을 보류한 것이 특히 이 과정에서 문제가 되었다. 정치적 문제를

---

61 민단 홈페이지(https://www.mindan.org/kr/front/jijitaronDetail.php?sisaid=16, 검색일: 2017년 11월 18일).

62 『시사저널』(2006. 6. 30)(http://www.sisapress.com/journal/article/118098).

63 민단 중앙본부의 한 간부는 "하 단장의 변화와 개혁은 바람직한 방향이지만 반대파의 공세를 효과적으로 넘어설 대비책도 없이 너무 서두르는 바람에 사태를 그르쳤다"고 말했다. 기존 민단 조직의 보수적 특성을 고려해 6개월에서 1년 정도 개혁적 조직 정비 작업과 화해조치에 대한 설득 작업을 벌인 뒤 공식 절차를 거쳐 추진했더라면 현재와 같은 반대세력의 명분은 크게 약화되었을 것이다. 개혁파의 한 간부는 "하 단장이 5 · 17 공동성명을 발표한 당일에라도 확대간부회의나 지지자 모임을 열어 배경설명을 했더라면 내부에서 사태가 이렇게 꼬이지는 않았을 것이다"라고 말했다. 결국 하 단장 당선에 일등공신이었던 민단 상공인회와 부인회 등 최대 지지세력조차도 하 단장의 비밀스런 개혁 추진방식에 불만을 품으면서 선거에 진 보수파들이 그 틈을 비집고 급격히 사태를 확대했던 것이다. 『시사저널』(2006. 6. 30)(http://www.sisapress.com/journal/article/118098).

언급하면 대화 자체가 어렵다며 회담 전 탈북자를 지원하는 민단 조직의 활동도 당분간 중지시킨 것으로 확인되었다. 이것은 탈북자 지원센터를 해체했다는 과장된 오보로 퍼져 나가 성명 반대 세력을 엄청나게 확장시켰다. 이에 대해 하 단장은 탈북자 지원을 인도적인 사업으로서 보다 유효한 방책을 강구하여 지속시켜 나가려고 잠시 보류했을 뿐이라고 해명했다. 『아사히 신문』은 민단의 하병옥 단장이 2006년 5월 22일 도쿄 민단본부에서 기자회견을 열고 조총련과 화해하더라도 민단이 그동안 진행해 왔던 지방참정권 획득운동과 탈북자 지원센터 활동은 계속될 것이라고 밝혔다고 보도했다.[64] 하 단장은 또 "납치 문제는 인권의 문제라면서 조총련과 일본 사이에서 민단이 교량역할을 했으면 한다"고 말했다고 보도했다.[65] 그러나 어찌됐든 충분한 합의가 없었던 절차상의 문제와 맞물려 문제는 걷잡을 수 없이 되어 버렸다.

민단 나가노현 지방본부 단장은 독자적으로 탈북자 지원 및 납북자 문제 관련 활동을 계속하겠다고 밝혔다. 그는 일본에 100여 명의 탈북자가 있는데 못 본 체하는 것은 잘못이라고 말했다.[66] 간토지방협의회 소속 12개 현 지방본부 단장들은 2006년 5월 18일 긴급회동을 갖고 민단 중앙본부가 아무런 협의 없이 독단으로 조총련 요구를 받아들인 데 항의하고 앞으로 독자적으로 탈북자 지원활동을 계속해

---

64 하 단장은 5월 22일 도쿄 미나토구 한국중앙회관 3층 홀에서 기자회견을 갖고 탈북자 지원센터를 폐지한다는 것은 오보라고 말했으며, 6월 8일 간토지방협의회에서 보류의 뜻을 설명하고 납득시켰다. 민단 홈페이지(http://www.mindan.org/kr/front/newsDetail.php?category=0&newsid=5199, 검색일: 2017년 11월 18일).

65 『한겨레』(2006. 5. 22)(http://www.hani.co.kr/arti/international/japan/125566.html).

66 『동아일보』(2006. 5. 19)(http://news.donga.com/List/Series/3/all/20060519/8308741/1).

나가겠다고 밝혔다. 오사카, 나고야 지방본부도 같은 날 긴급모임을 갖고 중앙본부의 결정에 따를 수 없다고 결정했다.

일본 언론도 가세했다. 『마이니치 신문』은 2006년 5월 18일 자 사설에서 "민단이 조총련과 화해를 이유로 동포에 대한 인도적인 지원에 등을 돌려서는 안 된다"고 주장했다. 또한 "재일코리안은 다문화사회를 이끌어 갈 담당자라며 탈북자 등 약자들에 대한 지원이 없다면 화해는 그림의 떡이 될 것"이라고 지적했다.[67]

3. 경과

사태가 점점 더 악화되면서 결국 하병옥 단장이 사퇴하고, 민단은 새로운 체제로 들어가 총련과 다시금 대립관계에 놓이게 되었다.

2006년 6월 5일 하병옥 단장은 민단의 전체적 분위기에 굴복하여 총련의 서만술 의장에게 6 · 15 공동행사는 할 수 없다는 내용의 서신을 보냈고,[68] 6월 24일에는 사실상 5 · 17 공동성명이 백지화되었다고 발표했다. 그는 그동안 공식 절차를 거치지 않은 채 추진한 조총련과의 화해선언으로 내부 혼란을 끼친 데 대해 사과한다고 밝혔다. 개

---

67 『문화일보』(2006. 5. 18)(http://www.munhwa.com/news/view.html?no=20060518010302322750020).

68 '제의서: 6 · 15 공동행사 단념'. 공동성명 제2항목에 명시된 6 · 15 공동행사와 관련하여 시간적으로 여유가 없고 제반 사정으로 인해 행사에 참여하는 것을 단념할 수 밖에 없게 된 점을 너그러이 양해해 주시기 바랍니다. 또한 내외 왜곡보도로 인해 민단사업에 대한 오해가 커진 사실에 내해서도 올바르게 이해해 주시기를 바라는 바입니다. 지방참정권 획득운동, 탈북자 지원, 모국 방문단 사업, 납치 문제에 대한 지원활동 등은 중앙위원회, 집행위원회의 결정사항이며 계속적으로 추진할 사업이라는 점을 명확히 해 두고자 합니다.… 나아가 우리 재일동포는 일본에서 다문화공생사회를 목표로 민단은 귀 조직과 일본과의 가교 역할을 수행하고자 합니다. 민단 홈페이지(http://www.mindan.org/kr/front/newsDetail.php?category=0&newsid=5199, 검색일: 2017년 11월 18일).

혁민단의 구호를 내걸고 당선된 하병옥 단장 체제가 출범 4개월 만에 사실상 백기를 든 것이다.[69]

민간 차원에서는 공동선언이 백지화될 위기에서 양측이 다시 화합하도록 여러 노력이 활발하게 진행되었으나 허사가 되었다.[70] 2006년 7월 6일 하 단장은 180도로 방향을 바꾸어 총련을 비판하는 담화문을 발표하고 5·17 공동성명을 백지철회한다고 밝혔다.[71] 7월 21일 결국 민단 중앙집행위원회에서 하병옥 중앙본부단장이 9월 15일 자로 사임할 것을 발표하기에 이르렀다.[72]

4. 이후 대립관계의 심화

2006년 10월 18일 정진 새 민단 중앙본부단장은 총련 중앙본부의장에게 북한 핵실험에 대해 분노와 우려를 표한다며, 총련이 전 재일동포의 역사와 이름으로 북한의 핵보유와 개발저지운동에 함께 선두에서 줄 것을 바란다는 내용의 서신을 보냈으며, 총련은 이를 수취거부했다. 서신을 가지고 총련을 방문한 민단 대표단은 '핵개발 포기를 함께 호소하자'는 구호를 반복해서 외쳤다. 민단 중앙본부는 같은 날짜

69 『시사저널』(2006. 6. 30)(http://www.sisapress.com/journal/article/118098).

70 『한겨레21』(2006. 7)(http://h21.hani.co.kr/arti/PRINT/17327.html).

71 2006년 7월 6일 하병옥 단장은 총련 서만술 의장에게 서신을 보냈다. "지난 7월 5일 한일 양국을 비롯한 국제사회의 우려에도 불구하고 또 미사일 발사 중지를 강력히 요구하는 본 단 중앙위원회 명의의 결의문을 귀 본부에 전달했음에도 불구하고 북한은 장거리 미사일 '대포동 2호'의 발사를 강행했습니다.… 이와 같이 북한의 폭거에 의해 재일동포의 생명과 재산이 위협받고 있는 상황에서 본 단은 귀 조직과의 5·17 공동성명을 백지철회할 수밖에 없습니다." 민단 홈페이지(http://www.mindan.org/kr/front/newsDetail.php?category=0&newsid=5313, 검색일: 2017년 11월 18일).

72 그동안의 숨가쁜 경과는 민단 홈페이지(http://www.mindan.org/kr/frontnewsDetail.php?category=0&newsid=5837, 검색일: 2017년 11월 18일) 참조.

로 호소문을 우송하는 동시에 각 지방본부에 대해 총련 지방본부에 핵포기 호소를 실시하도록 지시했다.[73]

이후 민단은 계속 총련과 한통련을 비판하여 1990년대 이후 노력해 왔던 화해 방향이 180도 바뀌었다. 민단 내 개혁 지향은 민단의 오랜 보수적·냉전적 사고에 따라 이루어진 조총련과의 대결구도 고착화라는 벽을 넘지 못한 것이다.[74] 총련은 총련대로 시민 차원의 새로운 변화를 수용하지 못하고 있다. 이 때문에 적극적인 개혁의지를 가지고 총련에 들어간 젊은 사람들이 실망하고 나오는 사례가 적지 않다(강철수, 2008).

VI. 맺음말

현재의 민단-총련 관계는 암담하다. 민단의 홈페이지는 2006년 5월 이후 총련에 대한 비판으로 가득 차 있다. 한국에 보수정권이 등장한 이후의 민단은 완전히 보수정당의 대변인처럼 움직이고 있으며, 조선학교가 고교무상화 대상이 되는 것조차 반대하고 있다. 그러나 다른 한편 남북한계 재일동포의 시민 차원에서의 통합은 매우 자연스럽게 진전되고 있다. 이것은 지방 차원의 민단-총련 관계의 변화를 이끌고 있다. 이는 다시 세대가 바뀌면서 다시금 중앙 차원의 민단-총

73 민단 홈페이지(http://www.mindan.org/kr/front/newsDetail.php?category=0&newsid=5313, 검색일: 2017년 11월 18일).

74 일본 리쿄 대학에서 정치학을 가르치는 이종원 교수는 민단에 종래의 보수적 사고와 냉전적 체질이 강하게 남아 있다고 비판한다. 내부조직의 민주적 절차가 결여되어 있고, 폐쇄적 체질이 강하다. 거기에 일본 내 보수세력과의 인적·정책적 연계를 체질화하고 있는 점도 문제이다(이종원, 2005: 197-198).

련의 관계 변화를 이끌어 낼 수도 있을 것이다. 민단-총련 관계에 남북한 정부의 불편한 관계와 일본 정부 및 우익세력이 부정적 요인으로 작용하고 있지만, 단지 그것에만 좌우되는 것은 아님을 보았다. 오히려 남북한계 재일동포들의 통합이 더 직접적인 요인이 될 수있다. 따라서 지금은 오히려 남북한 정부 관계보다도 더욱 고질적인 대립적 관계를 보이고 있지만, 1990년대 이후 2006년 5월까지 착실하게 진전되어 온 이전의 화합추세로 돌아갈 가능성도 없지 않다. 그리고 그것은 남북한 관계 변화에 중요한 역할을 할 것으로 기대할 수 있다.

총련이 경영하지만 남북한계 재일동포들이 함께 다니고 있는 민족학교는 시민-정부 차원이 혼합되어 있는 중요하고도 예민한 지점으로 주목할 필요가 있다. 조선학교는 이미 한국적 동포에게 문을 열고 있다. 민단과 한국 정부가 이에 대처하는 방식이 남북한 정부 관계에 중요한 영향을 미칠 것이다.

남북한계 재일동포들의 통합과 민단-총련 관계의 변화는 남북한 관계와 통일에 영향을 미칠 것이며, 통일이 되었을 때 남북한 통합에 중요한 역할을 할 것이다. 남한 내 북한이탈주민 통합에도 중요한 시사점을 제공할 수 있다.

한국 시민사회와 정부는 재일동포에 대한 시야를 확대해야 한다. 북한을 고려하면서도, 북한계 재일동포를 포용할 가능성을 탐색할 필요가 있는 것이다. 예컨대 총련계 민족학교 지원, 남북한계 공동행사 지원, 북한계 동포 한국 방문·교류지원, 민단-총련 관계 개선지원 등을 고려해야 할 때다.

在日

제7장

재일동포 민족학교

同胞

I. 머리말

수많은 재일동포가 일본에 정착한 지 수 세대가 지나도록 한국어를 잊지 않고, '한국인' 또는 '조선인'으로서의 민족정체성을 지키며 살아가고 있다. 수 세대에 걸쳐 귀화하지 않고 민족정체성을 지키고 있는 소수민족집단은 전 세계적으로 거의 없다. 재일동포들의 이러한 상황은 민족학교의 존속과 중요하게 연결되어 있다. 해방 후 일본 정부의 억압에 대항한 치열한 투쟁의 결과로서 재일동포들의 집주지역에 설립되어 민족교육을 시작한 민족학교가, 갖가지 사회변화를 겪으면서도 현재까지 존재하고 있는 것이다. 이 민족학교의 존재 또한 전 세계적으로 유사한 예를 찾기 힘들다. 민족학교의 존재는 재일동포 존재의 특수성을 이루는 근간이라고도 할 수 있다.

민족학교는 남북분단의 상황을 반영하여 한국학교(민단 및 한국과 관련)와 조선학교(총련 경영)로 분리되어 있으며, 한일 관계, 북일 관계 및 남북 관계에 영향을 받으며 변화해 왔다. 민족학교 형성의 역사적 과정 속에서 일본학교 내에 한국어와 문화를 가르치는 민족학급이 탄생하여 변화해 왔다. 최근 국제학교 등 새로운 형태의 학교가 등장했고, 주말한글학교 등의 사회교육도 여러 가지 형태를 띠며 증가하고 있다. 이 여러 형태의 민족교육은 일본의 사회운동 및 정책 변화와 전 세계의 민족 및 인권교육의 경향에도 영향을 받으면서 변화를 거듭하고 있다.

전체적으로 재일동포의 일본학교 진학이 늘어나는 가운데, 한국학교와 그와 관련된 민족교육은 귀화로 인한 특별영주자의 감소와 뉴커머의 증가, 그리고 일본인들의 한국에 대한 관심 증가라는 다변화된 조건 속에서 보다 현실적인 대응을 모색 중이다. 일본학교 내에 민족학급이 다양화되고 사회교육도 활발해져서 동포뿐만 아니라 일본인까지도 이를 활용하고 있다. 일본 소학교, 중학교에서 국제수업 또는 인권교육의 일환으로 재일동포를 초청하여 한국 문화를 소개하는 수업을 진행하고 있다.

다른 한편, 해방 후 지금까지도 민족학교의 대부분을 점하고 있는 조선학교는 학교와 학생의 수가 줄어들고 있는 가운데, 이전까지 북한 지향이었던 교육내용이 일본 정주 지향의 재일동포 현실에 기초하여 실용적으로 변화하고 있으며, 한국적 동포를 경계 없이 받아들이고 있다. 물론 이전부터 조선학교는 민단동포도 한국적도 일본적도 '조선인'의 피가 흐르는 학생은 모두 받아들였고, 동포들의 생활세계에서 남북의 경계는 그렇게 뚜렷하지 않다고 하지만 최근 조선학교의 한국적 학생 비율은 '조선'이라는 학교의 이름이 무색할 정도에 이르고 있다. 조선대학교를 포함한 대부분의 조선학교에 한국 국적을 가진 학생의 비율이 반을 넘어 점점 더 증가하고 있다. 대부분이 재일동포 3, 4세인 교장과 교사들은 한국적 및 '더블'[1]뿐만 아니라 한국/조선 민족의 일부분이라도 속하는 일본 국적인들에 대해서도 개방적이다.[2] 많은 한국적 학생들이 북한에 대하여 배우며 수학여행을 다녀오고 조선적 학생들과 어울려 같은 커뮤니티에서 생활하면서 서로 국적의 벽을 느끼지 않는다.

민족학교에서 남북한 경계 완화라고도 볼 수 있는 이러한 양상은 그러나 아직도 강고한 남북분단과 민단-총련의 분단하에 이루어지고 있는 것이다. 현재 특별영주자의 10%에 불과한 조선적 동포의 숫자[3]

---

1 한국적/조선적과 일본적 부모 사이에 태어난 대부분이 일본 국적인 동포.

2 조선학교는 아직 조선인의 혈통이 섞이지 않은 일본인을 학생으로 받지 않고 있다.

3 그동안 재일동포의 숫자를 한국적·조선적으로 통합 통계를 내 왔던 일본 정부가 2015년 12월부터 한국적과 조선적을 분리하여 통계를 산출하기 시작했다. 2015년 12월 재류외국인(중장기 재류자 및 특별영주자) 통계에 따르면 한국적이 457,772명,

가 향후 더욱 적어진다면, 조선학교는 어떤 모습이 될까? 경영주체와 교사 및 학생의 다층적 관계가 형성되어 있는 이 새로운 형태의 '민족학교'는 재일동포사회에 어떠한 영향을 미칠 것인가. 민단-총련의 관계, 그리고 남북한 관계에는 어떠한 함의를 지니는 것일까? 이 질문들은 사실 재일동포 존재 전체와 연결되어 있고, 결국 탈식민과 남북한 분단 상황에까지 귀결된다. 필자는 이러한 질문들을 가지고, 이 장에서는 먼저 민족학교의 형성과 변화 과정을, 재일동포 내의 남북한계 집단 간의 갈등과 대립, 또는 융합의 틀에서 정리해 보고자 한다.

1. 재일동포 연구와 민족학교

재일동포 연구는 재일동포 학자들에 의해 주로 이루어졌고, 여기에 일본 학자들의 연구가 더해진 정도였다. 한국에서는 뒤늦게 일제강점기부터의 동포사회 형성과 해방 직후 사회운동에 관한 역사학적 연구가 축적되기 시작했고, 재일동포의 법적 지위와 권리투쟁에 관한 연구가 법학, 인류학, 사회학 분야에서 이어졌다.

민족학교는 재일동포 연구에서 중요한 부분으로 다루어져 왔다. 오자와 유사쿠가 해방 후부터 현재에 이르기까지의 민족학교에 관한 역사적 연구를 수행했으며, 박경식 등이 해방 후 재일조선인 운동사 연구의 중요한 부분으로 민족학교 투쟁을 다루었다. 재일동포 연구 자체가 크게 늘어난 1990년대 후반부터 민족학교 연구도 다시 살아

조선적이 33,939명이며, 그중 특별영주자 수는 한국적이 311,463명, 조선적이 33,281명이었다. 2017년 6월 말 이들 수는 조금씩 줄어들었는데, 한국적 452,953명, 조선적 31,674명이며, 특별영주자는 한국적 299,488명, 조선적 31,049명이 되었다. 일본 법무성의 「재류외국인통계」(http://www.moj.go.jp/housei/toukei/toukei_ichiran_touroku.html).

나기 시작했다.[4]

일본인, 한국인 연구자뿐 아니라 해외 연구자들도 전 세계적으로 너무도 독특한 성격을 지닌 재일동포 민족학교에 관하여 현지조사를 수행하는 경우가 늘어났는데, 그 연구결과는 크게 눈에 띄지 않았다. 1997년 영어로 출판된 소니아 량(Sonia Ryang)의 조선학교 연구는 연구자 자신이 재일조선인으로서 민족학교의 경험을 살려 수행한 입체적인 연구로 이후 민족학교 연구에 큰 자극제가 되었다(Ryang, 1997). 2000년대 들어서는 민족학교 연구가 크게 늘어났으며,[5] 다큐멘터리 등의 형식으로도 연구가 확대되었다. 연구가 활발했던 것은 특히 2000년대 남북 관계가 유화국면에 있을 때, 조선학교 연구가 자유롭게 이루어질 수 있던 조건 때문이었다. 2010년대 들어 다시 남북 관계가 경직되면서 민족학교는 연구보다도 일종의 사회운동의 형태로 우리 사회에 소개되고 있는 상황이다.[6]

이 장의 연구는 문헌 및 영상 자료조사, 심층면담 및 현지조사의 세 가지 방법에 기초했다. 첫째, 해방 후 1990년까지 민족학교의 역사적 전개 과정은 주로 문헌연구를 통해 고찰했다. 우선 민족학교에 관한 연구서로서 서울대학교 중앙도서관 기증자료실의 '오자와 유사쿠 문고(小沢有作文庫)'의 문헌들이 기초가 되었다. 또한 여러 민족학교

4 최근 연구로는 李殷直(2002); 李殷直(2003); 金德龍(2004); 宋基燦(2012b)을 참조할 수 있다.

5 대표적인 연구로는 朴三石(1997); 정병호(2003); 이문웅(2004); 宋基燦(2012b) 등이 있다.

6 예를 들면, '조선학교와 함께하는 사람들 몽당연필'과 민주사회를 위한 변호사모임(민변) 등 134개 단체로 구성된 '우리학교와 아이들을 지키는 시민모임'은 2016년 4월 22일 중학동 주한 일본대사관 앞에서 기자회견을 열어 북일 관계 등을 이유로 여러 외국인학교 중 조선학교만을 고교무상화에서 배제한 차별을 중지하라고 일본 정부에 요구했다. 〈연합뉴스〉(2016. 4. 22)(http://www.yonhapnews.co.kr/politics/2016/04/22/0511000000AKR20160422084200004.HTML).

가 발행한 일차 자료들과 홈페이지가 주된 문헌 연구 자료가 되었다.[7] 재일본조선인인권협회가 만든 『민족교육권리를 위한 사전』과 민단과 총련계 관련 신문인 『민단신문』, 『조선신보』도 중요하게 참조했다.[8] 한국과 일본의 시민단체들도 홈페이지를 통해서 민족학교에 관한 많은 정보를 제공하고 있다.[9] 한국과 일본에서 만든 영화와 다큐멘터리도 재일동포사회와 민족학교의 상황을 보여 주는 것이 적지 않다.[10]

둘째, 심층면담은 한국으로 '모국 수학'을 온 동포 학생들과 현지 조사에서 만난 동포, 활동가, 교사 및 교장, 민단 관계자와 영사관 관료들에 대해 여러 차례 수행했다. 모국 수학 학생들과는 수차례 깊이 있는 면담을 할 수 있었고, 연구 과정에서 친분이 쌓인 재일동포들과도 심도 있게 이야기를 나눌 수 있었다. 방문이 힘든 경우 전화로 짧게 면담한 경우도 있으며, 학교를 방문하여 학생들을 집단 면담하기도 했다. 2010년대 들어 총련계 사람들과 교류가 어렵게 된 정치적 상황에서 조선학교 학부형을 통한 간접 면담을 한 경우도 있다.

셋째, 민족학교 직접 방문조사도 몇 차례에 걸쳐 수행했다. 필자가 연구년을 이용하여 일본을 방문한 1989-1990년, 2003년, 2007년, 그리고 2016년에 집중 조사했으며, 중간에도 틈틈이 방문했다. 수업

---

7 각 조선학교의 홈페이지와 총련 관련 기관들(예컨대 女性同盟, 朝鮮新報, 淸商會 등)의 접속은 한국에서 대부분 가능하지만, 총련의 홈페이지는 차단되어 있다. 총련과 관련된 민족학교의 내용은 일본 현지조사에서 보완했다. '재일본조선인교직원동맹(在日本朝鮮人教職員同盟)'의 홈페이지도 접속이 가능했으나, 2007년 7월부터는 차단되었다.

8 재일본조선인인권협회(http://k-jinken.net)와 『조선신보』(http://chosonsinbo.com) 참조.

9 조선학교와 함께하는 사람들 몽당연필(http://www.mongdang.org), 조선학교를 지원하는 전국 네트워크(https://www.facebook.com/chosungakuen) 등 참조.

10 예컨대 김명준 감독의 〈우리학교〉, 박시유·박돈사 감독의 〈60만 번의 트라이〉, 이문옹 교수의 〈교토중고급학교 탐방〉 등 수많은 영상자료가 있다.

참관, 교장 및 교사 면담, 학교시설 견학, 행사 참가 등을 가능한 대로 많이 수행했다. 2016년에는 한국학교와 민족학급을 집중적으로 조사했으며, 조선학교는 참관이 힘들게 되어 학교들의 홈페이지를 참조하고 학부형과 일본인 교수들을 통한 간접조사를 수행했다.

2. 재일동포 민족교육의 시기 구분

재일동포 민족교육의 시기 구분은 민족교육을 조망하는 데 매우 중요한 틀을 제공한다. 오자와 유사쿠는 일본 정부의 정책, 재일동포의 대응, 그리고 일본인(교사 포함)의 태도라는 세 가지 지표를 가지고 시기 구분을 했다. 제1기는 1920년부터 1945년 8월 광복까지로 일본 정부가 민족교육을 철저히 억압하고 천황숭배 의식을 주입시킨 시기, 제2기는 광복부터 1970년까지 25년간 일본 정부가 민족교육을 탄압하고 재일동포가 민족교육을 지키기 위해 저항한 시기라고 보았으며, 제3기는 1970년부터 오늘에 이르는 시기로 일본 정부의 변함없는 동화교육 기조 속에서 일본인 교사 및 지방자치단체에서 민족교육을 인정하는 움직임과 함께 재일동포 내의 탈민족 경향도 진행되는 시기라고 분석했다(오자와, 1999: 22-24). 일제강점기에 이루어진 민족교육을 중요하게 평가한 점이 특기할 만하며, 일본 정부와 재일동포 및 일본 시민사회의 움직임 속에서 민족학교의 설립과 분화 과정을 조망하는 틀을 제공하지만, 일본 내의 변수만을 고려하고, 한국과 북한, 민단과 총련이라는 주요 변수가 빠진 것과 조선학교에 비해 소수지만 최근 들어 중요성이 커지고 있는 한국학교의 존재를 과소평가한 한계를 볼 수 있다. 또한 1990년대 이후 두드러지기 시작한 한국/조선학교 내의 변화를 포착하지 못하고 있다.

해방 후 민족학교의 '존재'는 일제강점기의 유산이면서 다른 한편 남북분단의 표상물이기도 하다. 일제강점기와 해방 직후의 민족학교 설립투쟁은 재일동포 전체가 하나가 되어 이룬 것이었는데, 1948년 이후 바로 한국/조선학교의 분립으로 이어졌다. 1955년 총련의 설립과 북한 정부의 원조에 힘입어 조선학교는 압도적 우세를 점하면서 소수의 한국학교와는 단절되었다. 1990년대-2000년대 초 잠시의 교류기간을 제외하고 지금까지 거의 전 시기에 한국/조선학교의 단절은 계속되었다. 그러나 재일동포의 일본 정부 지향이 확고해지면서 한국/조선학교 모두 학생 수가 감소되는 가운데 한국/조선학교 모두 실용화·다양화로의 개선을 가속화하는 한편, 통일을 대비한다는 목표를 같이 내세우고 있다. 또한 조선적에서 한국적으로의 대대적인 이동과 함께 조선학교의 한국적 학생 비율이 대폭 증가하고 있다. 이에, 이 장에서는 재일동포 민족학교의 형성과 변화 과정을 ① 민족 공동의 민족교육투쟁 시기(일제강점기-1948년) ② 민족학교의 분열과 민족학급 설립/조선학교의 압도적 우세(1948년-1980년대) ③ 민족교육의 실용화·다양화 및 통일 지향(1990년대 이후-)으로 나누어 고찰하고자 한다. 이러한 시기 구분에 따라 고찰한 민족학교의 상황 변화는 재일동포 내의 대립과 융합 및 향후 남북 관계에 대한 함의까지 이끌어 낼 수 있을 것이다.

II. 민족 전체의 교육투쟁: 일제강점기-1948년

1. 일제강점기 민족교육의 열망

1917년경부터 일본에 조선인의 입국이 크게 증가했고, 1923년경부터는 그 수가 무시할 수 없는 규모로 성장했다. 학령아동의 수도 증가했는데, 정확한 통계는 없으나 다나카 가츠미(田中勝文)의 추정에 의하면 1924년 4천 명이던 것이 1940년에는 202,000명이 되었다(田中勝文, 1967. 오자와, 1999: 95에서 재인용).

1930년 일본 문부성 보통학무국은 일본 거주 조선인에 대해 학령아동을 취학시킬 의무를 지시했으나(오자와, 1999: 96), 생활의 궁핍 때문에 아동들도 일한 경우가 많았다. 또한 당시 일본학교 내에서 재일조선인에 대한 차별이 심하여, 실제 재일조선인 아동의 취학률은 매우 낮았다. 1931년 18.5%, 1933년 39.8%로 당시 일본 아동 취학률 99%에 비해 본다면 절반 수준도 안 되었고, 그나마도 야간소학교에 다니는 경우가 많았다. 소학교 교육은 대체로 일본 아동들과 함께 같은 교실에서 배우도록 되어 있었지만, 간혹 조선인 아동만 분리하여 교육한 경우도 있었다. 그러나 분리교육에 대해 일본 사회에서 '조선인의 나쁜 습관을 고치지 못한다'는 비판이 등장했고, 전체적으로는 통합교육이 대세였다. 1937년 국민총동원 시기부터 일본 정부는 '협화(協和)교육'을 통해 황민화 정책을 강화해 나갔다. 이 과정에서 재일조선인 아동의 취학률은 크게 증가했다(김대성, 1996: 99-122).

2. 해방 후 민족학교 설립

해방 후 조선인들의 귀국이 일대 혼란을 빚으며 1946년 말에 일단락되었을 때, 일본에는 약 65만 명의 조선인이 남았다.[11] 그들은 귀국선을 기다리다가 여비를 다 써 버려 다시 일을 하게 된 사람, 귀국 시 갖고 갈 수 있는 재산이 제한되어(천 엔) 기다리게 된 사람, 그리고 북한

11 구체적인 내용은 제1장 참조.

으로 돌아가고 싶어 남은 사람들이었다(오자와, 1999: 185-186). 귀국의 길이 멀어지면서 일본 각지에 국어강습소의 형태로 민족교육이 시작되었으며, 그것이 본격적인 학교 건설로 이어지게 되었다.

일본 정부와 연합군 최고사령부(SCAP)는 재일조선인의 법적 지위에 대하여 명확한 방침을 내리지 못하고 혼란한 상태에 있었다.[12] 애매한 재일한인의 법적 지위는 교육의 측면에서도 그대로 나타났다. 1946년 11월 재일조선인은 일본의 법령에 따른다는 점령군의 지령을 받았고, 1947년 4월 일본 문부성은 조선 아동도 일본 교육에 참가시킬 의무가 있다고 발표했다. 그러나 다른 한편 학교교육국장통달 '잡학(雜學)' 123호를 통해 "조선인이 그 자녀를 교육시키기 위해 소학교 또는 상급학교, 혹은 각종학교를 신설할 경우, 부현(府懸)은 이를 허가해도 상관없다"고 명시했다(朴慶植, 1989: 184; 오자와, 1999: 216-217).

보다 체계적인 민족학교 건립은 1945년 10월에 전 조선인을 대표하는 조직으로 탄생한 재일본조선인연맹(조련)[13]을 중심으로 본격화되었다. 재일동포들은 서로 힘을 모아 도쿄, 오사카 등 전국 각지에 학교를 세우기 시작했다.[14] 정규 중학교와 고등학원, 정치학원 등도 세워졌다. 조련이 명시한 교육의 목표에는 민족적 정체성(민주주의적 애국자를 양성한다)과 재일의식(일본 경제의 기초 위에서 동포 생활 문제에 관한 인식을 확고히 한다)이 함께 들어 있었다. 교육을 위한 독자적인 교재 출판도 진행했다.[15]

12 법적 지위에 관해서는 정인섭(1996) 참조.

13 조련 결성에 대해서는 정진성(2005) 참조.

14 도쿄에는 1946년 3월 말, 초등학원 23교(학생 수 1,700여 명), 1946년 4월 오사카에는 아동학원 68교(학생 수 8,800여 명), 고베에는 45교(학생 수 3,700여 명)가 세워졌다.

15 조련은 1945년 11월경 『조선역사교재초안』(상 · 중 · 하 3권, 등사인쇄)을 출판하고, 1946년 2월 중앙기구 내에 초등교재편찬위원회를 결성하여, 국어, 역사, 산수, 이과

3. 민족학교 탄압과 교육투쟁

해방 직후 일본 정부의 민족학교 용인 방침은 1947년 말부터 탄압으로 급선회했다. 1947년 12월 각의 결정을 거쳐 1948년 1월 일본 문부성은 조선인의 자주교육을 인정하지 않겠다고 발표했다(학교교육국장 통달 '조선인 학교 설립의 취급에 대해서'). 이미 오사카에서는 SCAP가 조선인 학교를 관리하기 시작했고 교과서도 SCAP가 선정했다. 고베에서도 현(縣) 교육부장이 조선인 아동을 일본학교에 입학시키라는 통달을 내렸다. 야마구치(山口)현에서도 군정부(軍政部)가 조선인 학교 폐쇄명령을 내렸고, 효고(兵庫)현에서는 조선인 학교에 학생을 받지 말라고 명령했다(朴慶植, 1989: 185-208).

조련은 1947년 신학기부터 그때까지의 학교를 통합·재정리하면서 6·3제 학교로 발족하고, '교육규정'을 제정하며 민족교육에 박차를 가했던 참이었다(차영국, 2006: 14-16). 이 통달이 발표되자 조련은 곧 문부대신과 오사카, 고베 및 도쿄의 교육국에 항의서를 제출했다. 도쿄조선중학교 등 도 내의 각 학교는 학생대회를 열고 문부성과 도(都) 교육부장에게 보내는 결의문을 채택했다. 북한에서도 성명을 발표했고, 서울에서 학생단체가 일본의 민족교육에 대한 부당탄압에 항의 시위를 벌였다. 일본 전국 각지에서 반대운동이 일어났고, 특히 오사카와 고베에서 많은 사상자가 발생했는데, 이것이 재일동포 민족교육사에 한 획을 그은 '한신교육투쟁(阪神教育闘争)'이었다(김경해, 2006)(사진 7-1 참조). 박경식(朴慶植, 1989: 184-208)에 의하면 1948년 4월 민족교육탄압에서 검거된 총 인원은 3,076명, 그중 기소자는 207명에

등의 교과서와 참고서, 사전 등을 출판했다(朴慶植, 1989: 137-145).

〈사진 7–1〉 한신교육투쟁 당시 사진

자료: 조선학교와 함께하는 사람들 몽당연필(www.mongdang.org) 제공.

달했다.

1948년 5월에 재일동포 단체(조련)와 문부성은 각서를 교환하고 민족학교를 사립학교로서 인정하는 것으로 방침을 바꾸게 되었다.[16] 처절한 투쟁의 결과였던 이 타협을 바탕으로 당분간 민족학교는 1949년 10월 조련 해산과 함께 민족학교 폐쇄 명령이 다시 내려진 시기까지 안정된 수업을 진행할 수 있었다.

III. 민족학교의 분열과 민족학급 설립, 조선학교의 압도적 우세: 1948년-1980년대

한신교육투쟁을 비롯한 민족교육투쟁은 해방 후 고국에 돌아가지 못

16 문부성 당국과 조련은 1948년 5월 쌍방 교섭을 가지고, 문부대신과 조련 대표가 각서를 교환하게 되었다(朴慶植, 1989: 200-202).

하고 일본에 남은 우리 동포 전체의 투쟁이었다. 그러나 이미 조련이 좌경화되고 있었으므로 민단이 조련과 대립하여 새롭게 설립되었고, 이에 따라 민족학교는 조련계와 민단계로 분열되었다. 한국 정부가 민족학교에 관심을 기울이지 않는 동안, 1955년 설립된 재일본조선인총연합회(총련 또는 조총련)을 통해 북한 정부는 새롭게 조선학교를 설립하고 교육보조비와 장학금을 송금했다. 이렇게 부흥한 조선학교는 1970년대 본국으로의 귀국의지 약화에 따라 동포들의 일본학교 진학이 늘어나면서 쇠퇴하기 시작했다. 일본의 국적법 개정과 귀화요건의 간소화, 일본인과의 결혼 증대에 더하여 출생율 감소의 전반적 요인으로 인해 민족학교 입학생은 지속적으로 줄었다. 한편 한일 관계의 호전에도 불구하고 한국학교는 조선학교에 비해 약세를 면치 못했다. 1949년 10월 일본 정부의 민족학교 폐쇄령에 따라 재일동포 학생들이 일본학교에 입학하는 상황에서 동포들의 노력으로 일본학교 내에 민족학급을 설치하여 민족교육의 중요한 부역할을 담당케 했다.

1. 조련의 좌경화와 민단 설립, 민족학교의 분열

처음 조련은 정치적 색채를 띠지 않고 전국적 대중조직으로서 귀환절차 돕기, 생활상담 등 재일조선인의 생활을 돕는 활동을 주로 했으나, 일본공산당 간부들의 대거 참가와 더불어 점차 공산주의의 정치적 성격을 강하게 나타내게 되었다. 더욱이 과격한 무력 행동을 벌이기도 하자 우파 민족주의자들은 이탈하여 1945년 11월 조선건국촉진청년동맹(건청)을 발족했다. 다른 한편 조련과 건청의 대립을 목도하면서 무정부주의계 및 민족주의적 중립파들이 1946년 1월 신조선건설동맹(건동)을 결성했다. 건청과 건동을 비롯한 군소 32단체들은 반공 우익 진영의 결집체로서 1946년 10월 재일본조선거류민단(후에 재일본대한

민국민단으로 개칭)을 결성했다(정진성, 2009: 291-292). 이러한 민족단체의 분열은 곧 민족학교의 분열로 이어졌다.

민단의 모체인 건청과 건동은 조련과 별도로 다소 늦게 민족학교를 건립하기 시작했는데, 이미 민족학교를 선점한 조련을 넘어서지 못했다. 1948년 4월, 초등학교는 민단계 52개교(학생 수 6,297명)와 조련계 541개교(학생 수 56,210명)가 건립되어 있었다(오자와, 1999: 195; 차영국, 2006: 151).

한편, 1946년 4월 정치적으로 좌우에 관계하지 않고 기본적으로 불편부당의 입장에서 교육을 실시할 것을 주장한 '백두동지회' 사람들이 백두학원을 설립했다. 백두학원이 설립한 건국학교는[17] 민단계, 총련계의 모든 학교가 각종학교였던 1949년 5월 재단법인으로 유일하게 일본 문부성의 인가를 받아 제1조학교로 출발했다.

2. 일본학교 내 민족학급 설치

일본이 급격히 우경화 정책으로 선회하면서, 1949년 9월 일본 법무부는 '점령군에 대한 반항 반대 및 폭력주의적 범죄'를 일으켰다는 이유로 조련의 해산을 명령했으며, 이어 10월과 11월 2차에 걸쳐 일본 문부성은 조선학교와 한국학교를 포함한 민족학교의 폐쇄를 명령했다. 이때 폐교에 저항하여 남은 학교가 비합법 자주학교로서 1952년 전국에 44개 존속했다. 한편 문부성은 같은 해 11월 "일본인 학교에 수용하는 것이 불가능할 경우… 공립분교를 당분간 인정한다"는 통달을 발표해 도쿄, 가나가와, 효고 등지에 공립 조선인 학교(공립학교 14개,

17 건국공업학교·고등여학교를 개설하고, 1947년 4월 건국중학교로 통합·개칭하였다. 1948년 건국고등학교, 1949년 건국소학교를 개설했다.

공립분교 18개)가 설립되었다. 또한 위 통달에 따라 정규 수업시간 외에 조선인 학급을 설치하여 조선어 · 조선사를 가르치는 특별학급도 설치할 수 있게 되었다. 이것이 민족학급이다(오자와, 1999: 239-263).

민족학교 설립투쟁의 결과로서 일본학교 내에 민족학급을 설치하게 된 것은 민족교육에 있어 매우 중요한 의미를 지닌다. 앞서 언급한 1948년 5월 문부성과 조련 간에 교환된 각서에 따라 전국의 조선인 집주지역에 공립학교의 과외시간을 활용하여 조선인 학생들을 위한 특설학급(민족학급)이 설치되었다. 1952년 4월 오사카, 시가, 교토, 후쿠오카 등 전국 13개 부현에 77개의 특설학급이 있었다(청암대학교 재일코리안연구소, 2013: 327).

1955년 총련 설립으로 조선학교가 크게 확대되어 민족교육의 장이 마련됨에 따라 민족학급이 쇠퇴하기 시작했다. 일본학교에서의 조선 학생과 민족학급에 대한 극심한 차별[18]도 민족학급 쇠퇴의 또 다른 요인이 되었다. 한일조약 체결 후 문부성은 일본인과 같은 교육을 행하도록 한다는 취지에서 '민족학급'의 폐쇄를 지시했다.

이러한 상황에서 민족학급은 점차 줄어들어 1970년에 이르러 그 수가 1/3로 축소되었다. 1971년 오사카시 니시나리(西成)구 나가하시(長橋) 소학교의 한 재일동포 학생이 학생회장으로 입후보해서 재일동포학생들의 권리를 주장한 것이 계기가 되고, 1972년 7 · 4 공동성명에 자극을 받은 재일동포들이 조국통일의 기대감을 가지고 특별활동 형식의 민족학급을 추진하기 시작했다. 이것은 1949년 오사카부가 법

18 앞서 제5장에서도 언급한 바 있는, 필자가 2016년 11월 도쿄의 한 라이브 카페에서 만난 재일동포 가수 B(60대 초반)는 소학교 시절 일본학교에 다니면서 교사로부터 당한 엄청난 차별을 노래로 만들어 불렀다. "아주 극소수의 선생님들을 빼고 대부분의 선생님들이 조선 학생들을 엄청나게 때리고 미워했다. 한국 애들 모아놓고 너희들 중학교에 가지 마라 하기도 했다"고 말했다.

적으로 인정한 민족학급과는 다른 비공식적인 것이지만,[19] 새롭게 민족적 정체성에 눈을 뜬 3세 중심으로 확산되었다. 이 시기 민족학급이 재일동포 학생들의 정체성 형성에 중요한 역할을 했다는 기록이 적지 않다.[20]

3. 총련 설립과 북한으로부터의 교육 지원

1955년 민족학교가 정식 인가되는 법적 근거가 마련된 직후에 이루어진 1955년 5월 총련의 발족은 총련계 민족학교 설립의 새로운 전기를 이루었다. 총련은 총련중앙과 각 현 본부에 교육전담부서를 설치하였으며 같은 해 10월에는 교과서 편찬위원회를 조직했고, 각급학교의 과정안, 학생규칙, 문건양식들도 새로 제정·실시했다. 총련 중앙위원회 제2차 회의(1955년 9월)에서 조선대학교 건설사업의 추진을 결정하고 1956년 4월 조선대학교를 창설하는 등 고등교육까지의 조선학교 체계를 정비했다. 일본 각지에서 기부운동이 일어났고, 1957년 4월부터는 북한으로부터 교육원조비와 장학금이 보내져 신축교사와 제반시설이 확충되어 갔다. 이어서 북한의 지도하에 '각급학교 규정'을 제정하고 조직을 총동원하여 시설의 확충, 학생의 대량유치, 교원의 양성 등에 전력을 기울임으로써 학교를 조직운동의 거점으로 만들고 학생을 북한의 '재외공민'으로서 교육하는 것을 활발히 추진하기 시작했다.[21]

---

19 앞선 시기의 '각서 민족학급'과 구별하여 '72년형 민족학급'이라고 부른다.

20 예컨대 2016년 『세계(世界)』 잡지 3월호와 5월호에 상·하로 연재된 민족강사 박정혜에 대한 나카무라 일성(2016)의 취재기 참조.

21 총련은 자체 8대 강령 중 제4조에서 재일동포들의 민족교육에 대한 새로운 방침을 다음과 같이 명시하고 있다. "우리는 재일조선동포 자녀들에게 모국어와 글로써 민

조선학교가 민족학교의 주류를 점하기는 했지만 1950-1960년대의 전성기를 지나 1970년대부터는 재일동포의 귀국의지가 현저히 떨어지고 일본 정주가 확실해지면서 이탈이 시작되어 1990년대 들어서는 조선학교 학생 수가 격감하게 되었다. '재일'을 위한 교육을 확충하지 못하게 된 것이다.

4. 한국학교의 정비

민단계 학교도 해방 후 건립했던 학교들이 대부분 해체되고, 일본 정부에서 새롭게 각종학교 인가를 받는 경우가 생겨났다. 금강학교(1946년), 교토국제학교(1947년), 동경한국학교(1954년)가 그것이다. 이 학교들은 1960년대 초부터는 한국 정부의 인가를 얻어[22] 본국교육과 연계를 갖기 시작했다.[23]

한국 정부가 늦었지만 다각적인 노력을 기울여[24] 한국학교는 그

주민족교육을 실시하며 일반 성인들 속에 남아 있는 식민지 노예사상과 봉건적 유습을 타파하고 문맹을 퇴치하며 민족문화의 발전을 위하여 노력한다." 또한 총련결성대회 보고에서도 민족교육을 강화·발전시키기 위한 구체적인 교육방침을 제시하기도 하였다(김홍규, 1993: 171-172).

22 금강학교는 1961년, 동경한국학교는 1962년, 교토한국학교는 1961년(중학교), 1965년(고등학교).

23 금강학교 홈페이지(http://www.kongogakuen.ed.jp/); 동경한국학교 홈페이지(http://www.tokos.ed.jp/); 교토국제중고등학교 홈페이지(https://kyoto-kokusai.ed.jp/) 참조.

24 한국 정부는 1961년 제3공화국 이후 교육보조금의 재정지원을 약속했다. 도쿄에 장학관실을 설치해 장학관과 교사를 파견했고, 재일 한국학교에 파견교사를 배치, 민족교과를 담당하게 했다. 1962년 문교부는 재일한인 자녀들에게 모국 수학 제도를 마련했고, 일본학교에 재학 중인 2, 3세들 및 성인들에 대한 민족교육과, 국가 홍보 및 문화교류활동을 목적으로 일본 대도시에 교육문화센터를 개설했다. 또한 재일 한국학교의 육성과 학생에 대한 장학금지급 및 학술단체의 연구 활동을 위해 재일동포 교육후원회(현 한국교육재단의 전신)를 발족시켰다. 조선학교에 비해 열세에 있던 한국학교의 상황을 개선하기 위해 1965년부터 한국 정부는 정책적 관심을 기

수는 적었지만 총련계 학교에 비해 일본 사회에 좀 더 가깝게 적응하면서 발전했다. 금강중 · 고교는 1985년, 교토국제학교(교토한국학교에서 개칭)도 2003년에 일본에서 제1조학교로 인정을 받았다. 1954년에 창립한 동경한국학교만 여전히 각종학교에 머물러 독자적인 민족교육을 계속할 필요가 있다는 결론을 내렸다. 한편, 1948년 제1차 민족학교 폐쇄로 다른 모든 학교가 불인가되는 가운데, 일본 문부성의 심사에서 살아남아 1951년 3월 13일 제1조학교로 인가받은 중립계 백두학원 건국학교 소 · 중 · 고교는 1976년 재정난을 한국 정부의 재외국민교육진흥자금을 받아 해결하면서 민단계 민족학교로 노선을 전환했다.

한국 정부는 한국인 자녀의 일본 공립학교 입학권을 확보했고, 1966년부터는 본국 하계학교 제도를 만들어 재일동포 학생들을 한국에 초청하여 한국의 현실과 전통문화를 배우도록 하는 교육프로그램을 실시하였다. 또한 재일 한국학교 학생들의 모국 방문 수학여행도 정부예산으로 실시했다. 1980년에는 교육개혁심의회를 통해 '해외교포교육 발전방안'을 의결했고, 지역 및 언어권별로 다양한 재외동포 교육수요에 효과적으로 대응하기 위해 재외국민교육원 동포교육부 소속의 국제교육진흥원을 확대 개편했다(유병용, 2002: 59-62). 일본 정부는 1991년 한일 외상회의에서 교환포교 '각서'를 통해 재일한인 교육에 관한 포용성을 확대하고 교원채용에 국적조항을 철폐했다.[25]

울이기 시작하여 대사관 · 영사관에 장학관을 파견하고 본국에서 교사를 파견했다. 민단 중앙에서도 교육위원회를 두기로 결정하고 재일조선인교육헌장을 제정하기도 했다(오자와, 1999: 384).

25 이 밖에도 일본 정부에서 학교법인으로도 인가를 받은 민족학원이 10여 개 만들어졌다. 민족학원은 하루 2시간씩 주 2일 3개월 정도의 단기 프로그램으로, 한국의 언어, 문화, 풍속, 사회, 음악 등을 가르친다(김대성, 1995: 209-213).

이러한 호의적 조건 속에서도 민단계 민족학교 수는 1993년 소학교 3곳, 중학교 4곳, 고등학교 4곳에 불과했다. 재적학생은 전체 재일한인 아동의 0.8%에 불과했는데, 그중 반 이상이 한국에서 온 상사 직원이나 파견 공무원 또는 유학생의 자녀였다(김대성, 1996: 196-197).

5. 일본 정부/사회의 민족학교에 대한 탄압과 지원

재일동포 민족학교에 대한 일본 정부의 입장은 해방 직후부터 일관되게 억압 일변도였으나, 재일동포운동과 일본 사회운동의 영향으로 차츰 민족학교를 인정하는 방향으로 나아갔다. 1965년 12월에는 문부성에서 민족학교를 각종학교로도 인가해서는 안 된다고 하는 사무차관통달 '조선인만을 수용하는 교육시설의 취급에 대하여'를 발표했으며, 1966년에는 지방자치단체가 가지고 있던 학교설립인가권 · 시정 · 폐쇄명령권을 문부대신에게 집중한다는 내용의 외국인학교법안을 발표했다.[26] 이 법안은 재일동포와 일본 사회의 강한 반대에 부딪혔고, 일본 정부는 수차례 시도 끝에 이 법안을 포기했다.[27]

탄압의 한편에 지원도 적지 않았다. 1950년대부터 교사와 학생, 학부모회뿐 아니라, 일본교직원조합(일교조),[28] 일본공산당도 협력하여 민족학교 폐교반대운동을 전개했다. 마침내 1955년 3월 '도쿄도립

26 앞서 언급하였듯이, 이에 대해 박정희 정부와 민단도 반공실리론을 펴 찬성의견을 표명했다(진희관, 2005: 150-151).

27 이후 몇 차례 더 시도했던 것도 모두 폐안되었다. 그리고 문부성은 마침내 외국인학교 제도의 창설을 포기하고 말았다.

28 일본교직원조합(日本教職員組合, Japan Teachers Union, JTU)은 일본 최대 교원 및 기타 학교직원에 의한 노동조합 연합체로서, 학교에서 국기 게양 · 국가 제창의 문제제기와 역사교과서와 관련된 재판 등 민족학교와 연관된 쟁점에 대해서도 연대를 계속해 왔다.

조선학교(東京朝鮮中高級學校, 현 도쿄조선중고급학교의 전신)'와 '오사카 시립니시이마자토중학교(大阪市立西今里中學校)' 등의 조선학교가 각종학교로서 인가받게 되었다. 후에 이러한 노력이 진전되어 1965년 11곳, 1966년 32곳, 1967년 28곳, 1968년 8곳 등 1975년까지 모든 조선학교가 각종학교로 인가를 받게 되었다(朝鮮大學校民族教育研究所 編, 1991: 322). 비록 대학 입학자격이 없기 때문에 대학입학을 위해서는 검정고시를 봐야만 하는 각종학교이지만, 이 결정 후 민족교육은 계속 발전하였다.

조선대학교 인가 과정에서[29] 도쿄도가 문부성의 방침에 반하여 결정을 내린 것을 기점으로, 이후 학교 인가 문제를 둘러싸고 지방자치체가 차관통달을 지키지 않는 경우가 늘어 갔다. 또한 1970년대 후반부터는 각종학교에 대해서도 국가나 지방자치단체가 교육보조금을 지출할 수 있도록 되어 있는 사립학교진흥조성법에 근거하여 지방자치단체가 조선학교에 대해 교육보조금을 지급하기 시작했다. 한편 1969년 나가사키 조선(造船)대학을 필두로 민족학교 졸업생의 시험자격을 인정하는 대학이 늘어나서 마침내 2004년 국립대학인 도쿄대학도 민족학교 졸업생을 받게 되었다. 정확히 말하면, 문과성방침(文科省方針) '대학입학자격 탄력화에 관하여(大學入學資格の弾力化について)'를 통해 민족학교 출신자에게 수험자격을 줄지 판단할 권한을 각 대학에 준 것이다. 조선대학생에게 일본 대학원 문호를 개방하는 흐름도 또한 확대되고 있다. 교원채용에서 국적조항을 무시하고 재일동포를 교원으로 채용하는 도부현이 늘어나자 문부성은 1991년 이 국적조항을 철폐하게 되었다(오자와, 1999: 481-517).

---

29 1967-1968년 조선대학교 인가운동에 각계각층의 인사들과 국·공·사립대학 교수들까지 동참한 결과, 1968년 4월에 각종학교 인가를 획득하게 되었다.

이 밖에 1965년 일조협회(日朝協會), 일교조 등이 중심이 되어 만들어진 '일조민족교육문제협의회(日朝民族教育問題協議會, 일조교연)', 당시 대표적 일본 지식인들과 일교조, 일본모친대회, 일조협회 등이 구성한 '전국연락회' 등이 활동했다. 1971년 9월 발족한 '전국재일조선인교육연구협의회 오사카, 일본학교에 재적하는 조선인 아동·생도의 교육을 생각하는 모임(全國在日朝鮮人教育研究協議會大阪, 日本の學校に在籍する朝鮮人児童·生徒の教育を考える會)'은 1998년 한신교육투쟁 50주년 기념집회에서 '민족교육권리선언'을 발표했고, 같은 해 '민족교육네트워크'를 발족해 2000년부터는 일본식 이름 대신 조선 이름을 당당히 쓰자는 '본명을 부르고 쓰는 운동(본명캠페인 혹은 본명실천)'을 전개했다.

IV. 민족교육의 실용화·다양화 및 통일 지향: 1990년대 이후

이미 1970년대부터 나타난 민족학교 입학 감소 추세가 계속되고 있으나, 재일동포들의 다양한 요구에 부응하기 위한 노력이 한국학교, 조선학교 모두에서 이루어지고 있다. 이것은 1990년대 한국에서 민간정부가 출현한 후 잠시 이루어졌던 한국학교·조선학교의 교류가 2010년대 들어 다시 냉각되었음에도 불구하고, 여러 측면에서 상당한 유연성을 갖게 하는 근본적인 요인이 되고 있다. 즉 현상적 냉각과 달리 '구조적 융합'의 양상을 보이고 있다고 생각된다.

1. 한국학교의 새로운 시도

한국의 민주화와 경제발전, 그리고 한일 교류로 인하여 한국학교에 대한 새로운 수요가 창출되었으며, 한국 정부는 민족교육에 대하여 다각적으로 지원을 늘리고 있다. 한국 정부로부터 교육법 82조의 초·중·고등학교 인가를 받은 한국학교는 현재 4곳이다. 일본 학교교육법 제1조학교로서 오사카의 건국유소중고등학교(建國幼小中高等學校, 1946년 3월 설립), 금강유소중고등학교(金剛幼小中高等學校, 1946년 4월 5일 설립), 교토국제중고등학교(京都國際中高等學校, 1947년 5월 13일 설립)가 있으며, 제83조에 의해 각종학교로 분류되고 있는 동경한국학교(東京韓國學校, 1954년 4월 26일 설립)가 있다(사진 7-2, 7-3 참조). 이 밖에 성인 중심의 나고야한국학교(名古屋韓國學校), 민단사무소에서 행해지는 각종 강좌, 강좌제 민족대학 등이 있다.

한국 교육부에서는 재외동포교육의 기본계획을 수립해 현지 교육기관의 설치와 운영을 지원하고, 교사를 선발·파견하는 등 이들의 인사관리를 담당하고 있다. 교육부 산하에 있는 한국교육원이 한국학교와 한글학교를 지원하며, 국제교육진흥원은 재외동포 교육용 교재와 자료를 개발·보급하고, 재외 한국 및 한글학교 교원을 초청하여 연수를 실시하며, 인터넷을 이용해 재외동포를 위한 한국어교육시스템을 운영하고 있다(유병용, 2002: 45-46).

〈표 7-1〉에서 볼 수 있는 대로, 조선학교와는 반대로 한국학교의 학생 수는 소폭이지만 점차 증가하고 있다.[30] 학교 수와 교원 수는 늘어나지 않는 상태에서도 이러한 증가가 이루어지고 있는 것은 한국학

---

30 1999년 학생 수는 1,597명이다. 재일한인 자녀 총수의 약 0.9%로 극히 적은 수이지만(이정훈·윤인진, 1998: 287), 감소하는 추세는 아니다.

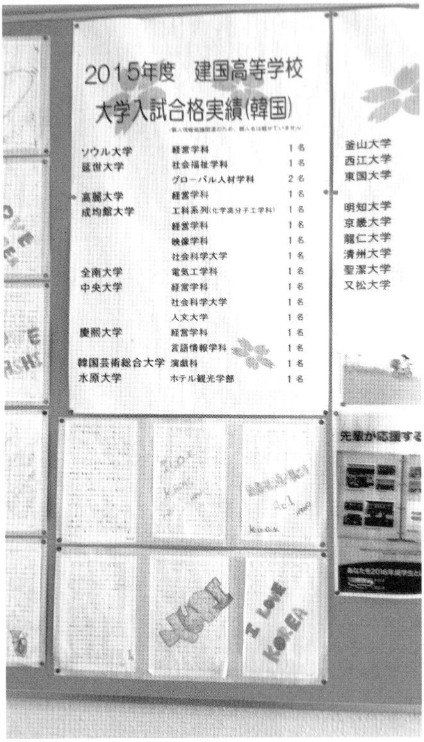

〈사진 7–2〉 건국고등학교 게시판(2016)

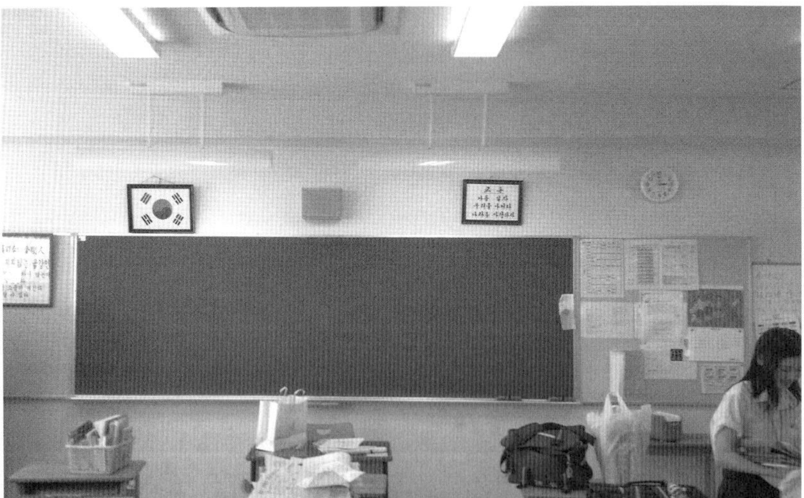

〈사진 7–3〉 금강중학교 교실(2016)

〈표 7-1〉 재일 한국학교 현황(2001/2009/2016)

학교명 \ 구분	학생 수(명수)		
	초등학교	중학교	고등학교
건국학교	159/167/146	116/122/99	124/120/161
금강학교	166/174/99	52/106/49	51/67/72
교토국제학교	–	54/51/37	65/104/126
동경한국학교	377/589/716	209/251/336	222/254/295

자료: 교육부(2001: 891); 교육과학기술부 · 한국교육개발원(2009–2010); 각 학교 팸플릿.

교의 수요가 크다는 것을 말해 준다. 특히 한국으로부터 온 주재원 자녀들의 수요가 큰 동경한국학교[31]는 오사카와 교토의 다른 한국학교와는 달리 제1조학교가 아니라 각종학교로 남아 일본어 시간을 제외한 모든 수업이 한국어로 진행되는 등 보다 자유롭게 민족교육을 유지하고 있다. 이 학교의 교장은 2016년 11월 "통일 직전의 재외학교로서 남북 대립의 보이지 않는 국경이 있는 현재, 상징적 의미를 지닌다"고 말했다.[32] 동경한국학교는 최근 학생 수의 폭발로 제2학교 설립을 시도하고 있다.[33]

2014년 개교한 청구학원 츠쿠바는 대학입시를 위한 일본 최고의 중 · 고등학교로 만들겠다는 한 재일동포 사업가의 집념으로 세워졌다. 정원 600명으로, 기숙사를 포함하여 매우 큰 교사를 마련해 놓았다.[34] 학교 이사장은 이 학교를 일본뿐 아니라 전 세계 동포들의 본거

31 2016년 4월 현재 초 · 중 · 고등부 전체 학생의 64.9%가 일시 거주자이며 특별영주자는 7.1%에 불과하다. 동경한국학교 홈페이지(http://www.tokos.ed.jp/icons/app/cms/?html=/home/int1_4.html&shell=/index.shell:54).

32 2016년 11월 필자 면담.

33 자세한 내용은 학교법인 동경한국학원이 2015년 6월 26일에 발간한 「동경한국학교 연구프로젝트위원회 검토보고서」 참조.

34 자세한 내용은 청구학원 츠쿠바 홈페이지(http:\\www.cheonggu.kr) 참조.

지로 만들 것이며 통일이 되면 더욱 중요한 역할을 할 것이라는 포부를 가지고 있다.[35]

그러나 지금까지 한국학교는 대체로 한국인 교원이 일본학교와 같이 일본학교 교과서를 가지고 일본어로 교수하고, 한국어와 한국사 등 민족교과는 학년에 따라 주당 몇 시간씩 지도되는 과외활동('특설교과' 형식)으로만 인정되므로, 일본어 능력도 한국어 능력도 완벽하게 기를 수 없는 어중간한 상황이다. 따라서 재일한인들은 자녀를 아예 일본 국민의 의무교육과정이 적용되는 일본학교에 보내거나, 아니면 한국어를 완벽하게 배울 수 있는 총련계 조선학교에 보내는 경향이 있다(유병용, 2002: 79). 한국학교 자체에도 재일동포보다 일시 체류자 자녀가 늘어나고 있다. 일본의 제1조학교라는 지위의 여러 유리한 점에도 불구하고 독도 문제, 일본군 위안부 문제 등 한일 관계의 갈등 지점에서 애매한 입장을 취할 수밖에 없는 한계를 매우 심각하게 받아들이는 동포들도 적지 않다.

이 밖에 1990년대 이후 한국에 민주화가 진행됨에 따라 한국으로의 모국 수학이 늘어나고 있다. 모국 수학도 민족교육의 중요한 한 부분으로 고려해야 할 시점이다.[36]

2. 민족학급의 새로운 변신

앞서 언급한 대로 1972년 새롭게 활기를 띠기 시작한 민족학급은 전국의 일본 소학교, 중학교에 확산되어 오사카(市, 府)의 경우, 2015년 소학교 115교, 중학교 70교에서 민족교육이 공식(민족학급) 또는 과외

35 2016년 11월 필자 면담.

36 모국 수학에 관해서는 윤다인(2014) 참조.

활동(민족클럽)으로 이루어지고 있다. 규슈 지역은 1950년에 설립된 민족학급이 3개 소학교(아다치 소학교, 도바타 중앙소학교, 와카마쓰 중앙소학교) 49개 학급으로 아직도 남아 있다. 1990년대에 들어 한국 정부가 민족학급[37]에 대한 지원을 시작했다. 이 민족학급들은 한국어, 한국 역사에 국한하지 않고 인권교육, 다문화 및 국제 이해 교육으로 범위를 보다 넓히고 있다.

이 밖에 2002년부터 실행된 유토리 교육의 맥락에서 이루어진 '종합적 학습(總合的學習)'의 하나로 한국 학급, 국제 이해 교육을 위한 학급이 일본의 여러 지역에서 시행되고 여기에 과거의 민족학급과 유사한 수업이 부정기적으로 진행되기도 한다.[38]

3. 새로운 중립계 학교의 시도

한국학교는 해방 후부터 고착되어 온 양적 열세와 운영의 틀이라는 한계를 벗기 힘들며, 다른 한편 조선학교는 총련이라는 운영주체가 갖는 한계를 벗어나기 힘든 실정에서[39] 재일동포를 세계시민으로 교육시킨다는 목표를 내건 새로운 개념의 한국학교가 시도되었다. 2008년 오사카에 설립된 코리아국제중고등학교(コリア國際學園, Korea International School)가 그것이다.[40] 이 학교는 3개 국어(한국어, 일본어,

---

37 민족클럽, 국제학급 등 다양한 이름으로 불린다.

38 기타큐슈 지역에 거주하는 재일동포 2세인 73세 배동록씨는 근처의 일본 소학교에서 두 시간 정도의 한국 역사 및 문화 수업을 천 회 넘게 진행하고 있다(2016년 9월 필자의 수업 참관).

39 2003년 재일동포 시민활동가 정갑수 면담.

40 재일동포로서 처음 변호사가 된 김경득, 역시 재일동포로서 처음 도쿄대학 교수가 된 강상중, 1985년부터 총련계와 민단계를 아우르는 '원코리아 페스티벌(One Korea Festival)'을 주도했던 활동가 정갑수, 조선대학교 공학부 출신 사업가 문홍선, 총련계 재일조선인인권협회에서 활동했던 변호사 홍경의, 임범부, 양영철 등이

영어)로 교육하고 해외연수와 다양한 경험을 강조하여 학생들을 세계와 동아시아를 넘나드는 '경계인(越境人)'으로 육성하며,[41] "남북한의 통일과 세계와 동아시아의 지속 가능한 발전에 이바지할 것"이라는 목표를 내세웠다.[42] 이 학교는 기본적으로 총련·민단계를 포괄한 재일동포를 위한 학교이지만, 일본 학생에게도 문을 열고 있다. 초등학교와 중학교 과정을 조선학교에서 마친 후 이 학교 고등부에 1기생으로 진학한 조○○ 양은[43] 당시 자신과 함께 15명이 진학했는데, 학생들의 국적은 조선적, 한국적, 일본적이 모두 포함되어 있으며 한국에서 온 학생도 있었다. 이후 후배들도 마찬가지였다고 한다. 선생님들의 국적도 재일동포, 한국인, 일본인, 영국인 등 다양하다. 이 1기생 중 12명이 졸업했는데, 서울대학교, 연세대학교, 와세다대학, 런던 예술대학 등 한국과 일본, 세계의 유수한 대학에 진학했다.[44] 조 양에 따르면, 이렇게 훌륭한 대학 진학률 때문에 학비와 기숙사비를 포함한 교육비가 다소 비싼 데도 불구하고 입학생이 늘어나고 있다고 한다.

그러나 이 학교도 최근 여러 문제에 봉착해 있다. 민단과 총련 양쪽에서 모두 비난을 받으며, 이사진 내부 화합도 어렵다고 한다. 재정 문제로 인하여 2012년 한국 정부에 지원을 요청하여 중립이라는 입지를 포기하기에 이르렀다. 수업시간에 식민지배를 정당화하는 내용도

주축이 되고 수많은 재일동포들이 기부금을 냈다.

41 "재일 코리안을 비롯해 다양한 문화적 배경을 가진 학생들이 자기의 아이덴티티에 대해 자유롭게 생각하고 배우는 국제학교… 확실한 학력과 풍부한 개성을 가진 창조력 넘치는 인재로 국가와 경계를 넘나들며 활약하는 인간형, 즉 '세계인' 육성을 목표"로 한다는 이 학교의 교육이념이 이를 명확히 보여 준다.

42 보다 자세한 내용은 코리아국제중고등학교 홈페이지(http://www.kis-korea.org) 참조.

43 졸업 후 서울대학교 사회계열에 입학하여 필자의 강의를 수강했다. 필자는 조 양과의 면담을 통해 이 학교에 대하여 밀도 있는 지식을 갖게 되었다.

44 코리아국제중고등학교 홈페이지(http://www.kis-korea.org/kr/shinro/index.html).

다루고 있지만 규제할 방도가 없다는 보고도 있다(이범준, 2015: 283-286).

4. 조선학교의 변화

1) 학생 수 감소와 재정적 어려움

조선학교가 직면한 많은 어려움 중 첫 번째가 학생 수의 계속적인 감소 추세이다. 그것은 전반적인 출생률 감소, 일본 국적 취득,[45] 한국적으로의 이동 추세에 따른 조선학교 입학의 간접적 감소[46]가 꾸준히 진행된 결과이다. 점차 개선이 되어 왔지만 민족학교 졸업생들의 학력불인정이 수십 년째 지속되는 상황에서 일본학교 진학 경향이 계속 증대되어 왔던 것도 민족학교 학생 수 감소의 또 다른 요인이다. 학생 수가 격감하면서 조선학교들 간의 통폐합이 곳곳에서 일어나 학생들의 통학거리가 크게 늘어났다. 필자가 2003년 방문한 오사카의 한 조선초급학교는 1945년에 설립되어 1968년에 각종학교로 인정받아 운영되어 오다가 1991년 주변 4개의 학교가 통폐합된 것이라고 했다.[47] 두세 시간 거리를 학교버스로 통학하면서 통학시간을 학습의 연장으

45 일본 법무성 민사국의 각 연도 통계에 따르면 2003년 11,778명을 정점으로 귀화자 수가 점차 안정되고 있다(2009년 7,637명; 2011년 5,656명). 또한 일본의 국적법 개정(1985년)으로 출생과 동시에 일본 국적을 부여받는 새로운 세대인 재일동포 집단이 증가하고 있다.

46 앞서 언급하였듯이 2015년 12월 특별영주자는 한국적 311,463명, 조선적 33,281명이다.

47 이쿠노 초급학교, 히가시오사카 중급학교, 오사카 고급학교가 같은 곳에 있다. 이 이쿠노 조선초급학교(生野朝鮮初級學校)는 1991년에 히가시오사카 조선제1초급학교(東大阪朝鮮第一初級學校), 히가시오사카 조선제3초급학교(東大阪朝鮮第三初級學校), 히가시오사카 조선제5초급학교(東大阪朝鮮第伍初級學校)를 병합해서 개설했다.

〈사진 7-4〉 히로시마 오카야마 조선학교의 초급부 수업 풍경(2014)

자료: 조선학교와 함께하는 사람들 몽당연필(www.mongdang.org) 제공.

로 활용하는 경우도 있으며 초등학교부터 기숙사에서 생활하는 경우도 종종 있다. 민족학교에서 가르치고 배우는 데는 교사, 학생, 부모 모두 큰 희생이 따르는데, 이것은 하나의 민족운동으로 인식되기도 한다.[48] 조선학교 수가 매년 감소하고 있지만, 현재 남아 있는 학교에도 학생 수가 걷잡을 수 없이 줄어들고 있다(사진 7-4, 7-5 참조).[49] 2016년 현재 조선고등학교[50]는 일본 전체에 10개교가 남아 있다.

한편 조선학교는 북한의 지원금이 감소되어[51] 지자체 보조금, 학부형이 내는 교육비, 그리고 교육회의 지원으로 운영되고 있다. 학교

48 이 내용에 대해서는 이문웅(2004: 184-187) 참조.

49 2016년 9월 현재 야마구치현의 시모노세키 조선학교는 이미 이전에 주변의 4개 학교가 통폐합되어 남은 학교인데 고등학교는 없어지고, 유치원, 초·중등학교 전체 학생 수가 38명이다.

50 조선학교에서는 고급학교라고 부른다.

51 처음보다는 액수가 적어졌지만 김정은 정권이 된 지금까지도 계속 지원금을 보내고 있다.

〈사진 7-5〉 아이치 제7조선학교의 초급부 수업 풍경(2015)
자료: 조선학교와 함께하는 사람들 몽당연필(www.mongdang.org) 제공).

의 관리운영 및 재정과 관련해서는 '조선인교육회'라는 조선학교만의 독특한 체계를 가지고 있다. 이는 한국의 육성회나 일본학교의 학부모회(PTA)와도 다른데, 학교의 총무부 정도에 해당하는 조직으로 학교 재정 전반을 담당하게 된다. 하나의 도도부현 내에 몇 개의 학교가 있는 경우에는 각 학교의 교육회를 관할하는 도도부현 교육회가 조직되며, 이 도도부현 교육회의 상부조직으로서 '재일본조선인중앙교육회'(1955년 결성)가 존재한다. 각급학교 교육회는 학교운영의 자립적 토대를 굳게 하기 위해[52] 학부형들이 매월 내는 수업료 외에 나머지 5할 이상의 학교 재정을 마련해 학교운영 전반을 책임지게 되는데, 대부분 해당 조선학교 졸업생들과 상공인들을 중심으로 후원회를

52 "자력갱생의 정신을 발휘하여 학교관리운영에 필요한 제 조건을 해당 학교단위마다에서 해결한다는 것이다"라고 교육회 운영방식의 의의를 밝히고 있다(김덕룡·박삼석, 1987: 78).

구성한다. 교육회 말고도 아버지회·어머니회가 학교 관계자들과 정기적인 간담회를 가지면서 학교운영 전반에 대한 의견을 제안하기도 한다. 또한 재일본조선청년상공회(在日本朝鮮青年商工會, Korean Youth Commerce Community, 청상회)로부터 학교시설의 보수와 운영 등에 관한 전반적인 도움을 받고 있다고 한다. 청상회는 1995년 9월에 결성된 총련의 가맹조직으로, 30대를 중심으로 한 젊은 재일한인의 상업 네트워크다.[53] 2010년 시작된 고교무상화에서 조선학교만 제외되었고, 1970년대 후반부터 나오기 시작한 지자체 보조금도 최근 끊겨 많은 조선학교가 운영에 어려움을 겪고 있다.

2) 일본 정부와 사회의 억압

북일 관계의 악화에 따라 일본 정부가 조선학교에 대해 재정적 압박을 가하는 것이 조선학교 위기의 또 다른 중요한 이유이다. 최근 '에다가와 학교 재판'으로 한국 사회에도 알려진 도쿄도(東京都) 고토구(江東区) 에다가와 1정목에 위치한 도쿄 제2초급학교(東京第2初級學校)의 사례는 이러한 상황을 잘 보여 준다. 도쿄도는 2003년 12월 재일한인 자녀들 60여 명이 다니고 있는 연건평 200평 규모의 낡고 조그만, 그리고 60여 년의 역사를 지닌 제2학교가 도유지(都有地) 약 4천 제곱미터를 불법점유하고 있다고 하여, 건물 일부 반환과 토지사용료 4억 엔을 지불할 것을 골자로 도쿄 지방법원에 소송을 제기했다.[54] 그로부터 3년 3개월 간 제18회 구두변론이라는 기나긴 토지재판에 휘

53 청상회 홈페이지(http://www.kyc.gr.jp/).

54 제2학교는 1971년 당시 미노베 도쿄도지사에게 재일한인이 에다가와에 거주하게 된 역사적 경위를 설명했다. 특히, 학교 재정의 어려움 중에서도 재일한인 민족교육에 대한 국고보조금이 없음을 들어, 학교 토지만이라도 무기한 무상임대해 줄 것을 요청했고 도쿄도는 1972년 4월 이를 수락한 바 있다.

말렸다가, 2007년 3월 8일 화해하게 되었다. 이와 유사한 분쟁에 휘말리면서 재정에 어려움을 겪는 조선학교들이 늘어나고 있는 추세이다.

2010년 고교무상화 법안이 일본 각의에서 결정되었으나, 조선학교만이 지원대상에서 제외되었다. 도쿄도, 오사카부 등에서 지자체 차원의 지원금도 끊었다. 무상화 배제 통지를 받은 조선고교 10개교 중 오사카, 아이치(나고야), 히로시마, 후쿠오카, 도쿄의 조선학원과 학생들이 무상화 제외 취소소송과 국가배상소송을 제기했다. 일본 도쿄 지방재판소는 도쿄 조선고등학교 고급부 졸업생들이 제기한 소송을 기각했지만, 오사카 지방재판소는 원고 측의 손을 들어 주는 등 판결이 엇갈리고 있다.[55]

3) 개혁의 시도와 변화

조선학교의 교육체계는 일본의 교육체계와 같이 '6·3·3·4제'의 체계를 갖추고 있으며, 취학 전 3년의 보육이 있다. '조선학교'의 각급학교의 학기구분, 연간 등교일수(240일), 연간 수업주수와 수업일수(35주, 210일) 및 주당 수업시간은 일본학교와 기본적으로 같다. 중·고급부는 대개 한 학교에서 함께 운영되고 있는데, 중급학교는 모국어를 기본으로 한 민족교육과 수학을 비롯한 기초 자연과학교육 그리고 외국어교육을 중심으로 추진되고 있다. 고등교육으로는 도쿄에 위치한 '조선대학교'가 종합대학적인 체계와 내용을 갖추고 있다.[56] 과거 대부분의 조선학교 학생들은 이 교육체계 속에서 중등교육까지 이수하

---

55 『경향신문』(2017. 9. 13)(http://news.khan.co.kr/kh_news/khan_art_view.html?artid=201709131601001&code=970203).

56 그밖에 일본학교에 재학하고 있는 동포 자녀들과 일반 성인들을 망라하는 교육시설들의 전체인 비정규교육체계로 오후야간학교, 하기학교 등이 존재한다. 조선대학교 학부 등의 기구에 대해서는 朴三石(1997: 210) 참조.

고 난 뒤 재일한인 네트워크와 관련된 분야에 취업하거나 조선대학교에 진학하는 것이 대부분이었다. 그러나 시대의 흐름에 따라 재일한인 내부에서도 많은 변화들이 생겨나기 시작했고, 취업에서도 민족 커뮤니티를 넘어 일본 사회로 진출하는 경우가 늘어나기 시작했다. 이에 따라 일본의 대학·대학원 입학을 시도하게 되면서 학력인정이라는 쟁점이 대두하게 되었다.

이러한 사회적 분위기 속에서 학력인정을 위한 투쟁과 함께, 조선학교 커리큘럼 자체에도 변화가 일어나기 시작했다. 교과서 개편은 1955-1957년, 1963-1964년, 1974-1977년, 1983-1985년, 1993-1995년, 2003-2006년에 걸쳐 이루어졌는데(강성은, 2003: 80-86), 1990년대 이후 개편은 총련이 변화하는 사회에 맞는 민족교육의 발전을 위해 스스로 조선학교의 교육내용과 태도를 변화시키기 시작한 것이다.[57] 1993년 개편에서는 그동안 고집해 왔던 북한식 커리큘럼을 일본 문부성에서 요구하는 체계로 맞추어 가기 시작했다(Ryang, 1997; 이문웅, 2004).

남북한 관계의 개선은 이러한 개선을 더욱 촉진하는 조건이 되었다. 특히 2000년 6·15 남북공동선언은 총련의 교육방침에 큰 영향을 미쳤다.[58] 2003년 개편에서 사회교과서는 초·중·고급부의 전 과정에서 '한국'과 '통일 문제'에 대해 다루었는데, 6·15 남북공동선언에

57 1999년 9월 총련 중앙위원회 제18기 제3차회의 확대회의를 열고, "새 세기를 향하여 사업방법을 근본적으로 전환하여 총련을 모든 재일동포들에게 참답게 복무하는 동포대중단체로 더욱 발전시키는 것에 대하여"라는 활동방침과 민족교육에 대한 발전대책을 모색했다.

58 예컨대, 2000년 6·15 남북공동선언 이후 중급부 3학년『조선력사』는 1920-1945년 광복까지의 내용 중 독립운동 기술에서 항일빨치산투쟁 외에 기술되지 않았던 국외의 독립운동과 대한민국임시정부, 문학, 예술, 학문, 과학기술 등에 대한 기술을 늘렸다.

큰 의미를 부여하여 통일을 둘러싼 새로운 정세를 염두에 두고, 한국에 관하여 통일의 파트너로서 자세히 서술했다. 현재 모든 조선학교는 북한의 교과서가 아니라 2003학년도부터 개편된 새로운 커리큘럼에 따라 자체적으로 제작한 교과서를 쓰고 있다(김희정, 2008: 67-71).

조선대학교를 제외한 각급 조선학교 대부분의 일반 교실에서 2001년부터 김일성·김정일 부자 사진을 떼어 냈다. 필자가 2003년 방문한 오사카 이쿠노구의 한 초중급 조선학교 교장은 1945년 이 학교가 설립된 후 계속 붙어 있던 김일성·김정일 사진을 교장실에만 계속 붙여 놓고 2년 전에 모든 교실에서 떼어 냈다고 한다. 일본에서 이 학교에서 사상교육을 한다고 비판하는 가운데 조선학교가 김일성 체제를 주입하는 기관이라고 하는 외부의 시선과 북한체제의 불안정이 낳는 여러 가지 여파들에서 거리를 두기 위함이었다.

조선학교는 중급학교 이상의 여학생에게 치마저고리를 입도록 해 왔는데, 북일 관계가 악화될 때마다 이 여학생들이 폭행의 대상이 되었다. 2003년 필자가 방문한 이쿠노구의 초중급학교에서도 여학생 중 52%가 봉변을 당한 경험이 있다고 한다.[59] 이러한 폭력 때문에 현재 조선학교에서는 입학식, 졸업식 등의 특별 행사 시 외에는 치마저고리를 입지 않으며, 학교버스에 학교 이름도 쓰지 않고 있다.

이러한 변화에도 불구하고 교육내용과 경영에 있어서 보다 근본적인 개혁이 이루어져야 한다는 요구가 내부에서 제기되었으나 좌절되었다. 1998년 재일동포 260명이 참가한 민족교육포럼에서 조선학교 개혁안('요청서')을 총련중앙에 제출했으나 묵살된 바 있으며(윤건차, 2016: 832-833), 1990년대부터 2000년대 초에 걸쳐 총련과 조선학

59 왜 남학생이 아니라 여학생에게만 민족의복을 입히는가에 대한 젠더 관점의 논의가 진행되고 있기도 하다.

교의 개혁을 위한 노력이 좌절된 것에 대한 기록과 연구가 나와 있다.[60] 총련 내부의 이러한 노력들이 한국에서 민주화가 진전되고 남북 교류에 따른 조선학교와 한국의 교류도 개방되었던 시기라는 점에서 여러 함의를 읽을 수 있다.

4) 조선학교 내 한국 국적 학생의 증가, 학교의 자율성 증대

이러한 여러 변화의 결과이기도 한 중요한 현상이 조선학교에서 진행되고 있다. 한국 국적 학생 수가 점점 증가하고 있는 것이다. 이는 이미 오래전 조선적으로부터 한국적으로의 이동이 시작한 시기부터 꾸준히 진전되어 온 현상으로서, 2010년대 들어 한일 관계와 북일 관계가 악화되면서 급격히 가속화되었다. 조선학교는 한국적 학생에 관한 통계를 공식적으로 발표하고 있지 않기 때문에 정확한 수를 파악하기는 쉽지 않지만, 다음의 몇 사례에서 그 정도를 추측할 수 있다. 2003년 필자가 방문한 이쿠노 초급학교 교장선생님도 이 학교 초급부 262명의 학생 중 반 정도가 민단계 또는 한국적의 뉴커머라고 말했다. 필자가 2003년에 만난 히로시마 고급학교(廣島朝鮮初中高級學校)의 여학생들은 자기 학교에 민단계 학생이 반 이상이라고 했다. 필자가 같은 해 방문한 조선대학교 학생들은 조선대학교에도 한국적 학생이 상당수라고 말했다. 『아사히 신문』은 1946년 창립된 도쿄도 북구에 있는 도쿄 조선중고급학교(고교생 563명, 중학생 164명 재적)는 처음에는 조선적 학생뿐이었으나 한국적 학생이 차츰 늘어나서 현재 조선적 학생이 약간 많지만 한국적 학생의 비율도 거의 같다고 언급한 바 있다.[61] 손

---

60 그 한 예를 강철수(2008)에서 볼 수 있다.

61 『아사히 신문』(2010. 3. 7)(http://www.asahi.com/seikenkotai2009/NGY201003070020.html).

애경은 K 조선초급학교 초급부 5학년 학생들의 국적조사 결과 학생 총 14명 중 조선적 8명, 한국적 6명으로 나타났다고 보고하고 있다(손애경, 2006: 17).

2016년 필자가 간접적으로 들은 바로는 K 조선중고급학교 교장은 뉴커머를 포함하여 한국 국적 학생이 반수 정도 된다고 말했다. 역시 간접조사에 따르면 S 유초중급학교 교장도 한국 국적 학생이 반 정도 된다고 말했다. 오사카와 교토 지역의 조선학교 교장들도 모두 반 정도가 한국 국적을 가진 학생이라고 말했다고 한다. 그리고 이들은 조선학교에서 학생의 국적은 입학, 재학 시 조사하지 않으며, 학생도 교사도 상관하지 않는다고 한다. 학생의 국적은 고등학교 3학년에 시행되는 평양으로의 수학여행 때에야 비자발급을 받는 과정에서 확실히 알 수 있다고 말했다고 한다. 필자는 이렇게 정확한 언급을 피하고 느슨하게 말하는 반수 정도라는 것은 사실상 반 이상이라는 현실을 가리킨다고 해석했다. 일본 정부는 일본의 외국인 거주자 중 한국적과 조선적을 한국·조선적으로 통합하여 통계를 내다가, 2015년 12월부터 분리하여 통계를 발표하기 시작했다. 따라서 한국적으로의 이동률을 정확히 알 수는 없지만, 앞서 언급하였듯이 2015년 12월 현재 재일동포 전체 수는 한국적이 457,772명, 조선적이 33,939명이며, 그 중 특별영주자는 각각 311,463명, 33,281명이었으니,[62] 조선적 학령아동 수가 얼마나 적은지 알 수 있다.

조선학교에는 한국 국적뿐 아니라 일본 국적 학생도 적지 않다. 현재 조선학교의 입학 방침은 철저히 '민족'이다. 2016년에 필자의 지인인 재일동포가 만난 한 조선학교 교장은 "부모, 친외 조부모, 심지

62 2017년 6월 말 통계는 그 수가 조금 줄었음을 보여 준다(특별영주자 한국적 299,488명, 조선적 31,049명). 이 장 주 3 참조.

어는 친외 증조부모에 '조선 민족'이 한 명이라도 있으면 입학을 허용한다"고 말했다. 최근 재일동포와 일본인 간의 결혼에서 태어나 일본 국적자가 된[63] 소위 '더블'이 크게 늘어나서 조선학교 입학 학생 중 일본 국적자가 증가하게 되었다. 조선학교 학생 거의 모두가 한국식 이름을 사용하고 있지만, 간혹 일본식 성을 사용하는 학생도 나타나고 있다.

한국적 학생 증가의 요인을 들어 보면 첫째, 재일동포에 있어서 국적의 의미가 약화되었다는 점이다. 둘째, 그와 연관되지만 재일동포에 있어서 국적이 곧바로 남북한에 대한 실질적 소속과 직결되지 않는다는 역사적인 현실을 반영하는 것이다. 학교 자체가 한국적 · 조선적을 따지지 않는 것과 마찬가지로, 학생 자체도 한국학교 · 조선학교를 별로 신경 쓰지 않는 듯하다. 앞서 언급한 히로시마 고급학교의 학생은 학교에서 한국적 · 조선적에 대해 불문에 부친다고 했다. 김숙자(2007: 49, 57)가 면담한 한국적 학생들은 "한국학교도 좋고 조선학교도 좋다. 집에서 가까운 곳을 택하겠다", "조선학교의 친구들과 환경이 너무 좋았다"고 말했다. 서울대학교 대학원에 유학을 온 한 재일동포 학생은 고등학교까지 조선학교를 다녔는데, 조선적과 한국적 동포들이 같은 지역에 살면서 같은 학교에 다니는 경우가 많다고 전했다. 조선적으로부터 한국적으로 국적 변경을 하는 경우가 늘어나면서 생기기 시작한 현상이라고 볼 수 있다. 실제로 많은 재일동포들이 일본에서 살기 힘든 조선적(실제로 무국적) 상태에서 한국적으로 바꾸었고, 한 가족 내에도 한국적과 조선적이 섞여 있는 경우가 적지 않다. 따라서 큰 거리낌 없이 모국어로 교육받기 위해 가까이 있는 조선학

---

63 1985년 일본국적법 · 호적법이 변경되어 부계 중심이 양계 중심으로 되었다. 즉 부모 중 한 사람만 일본인이어도 자녀는 일본 국적을 취득할 수 있게 되었다.

교에 자녀를 입학시키는 한국적 부모가 많이 존재하며, 민단계 학교의 수가 워낙 적어서 그러한 흐름은 점점 더 공공연해지고 있다. 조선학교도 이러한 상황에 제재를 가하지 않는다고 한다. 재일동포 커뮤니티가 국적에 상관없이 존재·유지되는 것이라고 볼 수 있다.

"두 아이를 모두 조선학교에 보내고 있어요. 일본 사회에 계속 살게 될 건데, (조선학교가) '각종 학교'라서 의미도 없고… (한숨) 원래는 아이를 신주쿠에 있는 민단계 동경한국학교에 보냈어요(침묵). 그런데 아무래도 그쪽은 뉴커머 자녀들이… 한국 대학 입시용 교육이니까… 전학을 결정하기 전에 교장 선생님과도 면담도 해 봤고 했는데… 교장선생님도 고민이 많으시더군요. 그래서 결국은 조선학교에 보내게 되었어요.… 경제적 부담은 좀 있지만 (뉴커머는) 저희(올드커머)와는 다르죠. 아이들 교육에 대한 생각이 말입니다."[64]

여기에 앞서 논의한 대로 조선학교의 교육이 북한 중심의 사상교육에서 벗어나기 시작한 것도 조선학교에의 입학을 쉽게 만든 또 다른 요인이 되었다고 볼 수 있다. 김숙자(2007: 43)가 면담한 한국 국적 부모로서 자녀를 조선학교에 보내고 있는 한 사람은 "나는 재일조선인이고 아이들에게도 조선이나 재일조선인에 대하여 가르치고 싶다.… 현재 조선학교의 교육내용에 만족한다.… 교육내용이 많이 달라졌고 아이들도 학교생활을 즐기고, 현시점에서 불만은 없다"고 말했다. 2016년 9월 필자가 면담한 한국적 재일동포 3세의 증언에 의하면, 민단에서 일하는 삼촌이 우리말을 못하면 민족성이 없어질 것이라며 딸(재일 4세)을 조선학교에 보내고 있다고 한다.

64 2007년 9월 아버지회 면담.

5. 한국학교 · 조선학교의 공통적 지향

1) 실용화 · 다양화

최근 가속화되고 있는 조선적으로부터 한국적의 이동이 생활의 편리를 위하여 이루어지는 것이므로 이념 자체는 그대로라고 보는 시각도 있지만, 바로 그 점이야말로 재일동포들에게 있어 국적은 심각한 경계가 아니라는 사실을 말해 주는 것이다. 이러한 배경에서 재일동포들은 일본학교, 한국학교, 조선학교의 한 가지 길을 견지하는 데서 벗어나 가능한 여러 교육을 선택하여 조합하는 경향도 보이고 있다. 예를 들면 민족정체성을 가진 재일동포로 자신의 아이를 키우고 싶은 한 재일 3세는 자신의 아이들을 한국 초등학교에 보냈다가 주재원 자녀 중심으로 한국 대학 입시교육을 제공하는 데 반발하여 조선 초급학교로 전학시켰다. 거기서 우리말과 재일동포의 역사 및 동포 네트워크를 익히고 일본 중고등학교로 옮겨 일본 사회에 적응한 후, 한국이나 다른 나라로 유학을 가는 경로를 세우고 있다고 말했다.[65] 한 재일동포는 다음과 같이 말한다. “기본적으로 국민교육이라는 틀 안에서는 이제 재일이라는 게 묶일 수가 없고 조선학교도 어떤 의미에서는 북의 이념을 사수하고 있고 한국계 학교도 재외국민이라는 입장에서 교육을 한국에 맞추려는 부분이 있기 때문에… 그러나 재일이라는 게 국적도 이제 다양화하고 있고 국제결혼도 80% 정도 차지하고 있고… 그러니까 이제 1민족 1국가라는 개념으로 재일을 묶을 수가 없잖아요. 그 자체를 어딘가에서 묶으려고 하면 건국[학교]도 금강[학교]도 조선학교도 쇠퇴할 수밖에 없어요. 재일의 니즈는 이제 거기에는

65 2007년 9월 필자와의 면담.

없으니까요."[66]

어찌 되었든 민족학교는 많은 어려움을 겪으면서도 재일동포의 미래에 중요한 가능성을 갖고 있다는 결론에 다다른다. 실제로 2008년에 중립을 표방한 코리아국세학원, 2014년에 한국계 청구학원이 건립되었고 동경한국학교는 제2캠퍼스 건립을 계획하고 있다. 조선적 동포가 이제 3만 명이 조금 넘는 정도로 규모가 축소된 상태에서 아직도 60곳이 넘는 조선학교가 존재하고 있다는 사실은 해방 후 70년이 지나고, 일본에서 나서 자란 3, 4세가 주축인 재일동포사회에서 기적과 같은 일이다.

2) 통일 지향

주목할 만한 점은 한국학교(새롭게 설립된 코리아국제학교와 청구학원까지)와 조선학교, 민족학급까지 일본에서의 민족교육이 모두 통일을 대비한다든지, 통일교육을 표방한다든지, 통일된 조국을 지향한다든지, 정도와 표현의 차이가 있지만 통일을 염두에 두고 있다는 것이다. 일본에서 태어나 분단된 조국을 보지 못한 3, 4, 5세가 대부분이고 분단이 일본 사회로부터의 차별에 더해 고통을 가중시키고 있으며, 남북 관계에 직접적인 영향을 받는 재일동포들에게 있어 너무도 당연한 일이다.

그러나 통일은 지향일 뿐 현실에서의 실천은 간단치 않다. 백두학원과 코리아국제학교의 경우에서 드러난 대로 남북한, 민단/총련의 대립에서 벗어나 중립적인 입장을 표방한 민족교육의 시도가 성공적이지 않았다는 점이 이를 보여 준다. 남북한계를 아우르는 재일동포 시민단체들의 시도 역시 중립적 입장을 견지하는 것이 힘들었다는 현

66 2015년 3월 필자와의 면담.

실과 일치한다.[67] 남북한 관계의 유연성이 증대할 때 다소 중립의 가능성이 높아지기도 했지만, 분단의 벽을 재일동포사회에서 선도적으로 허물기는 힘든 것이 현실이다.

6. 국적을 넘은 재일동포의 통합

1970년대부터 일본 정주 지향이 진전되면서 재일동포 권익운동을 비롯한 시민활동에서 남북한계 통합의 움직임이 일어났다. 민투련(1974), 이쿠노 민족문화제(1983), 원코리아페스티발(1985) 등이 동포 전체를 아우르며 이루어졌고, 민단도 1975년부터 조선적 동포의 모국 방문을 시행했다.[68] 1990년대 들어 남북한 정부 관계의 개선으로 동포사회뿐 아니라 민단-총련의 화합도 진척되었다. 2000년대까지 지속되었던 이러한 통합 기류는 2010년대 다시 냉각되고 한국인들의 조선학교 방문도 불가능해졌다가 2018년 새정부 수립 후 재개되었다.

그러나 오랫동안 저변에 흘러온 통합의 기류는 조선학교의 한국적 학생 비율 증대라는 막을 수 없는 흐름을 만들고 있다. 2000년대 이후 조선적에서 한국적으로의 이동이 빠른 속도로 진행된 상황이므로 사실상 국적 경계의 약화에 더해, 한국적에 대한 어쩔 수 없는 관용이라고 볼 수도 있을 것이다. 실제로 아직도 일본 국적 학생 수는 적으며, 한국학교에 조선적 학생이 문제없이 입학한다는 소식은 들리지 않는다. 또한 이전 시기에 비하여 총련이나 북한의 통제가 현저히

---

67 남북한계 시민을 아우르며 시작되었던 민족차별과 투쟁하는 연락협의회(민투련)와 원코리아페스티발도 민족통합의 측면에서 보면 그다지 성공적이었다고 말하기 힘들다.

68 한국적으로의 전향을 목적으로 했다는 의혹을 받기는 했다. 자세한 내용은 김성희(2011) 참조.

약화되어 조선학교의 자율성이 커졌다는 점도 간과할 수 없다. 아직도 조선학교가 강고한 북한 편향이라는 예민한 시선도 있으나,[69] 실제로 일본의 많은 조선학교 교장들은 나름대로 학교를 운영하는 것으로 알려져 있고, 학생들이 한국의 대중문화를 자유롭게 흡수하고 표현할 수 있도록 하며, 한국에서 온 사람들에게 학교를 개방하고 있다. 학생들은 일본이라는 환경에서 생활하고 대부분 한국을 고향으로 갖고 있으며 북한의 영향권에 있는 조선학교에서 생활하면서, 이념에 상관없이 스스로 판단하고 대처하는 자율성을 획득해 간다는 현장 관찰보고도 있다(宋基燦, 2012b). 교토의 한 조선고급학교 3학년생이 그린 그림의 제목이 '핵 없는 세상'이라는 것[70]은 이러한 자율성을 말하는 것이 아닐까 생각된다.

V. 맺음말

재일동포사회는 우리 현대사가 응축된 곳이다. 남북한 본국의 정치현실이 그대로 투영되는 곳이기도 하다. 재일동포들이 본국에 열거할 수 없이 많은 기여를 했고 본국의 정치현실에 희생되기도 했지만, 새로운 변화를 선도하기는 힘들다는 것을 보아 왔다. 점점 더 많은 재일동포가 일본학교에 입학하는 추세이지만, 여전히 한국학교, 조선학교 및 민족학급을 중심으로 한 민족학교에 대한 수요는 상당한 정도로 유지되고 있다. 한편 남북한이라는 국적은 일본에서 태어나고 살아갈

---

69 2016년 5월 조선대학교 60주년 기념식에서 북한의 김정은 위원장에게 충성 맹세의 편지를 보냈다는 사실에 일본 사회가 술렁였다(『산케이 신문』 2016. 9. 20).

70 2016년 8월 간접 면담.

재일동포들에게 조국이라는 곳 외에 어떤 중대한 경계를 의미하지는 않는 듯하다. 그러나 조선학교에서 조선적과 한국적 학생이 공존하는 것은 의도적인 시도의 결과라기보다 사회 변화에 따른 '구조적 융합' 이라는 점에서, 남북한의 통합을 선도할 수 있는 가능성을 강하게 내포한다고 생각된다. 다시 말해 교육내용이나 지향이 통일 지향적이고 남북한의 영향을 받으며 존재하고 있는 데서 이 가능성을 느끼게 되는 것이다.

앞서 우리는 일제강점기와 해방 후 이루어진 '민족 전체의 교육투쟁→민족학교 분열→조선학교 압도→조선학교에 한국적 학생 증가'의 역사적 과정을 고찰했다. 우리 민족 공동의 교육이 분열의 과정을 거쳐, 다시 민족 전체의 교육으로 자리 잡을 수 있기를 염원하며, 그 염원이 현실이 되기 위해 기울여야 할 수많은 노력들에 대해 우리 모두가 머리를 맞대야 한다는 생각으로 이 장을 맺는다. 남북의 경계에서 자유롭기도 하고 그러나 어떤 면에서는 2중, 3중으로 '국가'에 구속되는 재일동포라는 존재에 대한 깊은 통찰이 그 근원이 되어야 함은 말할 것도 없다.

在日

제8장

뉴커머: 도쿄 신오쿠보 코리아타운을 중심으로

同胞

I. 머리말

대부분의 소수민족집단이 거주국에 입국한 시기에 따라 복잡한 구조를 형성하고 있으나, 재일동포의 경우에는 명확히 단절되는 몇 개의 집단이 존재하는 위에 각기 다른 입국시기에 따른 구성이 더해져 더욱 복잡하다. 대체로 일제강점기에 입국한 사람들과 1965년 한일국교정상화 이후에 입국한 사람들로 일단 나누어지고, 전자를 올드커머(old comer), 후자를 뉴커머(new comer)라고 지칭하고 있다.[1] 해방 후 1965년까지 한일 간 국교단절로 공식적인 인적 이동은 없었다. 올드커머 재일동포는 다시 크게 한국적과 조선적 및 일본적 재일동포로 나뉜다. 최근 재일동포들의 의식변화와 사회운동의 발전을 통해 일본국적을 취득한 사람들도 재일동포의 정체성을 스스로 유지하고 재일동포 커뮤니티 활동에 참여하는 경우가 많아, 이들도 재일동포의 범주에 포함시켜야 할 것으로 생각된다. 조선적 재일동포는 심정적으로 북한 정체성을 갖는 사람들과 분단 이전의 통일조국을 생각하는 사람들이라는 다소 이질적인 두 집단으로 나눌 수 있다.

뉴커머는 해방 후 일본에 입국한 사람들로서, 위 올드커머 집단들과 역사적 연원이 다르다. 이들은 대체로 불법체류자와 합법체류자로 구성되는데, 그 경계가 모호하거나 명확히 구분되지 않는 사람들도 적지 않다. 장윤수(2004: 393-394)는 2003년 현재 뉴커머 수를 11만 명으로 추산했는데, 2008년 뉴커머 단체 재일본한국인연합회의 홈페

---

1 뉴커머들의 이해를 대변하는 재일본한국인연합회는 "1965년 한일협정을 기점으로 일본에 와 정착하기 시작한 한국인들을 우리는 뉴커머로 명명하고 있습니다"라고 홈페이지에 쓰고 있다(www.haninhe.com). 또한 일본의 도시사회학자인 오쿠다 미치히로(奥田道大)는 제2차 세계대전 전후에 그 당시의 일본 국민 혹은 경제난민으로 일본에 입국이나 밀입국한 사람들을 올드커머로, 1989년의 일본의 개정입관법이나 고도경제성장기 전후에 입국한 사람들을 뉴커머로 정의하고 있다(奥田 編, 1995).

〈표 8-1〉 재일 한국적 · 조선적 외국인 등록자 수(2017. 6)

총수	특별영주자 (협정특별영주자)	일반영주 · 정주자 (투자경영, 비즈니스, 기술, 유학 등 포함)	기타
484,627명	총 330,537명 한국적: 299,488 조선적: 31,049	총 138,124명 한국적: 137,550명 조선적: 574명	총 15,966명 한국적: 15,915명 조선적: 51명

자료: 일본 법무성, 「재류외국인통계」(http://www.moj.go.jp/housei/toukei/toukei_ichiran_touroku.html).

이지는 18만 명이라고 말하고 있다. 여기에 통계에 잡히지 않는 불법체류자까지 합치면 그 수는 배가 될 것이다.[2] 1980년대 말 불법노동자가 오사카에도 많았으나,[3] 점차 뉴커머 대부분이 대체로 도쿄 주변 지역에 몰리고 있다.[4] 최근의 현황과 추세는 〈표 8-1〉과 〈그림 8-1〉에서 확인할 수 있다.

이 장은 뉴커머 집단이 일본 사회와도, 그리고 올드커머 집단과도 비교적 독립되어 자족적인 집단을 형성하는 과정을 포착하고자 했다. 아직 뉴커머 연구는 매우 드물기 때문에 전반적인 상황을 파악하는 데 주력할 것이나, 특히 10-15년 전부터 새롭게 뉴커머 집주지역으로 발전하고 있는 오쿠보(大久保) 지역(지하철 야마노테선(山手線) 신오쿠보역 주변)에 대한 현지조사를 중요하게 포함시켰다. 일본에서 한국인 뉴커머 집단의 형성 과정과 집주지역의 특징을 설명하고 해석하는 데 있어서, 올드커머와의 협력과 갈등 관계, 한국 및 일본 사회와의 교류 및 배제 관계에 초점을 맞추었다.

2 장윤수(2004: 394)는 2003년 불법체류자를 10-20만 명이 될 것으로 추산했다.

3 1988년 일본 정부에 의한 한국인 불법체류자 적발의 36%가 오사카에서 일어났다(日本法務省出入國管理局, 1989).

4 2002년, 도쿄의 재일동포 중 약 40%가 뉴커머인 데 비해, 오사카는 13% 정도만이 뉴커머로 보인다(財團法人入管協會, 2002: 68-71. 장윤수, 2004: 394에서 재인용).

우선 이 분야에 관한 연구물과 각종 통계, 신문, 잡지 자료, 영상물 및 웹사이트(재일본한국인연합회 홈페이지 등)를 검토·분석했다. 보다 중요한 방법은 현지조사이다. 현지조사는 뉴커머 집단이 형성되기 시작한 1980년대 후반과 1990년대 전반, 그리고 복합적이고 자족적인(비교적 외부 사회에 의존하지 않고 존재하는) 코리아타운 형성이 진전되는 2000년대로 나누어 행해서 양 시기의 차이를 파악하고자 했다. 특히 필자는 2003년, 2007년, 2008년 세 번에 걸쳐 오쿠보 지역을 방문하여 전체 사회적 조건을 조사했다. 이 지역 거리에 행인들이 가져갈 수 있도록 비치되어 있는 정보지들은 중요한 연구자료가 되었다. 시기에

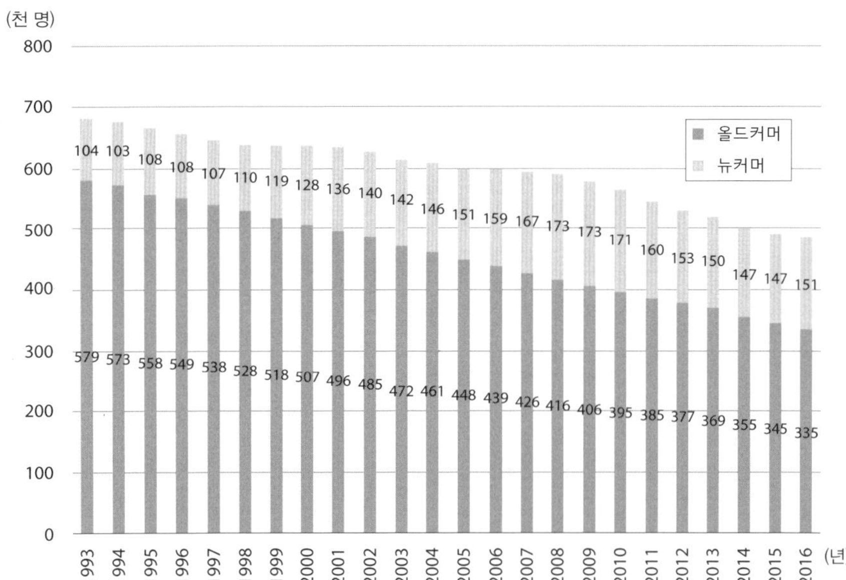

〈그림 8-1〉 재일 한국적·조선적 외국인 등록자 수(1993–2016)

자료: (1993–2006) 在日本朝鮮人人權協會, 2008.
(2007–2011) 일본 법무성, 「등록외국인통계」(http://www.moj.go.jp/housei/toukei/toukei_ichiran_touroku.html).
(2012–2016) 일본 법무성, 「재류외국인통계」(http://www.moj.go.jp/housei/toukei/toukei_ichiran_touroku.html).
*올드커머는 특별영주자 수(올드커머의 실제 수와 반드시 일치하는 것이 아님).
*뉴커머는 총수 중 특별영주자 이외의 수(뉴커머의 실제 수와 반드시 일치하는 것이 아님).

따라 그 종류와 숫자가 늘어났을 뿐만 아니라, 그 내용도 더욱 다양하고 풍부해졌으므로 오쿠보 지역뿐 아니라 뉴커머, 재일한인 전체 사회의 변화를 파악하는 데 큰 도움이 되었다. 또한 이 지역에 즐비한 식당, 미장원, 떡집, 양품점에 들어가 직원들과 면담했고, 거리에서 행인들과도 면담했다. 필자가 1990년대 수차례에 걸쳐 방문한 가와사키 지역(사쿠라모토초(櫻本町), 이케가미초(池上町), 시티유니언 등)의 뉴커머 상황에 대한 현지조사와, 2008년에 방문한 요코하마의 고토부키(壽) 조사는 주로 불법 하층 노동자와 상인들에 대한 주요 자료가 되었다.

II. 재일동포 뉴커머 집단 형성의 단계

뉴커머 집단의 형성은 단계적으로 적어도 네 시기를 거쳐 왔다고 볼 수 있다. 해방 후 1965년까지, 1965년부터 1980년대 후반까지, 1980년대 후반부터 2000년경까지, 그리고 2000년 이후 현재에 이르는 시기이다. 즉 해방 후 국교단절로 한일 간 인구이동은 밀입국[5]을 제외하고는 이루어지지 않았다. 한국인의 일본 입국은 1965년 이후 재개되었지만, 본격적으로 그 규모가 커진 것은 1980년대 후반부터이다. 그리고 뉴커머 집주지역이 형성되고 하나의 큰 사회적 집단으로 대두하기 시작한 2000년대부터를 뉴커머 집단의 또 다른 시기로 구분할 수 있다. 이 시기에 오쿠보 뉴커머 집주지역이 형성되기 시작했고, 민단이나 총련과는 별도로 뉴커머를 대표하는 단체인 재일본한국인연합회도 설립되었다. 또한 실제로 뉴커머 인구수도 이 시기에 두드러지

---

5 해방 후 일본으로의 한국인 밀입국자 수는 1965년까지 매년 1,500명 정도였으나, 1965년 이후 점차 줄어들었다(日本法務省出入國管理局, 1987: 102-104).

게 증가했으며, 재일동포 전체에 차지하는 비율도 크게 증가했다(그림 8-1 참조). 이 장에서는 마지막 두 시기, 즉 1980년대 후반부터 1990년대, 그리고 2000년대 이후 두 시기에 집중할 것이다.

사실상 뉴커머 집단이 형성되기 시작한 것은 1980년대 후반부터라고 할 수 있으며, 그것이 주류사회와 구분되는 하나의 소수민족집단의 형태를 띠면서 자족적인 '코리아타운'[6]을 형성하는 시기는 2000년대 이후라고 볼 수 있다. 1980년대 후반 본격적인 입국이 시작된 시기에는 노동자가 주를 이루었던 데 비해, 2000년대에 들어서는 여러 종류의 자영업자들과 그 종업원으로 뉴커머 구성이 크게 복잡해졌다.

III. 1980년대 후반 뉴커머 집단의 형성

1. 사회적 요인의 일반성과 특수성

1980년대 후반부터 본격화되는 한국인의 일본 입국은, 1970년대부터 본격화되어 현재에는 전 세계로 확산되고 있는 개도국에서 산업국으로의 노동력 이동, 바로 그 현상이다.

대체로 이러한 노동력의 이동은 선후진국의 빈부 격차로 인한 선진국의 흡인 요인(pull factor)와 후진국의 배출 요인(push factor) 등으로 설명하는 사회구조적 이론과, 이동하는 개인들의 합리적 선택(cost-benefit theory)과 행위성(agency)에 주목하는 시각들이 있다. 한국인의

6 오쿠보에 뉴커머 집주지역이 형성된 것은 사실이나, 이것을 코리아타운(Korea Town)이라고 말할 수 있는 것인지에 대해서는 논란이 있을 수 있다. 이 책에서는 적어도 형성 단계에 있다는 점에는 동의할 수 있다고 생각하여, 코리아타운이라고 지칭하기로 한다.

일본으로의 이동에서는 이 모든 설명요소가 발견된다. 가장 중요한 일반성은 일본 내 노동력 부족과 이중노동시장 현상의 진전이다. 일본 내 건설부문과 서비스 분야 및 소규모 제조업공장에서 특히 노동력이 부족하여, 아시아 여러 나라로부터 노동자들이 밀려오기 시작한 것이다(李鍾久, 1991: 95-112). 한국이 다른 아시아 나라들에 비해 배출요인이 약하기는 하지만, 여전히 일본과의 임금격차가 크고 지리적으로 근접하며 언어 습득이 상대적으로 용이하다. 일본으로 이주하는 한국인의 개인적 계산과 행위성도 물론 중요하게 고려될 수 있다.

그러나 다른 한편, 한국으로부터 일본으로의 노동력 이동은 이러한 세계화(globalization)의 과정에서 일어나는 일반적인 현상과는 다른 점들이 나타난다. 한국이 일본에 비해 저임금인 것은 사실이나, 한국 자체가 노동력 부족과 이중노동시장 현상을 나타내고[7] 동남아 국가로부터 노동자들이 입국하기 시작했다. 일본으로 노동자가 이동하는 다른 나라들과 달리, 한국의 경우 노동력 이동은 (특히 불법노동자) 일본에만 집중되어 있다. 1991년 한국 법무부의 비공식 집계에 의하면, 8,161명이 외국으로부터 추방되어 한국으로 돌아왔는데, 그중 8,087명(전체의 99%)이 일본으로부터 추방된 사람들이다. 확실히 한국 내 배출 요인보다는 일본의 흡인 요인이 이주의 주된 요소임에 틀림없다.

그럼에도 일본에서 1987년 이후에 갑자기 한국인 불법노동자 수를 증가시킨(日本法務省出入國管理局, 1990) 한국 내의 요인 또한 일반적인 현상에 비해 특수하다. 그중 하나는 그동안 대규모로 진행되었던 중동 건설노동자 수출이 1980년대 후반 급격히 축소된 것이다(한상진,

7 1986년 이미 노동력 부족률이 전체 2.3%였는데, 비숙련노동자의 부족률은 8.34%에 달했다. 1991년 이 비율은 20.13%로 높아졌으며, 이후 부족률은 계속 높아졌다(한국노동부, 1986-1992).

1988: 65). 마침 일본 내 건설노동자 수요가 이들을 끌어들인 것이다. 또 하나 매우 중요한 직접적인 요인은 한국 정부가 해외여행 제한을 단계적으로 완화한 것이다. 1982년까지 해외여행은 허용되지 않았는데, 1983년 50세 이상 200만 원을 예치한 사람에게 해외여행을 허용한 것을 시작으로 몇 차례의 개정(1987년 45세, 1988년 40세 이상으로 변경)을 거쳐 마침내 1989년 전면 자유화했다(駒井洋, 1990: 88).

무엇보다도 중요한 특수성은 한국인들을 일본으로 불러들이는 요인으로서 지리적인 근접성과 함께, 기존의 재일동포와의 연결끈이다. 이것은 다른 동아시아 국가 노동자에 비해 한국인들이 갖는 특별히 유리한 조건이다. 제주도에서 일본으로 입국하는 불법노동자에 대한 한 조사에 의하면(문옥표, 1992), 많은 사람들이 일본의 친척으로부터 초청장을 받아 입국하며, 제주도에서 서울에 가는 것보다도 일본으로 가는 것이 쉽다고 말했다. 또 많은 사람들이 재일한국인이 경영하는 사업장에서 일한다. 다른 아시아 국가 출신 노동자에 비해 평균 연령이나 지위가 높은 경우가 많은데, 이것도 기존 재일한국인과의 연결이 큰 요인이다. 여성의 경우도 다른 나라 여성 입국자에 비해 성산업 노동 비율이 낮고 공장 노동 비율이 높은 것이 특징적이다(手塚和彰, 1991: 183-184).

2. 뉴커머의 특성: 익명성

일본으로 입국하는 사람들의 동기도 일반적인 외국인 노동자와 다른 경우가 많다. 바로 익명성이다. 일본인과 외모가 유사하여 한국인임을 숨기며 일본 사회로 들어갈 수 있기 때문이다. 여기에 지리적 근접성은 이 익명성을 활용하게 하는 조건을 제공한다. 필자가 1989년과 1990년대 가와사키 지역에서 행한 조사에 따르면, 한 50대 후반 남성은 한국에서 건설노동을 하며 자식을 가르쳤는데, 자식이 대학에 들어가자 더 이상 자식 체면 때문에 그 일을 계속할 수 없어 일본에 와서 건설노동을 하며 돈을 한국으로 보낸다고 했다. 그와 비슷하게, 한 60대 초반 여성은 남편 사업이 부도가 났는데 서울서는 함부로 막일을 할 수 없어 일본에 와서 남의집살이를 하며 돈을 벌어 서울로 보낸다고 한다. 여기서는 아무도 알아보지 못하니 마음이 편하다는 것이다. 1994년 가와사키에서 한국인 불법노동자를 위해 봉사하는 의사와 한 면담에서, 그는 익명성이 한국인의 노동을 위한 일본 입국의 주요 동기가 되고 있다고 말했다. 이 시기 한국인 노동자들은 가족과 함께 오는 사람보다 단신 이주자가 많고, 불법장기 체류자의 경우에도 일본에 정주할 의사를 가진 사람은 많지 않았다(문옥표, 1992).

2008년 6월 요코하마 근처의 마카네초(眞金町)에서 실시한 현지조사에서, 필자는 한 조그만 주점을 경영하는 여성을 면담했다. 그는 1990년대 초에 국제결혼을 하여 오사카에 왔는데, 돈을 벌기 위해 가게를 차렸다고 한다. 그가 얼마나 철저히 익명으로 살고 있는가는, 처음 필자가 한국말로 시작한 대화에 일체 한국어를 못 알아듣는 태도를 취한 데서 단적으로 드러난다. 필자가 마카네초에서 한국말로 건네는 대화에 대해서, 일본 사회에 뿌리를 내리고 자신의 가게를 운영하는 사람들에 비해 식당의 고용인으로 보이는 여성들은 매우 적대적인 태도를 보였다. 이들은 "나는 잘 모른다"로 일축하고 일체 대화에 응하지 않았다. 대체로 불법체류자들로 보이며, 신분의 노출을 염려하는 태도라고 여겨졌다.

3. 올드커머 재일동포와의 협력과 갈등

뉴커머는 이와 같이 기존의 재일동포들과의 연관을 가지고 입국하며,

그들의 도움을 받아 일본에서 일을 시작하는 경우가 많다. 그러나 그들의 관계가 항상 협력적이지만은 않았다. 세계의 많은 소수민족집단 내에서 이러한 분립된 내부 집단의 관계를 '내부 소수민족(internal ethnicity)'의 개념으로 파악하는데, 이것은 대체로 이미 그 집단 내에 여러 민족적 다양성이 존재하는 경우, 유대인처럼 여러 국가에 흩어져 살다 모인 경우, 그리고 해당 국가에 도착한 시점이 다른 경우 등의 요인으로 형성된다(Light et al., 1993: 581-585). 재일동포 올드커머와 뉴커머의 관계가 마지막의 경우이다.

그러나 다른 도착 시점으로 인해 형성되는 내부 소수민족 중에서도 재일동포처럼 뚜렷하게 두 그룹으로 나뉘는 경우는 드물다. 또한 대다수 내부 소수민족의 경우처럼 그들의 관계는 주로 경제적인 것이지만 그 그룹들이 각기 그들의 경제를 형성하는 데 비해, 1980년대 뉴커머는 거의 전적으로 올드커머에게 일방적으로 의존하는 형태를 보였다. 이러한 상황에서 협력과 갈등도 불균형적인 것이었다.

협력이란 일본어도 제대로 구사하지 못하는 뉴커머가 올드커머 집단에 흡수되는 형태로 나타났는데, 이후 양 집단 간에 상호 피해를 주는 갈등 관계도 진전되었다. 올드커머 사업장에 고용된 많은 뉴커머 노동자들은 열악한 노동조건, 임금체불, 재해보상을 받지 못한 경우 등 일반적으로 나타나는 외국인 노동자의 상황을 그대로 경험했다. 1993년 1월, 필자가 가와사키 시티유니언(City Union, 불법노동자들의 문제에 주로 대응하는 노조)의 관계자를 면담했는데, 그곳에서 대응하는 대부분의 불법노동자 문제는 재일동포 올드커머에게 피해를 당한 뉴커머의 문제임을 발견했다. 그곳에서 만난 뉴커머 노동자들은 어떻게 같은 민족이면서 이렇게 심한 대우를 할 수 있느냐고 올드커머들을 비난했다. 앞서 언급한 마카네초의 여성은 한국 여성에게 크게 사기를 당한 후, 한국인을 더욱 기피하게 되었다고 말했다.

다른 한편 1990년대 조사 당시 필자는 뉴커머들이 입국하면서 기존의 상업활동에 지장을 초래한다고 불평을 하는 올드커머를 적지 않게 만났다. 1996년 6월, 필자가 면담한 도쿄 아라카와구의 오래된 재일동포 시장의 상인들은 뉴커머들이 김치와, 미역, 비디오테이프 등의 물품들을 가지고 밀려들어 와 사업에 심각한 지장을 받고 있다고 말했다. 1993년 필자가 방문조사한 가와사키의 낙후지역인 이케가미초에서 오랫동안 거주해 온 올드커머 재일동포들은, 1980년대 말부터 한국에서 사람들이 새로 들어오기 시작했는데 그들이 마을에서 비누나 대야 같은 물건들을 훔치는 등 행실이 좋지 않아 한국인의 이미지가 나빠지고 있다고 걱정했다.

4. 일본 시민단체의 도움

1980년대 후반 처음 뉴커머 집단이 형성되는 시기에 이들의 위상은 이처럼 매우 낮았다. 일본 사회에서 아무런 자리를 찾지 못했을 뿐만 아니라 올드커머 지역에 기생하는 형태였으며, 여러 형태의 인권침해도 당하고 있었다. 당시 일본에서 사회문제로 인식되기 시작한 불법노동자의 특수한 한 집단으로 위치지어졌던 것으로 보인다. 그들은 일본 시민단체와 개인들의 도움의 대상이 되기도 했다. 앞서 언급한 시티유니언과 외국인 노동자를 돕는 의사, 미나토마치 외국인 노동자 건강을 위한 상호부조(Foreign Migrant Workers' Mutual Aid Scheme for Health) 등은 불법체류 한국인을 돕는 대표적인 기관 또는 개인이었다.

IV. 2000년대 다양화된 뉴커머 집단

뉴커머의 입국이 계속되면서, 2000년대 들어서는 그 집단의 규모가 커지고 내부 구성도 다양화되기 시작했다. 한편으로 1980년대 후반의 뉴커머 집단처럼 올드커머에 의존하는 형태의 뉴커머 입국과 그 집단 형성이 지속되는 한편, 비교적 자족적인 코리아타운을 형성하면서 새로운 뉴커머가 계속 흡수되는 다른 형태의 집단이 만들어지기 시작한 것이다. 이 코리아타운에는 육체노동뿐 아니라 서비스업 등 매우 다양한 직업의 사람들이 입국한다. 물론 두 집단이 명확히 구분되는 것은 아니며, 여기에 유학생까지 합류하면서 매우 복합적인 뉴커머 집단이 확대되고 있다.

1. 전기와 유사한 형태: 올드커머와 연관되어 노동을 위해 입국한 사람들

1980년 후반에 시작된 요코하마, 가와사키 지역의 노동자 입국이 지금까지도 계속되고 있다. 1995년 고토부키초를 조사한 조현미(2000: 147-151)에 의하면, 이곳에서 일하고 있는 뉴커머 노동자와 식당 종업원은 경영자인 재일동포가 친척이거나 같은 고향 출신인 경우가 많다. 이에 더해 이곳에 오면 일자리가 많다는 소문을 듣거나, 간혹 한국의 브로커를 통해서도 계속 노동자가 유입되고 있다.[8] 이들은 불법체류자가 대부분인데, 15일 관광비자를 받고 들어와 평균 2-3년, 길

8 고토부키에는 92채의 도야(ドヤ: 하숙집과 같은 것)가 있는데 그중 국적을 알 수 없는 한 사람을 제외한 91명의 경영자가 한국 또는 북한 국적을 가진 사람이다(조현미, 2000: 156).

게는 5년 이상 장기체류를 하고 있다. 사업에 실패하거나, 해고된 후 남자 혼자 또는 부부가 돈을 벌기 위해 온 경우가 많다. 오사카 등 다른 곳에 왔다가 이곳으로 흘러들어 온 사람도 섞여 있다. 이들은 한 직장에 오래 있지 못하고 하역장이나 공사장 인부, 식당종업원 등 무엇이든 닥치는 대로 일하는 경우가 많은데, 결국 돈을 모으지 못해 돌아가지 못하는 사람들, 산업재해를 당한 사람들 등 상황은 다양하다.

2008년 6월에 고토부키초 생활관[9]을 조사한 필자는 아직도 이곳에 한국인들이 계속 유입되고 있으며, 1980년대 말 이후 누적된 한국인 거주자가 전체 외국인의 80%를 점하고 있다는 사실을 확인했다. 물론 1990년대 후반 이후 태국과 필리핀 여성들의 입국이 늘어났으며 중국, 이란, 남미에서도 새롭게 입국이 늘어난 반면 한국인의 입국은 점차 줄어들고 있으므로 전체 비중은 낮아지고 있다. 1990년대에는 일본인과의 결혼이 입국통로가 되어 들어온 여성들도 있으나 반 이상이 곧바로 이혼한다고 하며, 최근 정부의 단속이 심해져서 그러한 허위결혼은 어려워지고 있다고 한다. 이들 이주자에게 있어서 병과 아이들 교육 문제, 언어 문제는 가장 심각한 생활의 어려움이라고 생활관 관계자는 말했다. 조현미(2000)가 밝힌 바와 같이, '도야'라고 불리는 이 지역의 매우 허름한 숙소[10]가 이들 불법체류 노동자의 거처가 되는 경우가 많은데, 이 숙소 경영자의 대부분이 올드커머 재일동포

9 요코하마시 나카구(中區) 고토부키초 3-12-2 생활관. 시에서 운영하고 있는 건물로서, 1층에 보육원, 2층에 학도보육원, 3층에 사무실이 있다. 시에서 운영하지만 이용하는 사람들이 최하층 빈민이므로 매우 누추하고 직원 수도 적다. 필자가 면담한 가고시마(鹿児島正明) 씨는 1974년에 이곳에 사진을 찍기 위해 왔다가 일을 하기 시작해서 지금까지 직원으로 일하고 있다고 한다.

10 방 하나가 2평 남짓하며, 세면대와 화장실은 공동으로 사용하고 있다. 그러나 이 지역이 번화해지면서 방값이 하루 2,500엔으로 올라서, 입국자들이 상당히 생활의 곤란을 받고 있다고 생활관 관계자는 말했다.

라고 한다. 한국어로 소리를 지르며 싸우는 모습을 종종 볼 수 있다고 하며 한국인들이 다른 나라 사람들에 비해 얼마나 쉽게 들어올 수 있는지 알 수 있다.

1980년대 후반의 초기 유입시기와 거의 유사한 형태로서 이곳 뉴커머 식당종업원은 중년 여성이 많으며, 그곳에서 조금 떨어진 노게(野毛)라는 환락가에는 젊은 여성이 많다(조현미, 2000: 156-158). 필자가 2008년 6월에 조사한 마카네초와 근처의 후쿠도미초(福富町)는 고토부키초와 인접해 있는데, 이곳에 한국인들이 끊임없이 들어오고 있다고 한다. 필자가 면담한 한 택시기사는 "20-30년 전에 요코하마 지역에 하역작업을 위해 많은 한국인이 들어왔는데, 지금은 그 일이 없어지고, 술집 여성들이 크게 늘어났다"고 말하면서, "저 하얀 아파트에는 전부 한국인이 살고 있다"고 손가락으로 한 건물을 가리키며 말했다. 앞서 필자가 면담한 마카네초의 여성은 자신의 가게 바로 옆에 있는 빠칭코에서 게임을 하는 사람들의 반 이상이 술집에서 일하는 불법체류 한국인 여성인데, 담배를 피우고 고성으로 싸움을 하기도 해서 너무 창피하다고 말했다. 근처 시장에는 한국인이 경영하는 가게가 많아서 불법체류 한국인이 들어와 일하기 좋은 곳이 되고 있다. 시장의 한 가게 주인은 "이 지역에 불법체류 한국인이 많이 숨어들었는데, 일본 경찰에 의해 엄청 잡혀갔지만, 그래도 여전히 들어온다"고 말했다.

상호 갈등 관계도 지속되어, 조현미(2000: 151-154)의 조사 결과 뉴커머 노동자들은 올드커머 재일동포들에 대해 좋지 않은 감정을 갖고 있으며, 체재기간이 길수록 불신감과 배타적인 태도는 더욱 심해진다. 올드커머들의 입장에서도 뉴커머는 사기를 저지르고, 적은 돈에도 일본인에게 넘어가며 싸움을 잘 해서 점차 뉴커머 채용을 꺼리게 된다고 한다.[11] 마카네초의 시장가에서는 한 한국인이 계를 하다가 많은 돈을 가지고 도망간 사건도 있고, 크고 작은 사기사건들이 많이 일어난다고 한다.

2. 뉴커머 1세대의 정착

필자가 2008년 6월에 현지조사를 한 마카네초의 조그만 시장에는 한국 식료품 가게 8개가 있고 그밖에 작은 음식점이 여럿 있다. 한국인 주인과 고용인은 일본 입국시기가 각기 다르며, 필자가 면담을 시도하는 데 응하는 태도도 각기 달랐다. 면담 결과, 이곳 가게들은 1970년대 초부터 하나둘 생기기 시작했다고 하니, 이곳의 한국인은 뉴커머 1세대라고 할 수 있다. '김치집'이라는 간판을 붙인 한 가게를 젊은 남자가 지키고 있었는데, 그는 할머니가 1970년대 초에 일본에 와서 시작한 이 가게를 어머니가 이어받아 하고 다음에 누님이 하다가 지금은 자신이 하고 있다고 말했다. 한 한국 김치가게에서 일하는 여성은 일본에 온 지 오래되었으며, 남편이 일본인이라고 한다. 또 다른 '김치집'은 나이든 남자가 일을 하고 있는데, 20년 정도 되었다고 한다.

뉴커머들이 몰려들기 시작한 1980년대 후반 가와사키의 이케가미초, 사쿠라모토, 요코하마시의 나카구 등에 뉴커머 집주지역이 형성되었다(曺賢美, 1998).

3. 유학생 세대의 재생산

필자가 2008년 6월에 오쿠보 지역에서 면담한 많은 뉴커머들이 유학

---

11 2008년 6월 민단 요코하마 지부 관계자 면담.

생으로 왔다가 공부 도중에, 또는 공부를 마친 후에 일본에 정착하게 되었다고 밝혔다. 일본 유학생은 1980년 말 한국에서 해외여행이 자유화된 맥락에 따라 크게 늘어났으며, 이들 중 일본에서 직장을 잡거나, 개인적으로 사업을 시작한 사람들이 2000년대에 자리를 잡게 되면서 새로운 뉴커머 집단의 한 부분을 형성하게 된 것이다.

4. 한국인 상대 사업의 확대

일단 한국인 뉴커머의 수가 늘어나면서 한국인을 상대로 하는 사업이 함께 늘어나게 되고, 유학생이나 뉴커머 1세대 외에, 한국으로부터 온 주재원이나 사업을 위해 직접 입국하는 한국인의 수도 늘어나게 되었다. 한국과 일본의 교류가 증가함에 따라, 일본 주재원이 늘어나고, 이들 중 일본에서 사업의 기회를 잡는 사람이 새로운 뉴커머 집단의 한 부분을 이루게 된 점은 주목할 만하다.[12]

5. 일본의 외국인 출입국 관리정책 변화, 유학생의 증가

일본의 출입국 관리정책의 변화도 뉴커머의 유입에 직간접적인 영향을 끼쳤을 것으로 예상된다. 1999년 4월부터는 한일 간 워킹홀리데이 제도가 시행되었다. 워킹홀리데이 제도를 통해 일본에 입국한 한국인은 2000년에는 973명에 불과했으나 2009년에는 7,200명까지 증가하면서 시행 당초와 비교하여 7배 증가를 기록했다.[13] 아울러 2000년대

---

12 2008년 6월 한인회장 면담.

13 한일 양국에서 워킹홀리데이 제도의 운영이 시작된 당초에는 상대국에 대한 비자 발급자 수가 최대 1천 건으로 제한되고 있었으나, 양국 간 상호 통보에 따라 2002년에는 1,800명, 2006년에는 3,600명, 2009년에는 7,200명, 2011년 10월에는 1만 명

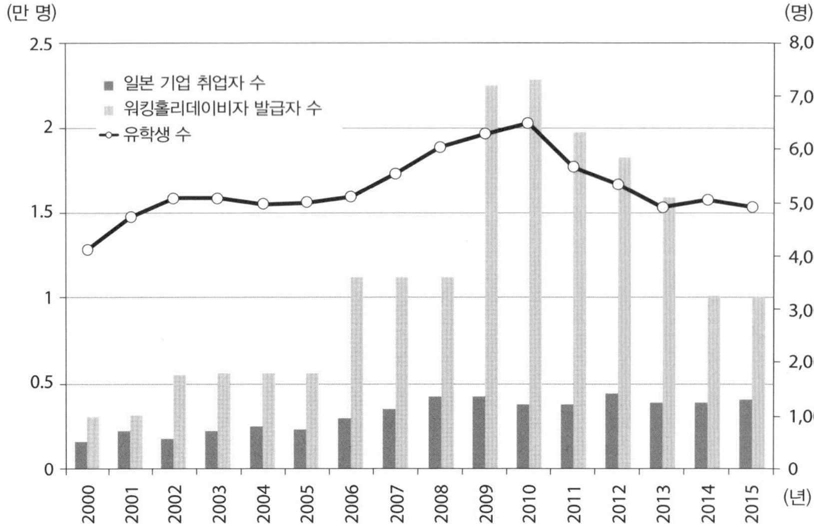

〈그림 8-2〉 재일동포 뉴커머의 구성(2000-2015)

자료: (일본 기업 취업자 수) 日本學生支援機構, 「在留外國人統計」(각 연도).
(워킹홀리데이비자 발급자 수: 2004년까지) 日本國外務省ウェブサイト, 『日韓ワーキング・ホリデー制度』(각 연도).
(워킹홀리데이비자 발급자 수: 2005년부터) 한국 외교부 워킹홀리데이 인포센터(http://whic.mofa.go.kr/).
(유학생 수) 日本學生支援機構, 『外國人留學生在籍状況調査』(각 연도).

들어 일본으로의 한국인 유학생 수도 지속적으로 증가했다. 유학생 수는 동일본 대지진이 발생한 2011년 이후 감소세를 보이고 있으나, 유학이나 워킹홀리데이를 마친 후 한국에 귀국하지 않고 일본에서의 취직을 택하는 한국인들도 점차 증가하는 경향을 보이고 있다. 이처럼 출입국 관리정책의 변화나 유학 종료 후 일본에서의 정주를 원하는 한국인의 증가도 2000년대 이후의 뉴커머 집단 형성에 큰 영향을 끼치고 있는 것으로 생각된다(그림 8-2 참조).

까지 최대 발급자 수를 확대했다.

V. 새로운 자족적 코리아타운의 형성: 신오쿠보 뉴커머 집주지역

올드커머와 관련된 집주지역과 별도로, 뉴커머들만의 새로운 집주지역이 형성되고 있다. 그 대표적인 곳이 도쿄 신주쿠 오쿠보 지역이다. 오쿠보 지역은 앞서 언급한 대로 JR 야마노테선 신오쿠보역 주변지역으로서, 도쿄 신주쿠의 외국인이 많이 거주하는 곳이다. 오쿠보1정목, 2정목, 햐쿠닌초(百人町)1정목, 2정목, 기타신주쿠(北新宿)1, 2, 3, 4정목을 폭넓게 포괄하는 지역으로서[14] 주민의 1/3이 외국인이며, 그중 오쿠보1정목의 외국인 주민은 45.1%이다(사토, 2008: 10-11). 이 지역은 도쿠가와 이에야스가 에도로 수도를 옮기면서 그의 방응장(放鷹場)과 무기고가 자리잡고 발전한 곳이다. 에도 말기에는 하급무사들이 많이 살았고, 선교사를 비롯하여 다수의 외국인들이 또한 거주했다고 한다. 2차 세계대전 후 목조 임대아파트가 세워지기 시작했고 1950년 산업문화박람회가 가부키초에서 열리면서 이 일대가 위락 및 호텔가로 바뀌었으며, 외국인들이 몰리게 된 것이다.[15] 아직 일본 전역에서 오쿠보가 뉴커머 집주지역으로 두드러지지만, 고베 등 다른 지역에서도 하나둘 모습을 드러내기 시작했다.

1. 신오쿠보 코리아타운의 형성

특히 신오쿠보역을 기점으로 오쿠보도리(大久保通り), 메이지도리(明治通り), 쇼쿠안도리(職安通り), 고타키바시도리(小瀧橋通り)로 둘러싸

---

14 신주쿠구 행정구분에서는 가부키초(歌舞伎町)도 오쿠보에 포함되어 있다.

15 오쿠보 지역의 역사에 대해서는 조현미(2005: 222-226) 참조.

〈사진 8–1〉 신오쿠보 코리아타운의 거리(2014)

인 사각형의 지역은 '국제거리' 또는 '한국거리'로 불리는 곳이다(사진 8-1, 그림 8-3 참조). 1950년 3월, 재일한국인 1세인 신격호가 이곳에 롯데 공장을 세웠으나 큰 변화가 없다가 1990년대를 통해 이곳에 코리아타운이 형성된 것이다. 2008년 필자가 수집한 오쿠보 거리에 비치된 『코리아타운맵』은 JR 신오쿠보역을 서쪽 끝에 가깝게 두고, 북쪽으로 오쿠보도리, 동쪽으로 메이지도리, 남쪽으로 쇼쿠안도리, 서쪽으로 고타키바시도리 네 개의 큰 길로 둘러싸인 사각형 지역을 중심으로 각종 상점과 건물을 보여 주고 있는데, 북쪽의 오쿠보도리와 남쪽의 쇼쿠안도리는 길 양옆으로 한국 관련 건물이 들어서서, 사각형의 안쪽을 벗어나 각기 북쪽과 남쪽으로 코리아타운이 점차 커지고 있는 경향도 보여 주고 있다.

오쿠보에는 한국 간판을 달고 한국어로 의사소통할 수 있는 거의 모든 종류의 점포가 있어서 자족적이라고 말할 수 있다. 이곳에서 배포되는 『월간 아리랑』은 2002년 말 대표적인 한국인 종사 업종을 40

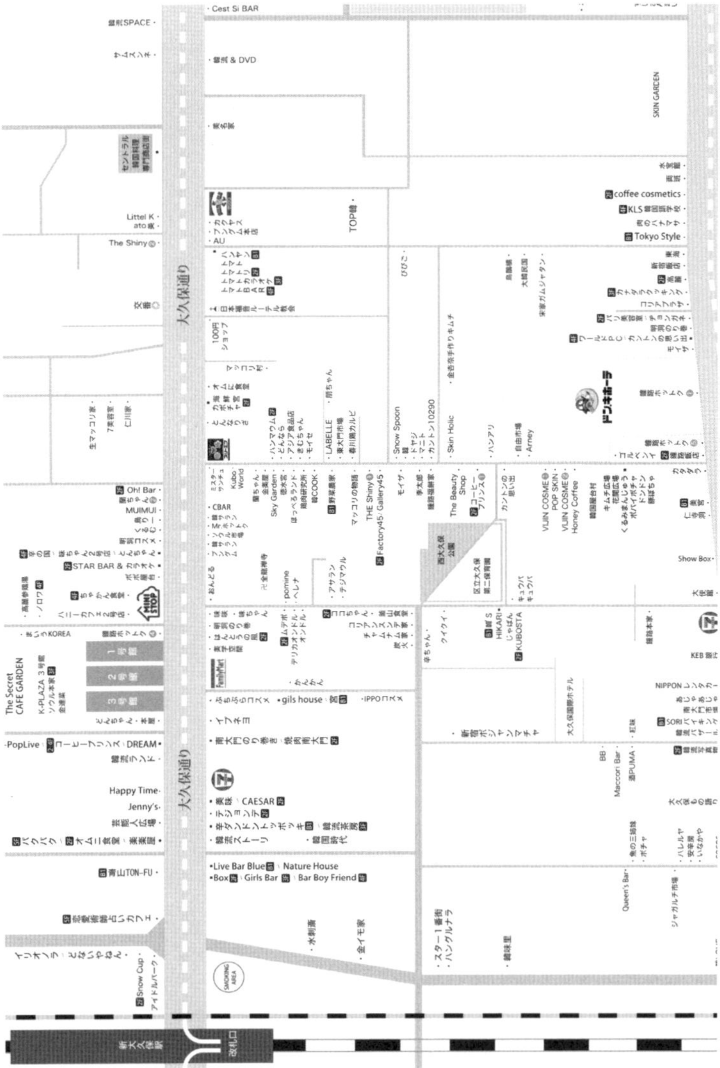

〈그림 8-3〉 신오쿠보 코리아타운 지도

자료: WOW신오쿠보 홈페이지(http://www.wowsokb.jp/map/wowsokb.pdf).

여 개 소개했다. "일본어 학교(유학생 대상), 학위 취득 후 미취업, 비즈니스, 한국계 종교기관, 건설노동자, 서비스업, 한국 음식점, 직업소개소, 송금업계, 여행사, 운세철학, 국제전화, 비디오점, 미용업, 보따리장수, 일반무역업, 중고품업, 구두 및 가방제조업, 보석가공업, 통역, 번역, 가이드, 의류, 액세서리, 숙박업, 교민잡지, 식품유통업, 주류유통, 에스테틱, 인테리어업, 한국식품점, 컴퓨터프로그래머, 기숙사임대업, 교민인쇄업, 재일문화계, 통신판매업, 교민이삿짐, 스포츠레저"가 그것이다(장윤수, 2004: 396). 한국 식품점이 즐비하고, 비디오점에는 한국 비디오가, 서점에는 한국 책이, 양품점에는 한국에서 수입한 옷들이 걸려 있다. 이 점포들은 대부분 한국인을 고용하며, 이곳을 이용하는 고객들도 거의 한국인이다. 한국인 고객이 모이므로 한국어로 된 각종 정보지가 거리에 비치되어 있다.

이 코리아타운이 형성되는 데는 1970년대, 1980년대, 1990년대, 2000년대 이후의 점진적인 단계를 거쳐 왔다고 볼 수 있다. 첫째, 뉴커머들이 취업을 위해 본격적으로 도일을 시작한 시기는 1970년대 말 이후로, 이 시기에 이주한 사람 대부분은 경제적 빈곤에서 탈출하기 위해 흥행비자 혹은 취학비자를 취득하여 서비스 업종에 취업했다. 그 당시 가부키초의 한국 주점(코리안클럽)은 약 500곳 정도로 재일동포 경영자가 많았다. 취학비자를 통해 입국한 일부 여성들이 낮에는 일본어 학교에 다니고, 밤에는 클럽에서 일하는 경우가 많았다. 이와 맥을 같이하여 쇼쿠안도리에 한인 교회, 식당, 미용실, 전통의상점이 등장하기 시작한 것은 1980년대 이후로, 이러한 점포들은 서비스업에 종사하는 여성들을 대상으로 영업했다(朴賢珠, 2002: 109-115; 유연숙, 2011).

둘째, 1980년대 이전까지는 올드커머가 중심이 되었던 오쿠보 지역이 1980년대 들어 일본에서 출입국관리 및 난민인정법에 근거한

비자 취득조건이 완화되고, 유학생 입학이 국가적으로 장려되었으며, 한국에서는 해외여행의 자유화가 시작되자 뉴커머로 차츰 중심이 옮겨 가기 시작했다. 이러한 흐름은 1988년 서울 올림픽과 1989년 완결된 해외여행 자유화라는 한국 내 요인에 따라 새로운 도약을 맞았다. 한국으로부터 큰 규모의 이주가 가속화됨에 따라, 1990년경부터 코리아타운이라고 할 수 있는 한국인 밀집지역이 형성되기 시작했다. 1980년대부터 일본에 들어온 유학생들이 일본에 남아 창업하기 시작한 것도 이 시기였다. 그다음의 중요한 계기는 1997년 외환위기 후 이전에 일본에 주재원으로 근무한 경험이 있는 실직자들이 대량 이곳으로 와서 다양한 창업을 시도한 것이다. 이 흐름은 1998년, 1999년, 2000년으로 이어지면서, 외관상 많이 보이는 상점 이면에서 왕성하게 이루어지는 다양한 사업의 중요한 부분을 이루었다. 이들은 IT사업, 의료기기 수입업, 섬유 제조업, 차부속품 수출업, 기타 무역업 및 물류업, 보세창고 등을 경영했는데, 때마침 모든 기업이 일본인 2-3명을 고용해야 한다는 일본법이 바뀌어 외국인만 고용하는 것도 가능하게 되자 더욱 많은 한국인이 몰리게 되었다.[16]

필자가 2007년 9월에 수집한 오쿠보 거리에 비치된 월간 생활정보지 『한국인 생활정보』는 스스로 일본 최초의 한국인 정보지라고 소개했는데, 2007년 9월호가 제211호이므로 최초 발행은 1990년 3월로 환산된다. 이것은 1990년경 이곳에 코리아타운이 형성되기 시작한 사실을 말해 준다. 2003년 9월에 오쿠보 거리에서 수집한 『교차로』는 A3 용지 크기에 72쪽에 달하는 두툼한 신문 형태로서 그곳에 비치된 생활정보지 중 가장 정보가 많이 들어 있는 것으로 보였다. 그 신

16 2008년 9월 한인회 관계자 면담.

문은 2주에 한 번씩 발행되는데, 2003년 9월 11-24일에 발간된 것이 제205호였으므로 1990년대 후반에 시작되었다는 것을 알 수 있고, 그 시기에 보다 적극적으로 생활정보를 요구하는 코리아타운의 환경이 조성되었다는 것을 알 수 있다.

실제로 1990년 이전에는 한국계 상점이 거의 없었는데, 1990년대 중반 이후 조금씩 생기다가 1990년 후반 급증했으며, 2000년대 들어서는 500개에 가까운 숫자로 늘어났다. 2002년에 고려박물관이 이곳에 개관되고 2006년에는 주일 한국문화원도 설립되었다. 2001년에 창립된 재일본한국인연합회 사무실도 이곳에 있다. 2002년 월드컵과 2003년 한류붐 이후 더욱 번창하게 되었다. 한국인 무료정보지 『시나브로』 2007년 10월호에는 461개의 한국 기업이 광고를 냈으며(사토, 2008: 37-38), 앞서 언급한 『교차로』 2008년 6월 1-14일의 제318호에는 주택정보를 포함해서 천 개가 훨씬 넘는 광고가 실렸다. 2003년 9월, 2007년 10월, 2008년 6월에 필자가 오쿠보 거리에서 수집한 『교차로』는 각기 20페이지에서 48페이지, 그리고 72페이지로 분량이 늘어났다.[17]

신오쿠보 코리아타운 형성에서 놓칠 수 없는 요소는 한인 교회의 성장과 역할이다. 교회는 대체로 한국인 디아스포라의 거점이 되고 있다. 미국에서 재미동포들이 교회를 중심으로 커뮤니티를 만들고 정

---

17 오쿠보 거리에 비치된 무료 생활정보지는 『교차로』와 같이 대체로 2주일에 한 번씩 발행되는 『벼룩신문』, 『벼룩한인신문』, 『일본벼룩시장』, 『코리아타운』 등이 더 있으며, 매월 발행되는 책자는 『행복마을』, 『유학생활』, 『유학생』, 『비지』, 『동서남북』, 『월간 한일』, 『월간 아리랑』, 『신동경』, 『그루터기』, 『팬코리아』, 『월간 인포메이션』, 『월간 선데이 도쿄』, 『한국인생활정보』, 『고향』, 『와사비』, 『쇼핑가이드』, 『넷21』, 『유행스타일』, 『시나브로』, 『월간 베스트』, 『Cocofun』 등 헤아릴 수 없이 많다. 이 밖에도 특정 정보를 제공하는 것으로 TV프로그램을 안내하는 『Korean TV』, 식당 안내지인 『신주쿠코짱』, 『Chingu』, 『동경 트래블가이드』, 『코리아타운맵』 등이 오쿠보 거리 이곳저곳에 놓여져, 사람들이 자유롭게 가져가도록 하고 있다.

서적·실질적 소통을 하고 있는 것이 대표적 예다. 그러한 현상이 신오쿠보 코리아타운에 나타난 것이다. 오쿠보 지역에 한국인 수가 늘어나면서 1990년대 중반 이후 한인 교회가 새로 지어지거나, 일본의 다른 지역에서 이곳으로 옮겨 오기 시작했다. 그러나 아직까지 미국에서와 같이 교회가 뉴커머 커뮤니티의 중심이 되고 있지는 않은 것으로 보인다. 『월간 아리랑』이 2001년 12월 1일-2002년 1월 두 달간 뉴커머 625명을 대상으로 한 설문조사에서, 반수 정도가 신앙생활을 하며, 불교신자가 가장 많은 것으로 나타났다(장윤수, 2004: 395).

2. 신오쿠보 코리아타운 뉴커머의 복합적 구성

이곳의 한국인들은 80% 이상이 뉴커머이지만, 올드커머, 유학생, 불법체류자, 일시 거주 주재원 등 구성은 보다 다양하다. 1990년대 이곳에서 창업한 사람들은 1980년대에 일본에 온 유학생들이 많으며, 한국에서부터 이곳으로 취업하여 온 사람도 많다. 특히, 앞서 언급한 주재원 출신 뉴커머들은 다양한 사업을 하면서 실제로 2001년 재일본한국인연합회(한인회)의 설립에 많이 기여했다고 한다.[18] 2008년 필자가 한인회를 방문했을 때, 한인회 관계자는 이곳에 IT 기술자만 5천명이 넘는다고 말했다. 유학생들은 일본에서 취업만 되면 일본에 남고 싶다고 생각하는 사람이 많다고 한다. 대학뿐 아니라 미용학원, 일본어학원 등에 새로 들어온 유학생이 이곳에 거주한다(朴賢珠, 2002). 필자가 2003년에 면담한 오쿠보1정목의 '조이미용실' 점원은 20대 중반쯤으로 보였는데, 미용학원에 유학 왔다가 자격증을 받았지만, 자

18 2008년 9월 한인회 관계자 면담.

격증 받기 전부터 이 지역 미용실에서 일했다고 말했다.

오쿠보가 인접 신주쿠와 가부키초의 베드타운으로서 외국인 불법체류자들이 많이 모이는 곳임을 감안할 때(사토, 2008: 28-30), 뉴커머 불법체류자도 적지 않은 부분을 점하고 있다는 것을 알 수 있다. 버블경제기 가부키초에는 재일동포가 운영하는 술집, 성매매 관련 업소가 200개가 넘었다고 하는데, 오쿠보는 그런 지역의 베드타운 역할을 하는 곳이었다. 올드커머와 일시 체류자도 적지 않게 거주하고 있는 것이다. 과연 이곳을 현지조사한 연구자들은 불법체류자가 적지 않게 섞여 있다고 보고한다. 근처의 신주쿠 도심이나 가부키초에서 토목건설현장이나 유흥업소에서 일하는 불법체류자가 6만 명 이상이라고 추산하는 시각도 있다. 장윤수는 2004년 2월 신주쿠 구청 오쿠보 특별출장소 관계자를 면담한 결과를 보고하고 있는데, 오쿠보 소학교에 외국인 학생 비율이 절반 이상이며, 부모가 불법체류자로 검거되는 바람에 결석이 빈번하다고 한다. 구청(區役所)에서는 다양한 프로그램을 개발하여 다민족 간 교류를 도모하고 있다고 한다. 여기에 한국인이 많은데, 오쿠보 특별출장소 관계자는 IMF 이후 특히 그 수가 늘어났다고 말했다(장윤수, 2004: 394-395). 뉴커머의 이해를 대변하는 재일본한국인연합회의 홈페이지에는 다음의 문구가 있다. "여러 가지 사정에 의해 불법으로 체류하고 있는 분들이 불법이라는 이유만으로 많은 불이익을 당하고 있고 마땅히 상담할 곳을 찾지 못해 애를 태우고 있는 것을 많이 접하게 됩니다. 이에 상담실은… 불법체류자의 안전한 귀국과 재류 특별허가에의 안내… 상담 등을 각 분야의 전문가를 통해 무료로 실시하고 있습니다. 물론 그에 따른 비밀은 엄수되니 안심하고 상담하시기 바랍니다."[19] 앞서 언급한 『월간 아리랑』의 설문조사에서 대부분 여건이 되는 한 계속 체류하고 싶다고 말했으며, 취업이 가장 큰 고민이라고 밝혔다(장윤수, 2004: 395). 불법체류자도 적지 않게 섞여 있다는 사실을 말하고 있는 것이다.

신주쿠에 외국인이 모이는 이유는 한국학교를 비롯한 외국인 학교가 있고, 외국인에 대한 입주거부 경향도 낮은 때문이다(사토, 2008: 10-29). 한국의 회사 등에서 파견된 주재원들은 대부분 동경한국학교 주변의, 신주쿠에서 좀 더 나은 지역에 거주하지만, 오쿠보에 거주하는 사람들도 적지 않다고 한다.

3. 올드커머 집단과의 분리

오쿠보 뉴커머 코리아타운의 형성은 한편으로 합법 뉴커머 규모가 확대되었다는 점과, 다른 한편 그들이 올드커머 집단의 메커니즘에 쉽게 편입되기 힘들다는 사실을 기반으로 한다. 일본어라는 언어의 어려움은 두 집단을 분리하는 대표적 요소가 된다. 그야말로 성격이 다른 두 집단의 분리적 존재가 이루어진 것이다. 앞서 논의한 대로 오쿠보 한국인의 대부분은 뉴커머이다. 상점 주인도 뉴커머이며 고객도 뉴커머이다. 한국말로 생활이 가능하므로 일본 사회 적응을 위해 올드커머에 의존할 필요가 없다.

오쿠보 지역을 중심으로 하여 한인회가 2001년에 창립된 것은 이러한 상황을 반영하고 있다. 한인회는 "1980년대 말 해외여행 자유화 이후 일본에 와 생활의 뿌리를 내리고 있는… 18만여 명의 뉴커머들의 이해를 대변하기… 위해" 설립했다고 설립목표를 밝히고 있다.[20] 특히 올드커머가 일본어를 잘해서 생활에 문제가 없고 민단을 비롯한

19 재일본한국인연합회 홈페이지(http://www.haninhe.com).

20 재일본한국인연합회 홈페이지(http://www.haninhe.com/bbs/board.php?bo_table=b11).

여러 단체에 쉽게 접근할 수 있는 데 비해, 뉴커머는 일본어가 불편하고 또 한국인을 상대로 일해 일본어가 늘지도 않으므로, 전문적인 상담을 제공한다고 한다. 뉴커머들의 실질적인 네트워크를 시도하고 본격적인 코리아타운을 만들고자 한 것이다. 민단과 별도로 새로운 재일동포 단체를 만드는 것의 정당성은 있지만 한인회가 실제로 뉴커머 전체를 대변하는지에 대해서는 이견이 있다.[21] 2010년 이후 간사이(關西), 규슈(九州), 주부(中部), 가나가와현(神奈川縣)에 지방 한인회가 설립되면서 뉴커머 집단이 올드커머로부터 분리되어 가는 현상을 보여주고 있다.

이 지역에 한국인을 대상으로 하는 일본어 학교가 다수 존재하는 것도 그러한 현상을 말해 준다. 한 연구에 따르면, 이 일본어 학교는 단순히 일본어 교육만을 하는 것이 아니라, 기숙사를 제공하고 일자리를 소개하는 기능도 하고 있다고 한다(김현숙, 2003: 72). 과거 올드커머와의 연결을 통해 일자리를 구해 입국하던 초기 뉴커머들과는 완연히 달라진 모습이다. 4-5세까지 한국 또는 조선 국적을 유지하고 있는 올드커머들과는 달리, 뉴커머들에게 귀화는 별다른 거부감이 없으며, 일본 사회에 적응할 수 있도록 먼저 온 사람들이 나중에 오는 사람들에게 정보를 주고, 일본인과도 융화해서 살자는 생각이 강하다[22]고 하는 점도 두 집단의 차이를 명확히 한다.

---

21 한인회 관계자에 따르면, 뉴커머들이 올드커머로부터 보호받지 못하거나 오히려 역차별을 받는 경우도 많으며, 올드커머 3-4세와 새롭게 한국에서 온 동포들과는 이미 의사소통에 문제가 있으므로, 한인회의 설립은 불가피했다고 말했다. 그러나 한편 2008년 9월 필자가 도쿄에서 만난 재일동포 중에는 한인회가 뉴커머 중 유학생, 교수 등은 배제한 채, 오쿠보 상인 중심으로 이루어진 일부의 조직이라고 말하는 사람도 있었다. 한인회 설립 과정에서 이루어진 민단과의 갈등에 관해 언급하는 사람도 있었다.

22 2008년 9월 한인회 관계자 면담.

이렇게 보면 2000년대 들어 재일동포는 명확히 구분되는 두 개의 집단으로 나뉘게 되는 것으로 보인다. 올드커머 집단이 특수한 역사적 뿌리를 가지고, 세계 대부분의 소수민족집단과는 다른, 상당히 특수한 조건에 놓여 있다면,[23] 뉴커머 집단은 보다 보편적인 소수민족 집단의 성격을 나타내고 있다고 말할 수 있다.

4. 일본 사회 속으로 들어가는/배척받는 코리아타운

소수민족집단의 내부 확대와 밀집화, 구성의 분화, 그리고 다른 한편 주류 사회와의 접촉과 그 안에서의 위상 정립은 동전의 양면과 같이 진전되는 경우가 대부분이다. 오쿠보 뉴커머 집단에서도 이러한 경향이 포착된다. 뉴커머 집단은 한편으로 더 밀집하여 한국 생활권을 형성하고 상호 정보교환과 네트워크를 강화하는 한국인 집단을 만들어 갈 추세이다. 캘런(Horace Kallen)은 에스닉 집단(ethnic group)에의 소속은 개인의 정서적 만족을 충족시키고, 다양한 문화의 인정을 통해 진정한 민주주의 확립을 유도할 수 있으며, 에스닉 집단이 상호작용을 통해 새로운 문화 산출을 가능하게 한다고 하였다(Kallen, 1915). 필자가 2002, 2003, 2007, 2008년에 오쿠보 지역을 계속 방문하여 확인한 바에 의하면, 해마다 늘어나는 점포들의 과밀 현상, 2세들의 민족교육을 위한 한글교실과 한국문화교실 및 학교시설 확대 계획 추진[24] 등은 캘런의 주장과 부합하는 부분이다.[25]

---

23 예컨대 4세, 5세에 이르도록 한국적을 가지고 귀화하지 않는 사람이 많으며, 민족학교가 계속 한국어로 수업한다.

24 재일본한국인연합회 홈페이지(http://www.haninhe.com).

25 「エスニック集團の社會理論」(http://www.kwansei.ac.jp/s_sociology/kiyou/69/69-ch2.pdf).

그러나 다른 한편, 뉴커머 집단 내의 분화도 이루어지고 있다. 2002년 1월부터 매월 발행되고 있는 재일본한국인연합회 소식지는 한글로만 만들어지다가, 2005년 7월부터 주요 단어들이 전부 한자로 바뀌었다. 일본어 어휘가 간혹 섞여 있기도 하다.[26] 아마도 일본에서 생활하는 사람들에게 이것이 더 편리하기 때문이라고 해석되는 한편, 이미 일본어가 더 익숙한 집단이 형성되기 시작한 사실을 말하는 것이기도 하다.

일본 사회와의 접촉도 진전되지 않을 수 없다. 일본 사회 한가운데 자리잡은 코리아타운에 일본인들이 쇼핑이나 식사를 위해 들르기도 한다. 월드컵을 계기로 한국 음식점 이용이 많아졌으며, 한류붐 이후 생겨난 한국 연예인의 사진이나 관련 액세서리, 서적 등을 파는 상점이 늘어나고, 그곳은 일본인들이 주 고객이 되고 있는 것이다. 2008년 필자가 이런 상점의 한 곳을 기웃거리자, 주인이 일본어로 물건을 소개했으며, 일본인들의 방문이 이어지는 것을 볼 수 있었다. 차이나타운과 같은 관광지가 될 기미도 보였다. 그러나 일본에서의 한류의 침체와 반한주의의 급격한 부상, 그리고 이에 대한 미디어의 편향적 보도들이 이어지면서, 2015년 이후의 코리아타운은 한때의 성황했던 모습이 사라지고 침체기를 맞이하고 있는 듯하다. 실제로 코리아타운에 위치한 한 식당 경영자는 매출이 최근 2-3년 사이에 60% 이상 떨어졌다고 언급하기도 했다.[27]

한편 전체적으로 한국인들이 몰려들면서 본래 살고 있던 일본인들은 이곳을 빠져나가고 있으며, 상점의 고객 이상으로 한국인-일본인의 근린관계는 형성되지 못하고 있는 것으로 보인다. 2003년 신주

---

26 재일본한국인연합회 홈페이지(http://www.haninhe.com).

27 『조선일보』(2015. 2. 7)(http://news.chosun.com/site/data/html_dir/2015/02/07/2015020700134.html?news_Head1).

쿠구의 설문조사[28]에서 오쿠보 지역 일본인들의 반 이상이(54.2%) 외국인과 전혀 교류가 없다고 답했으며 0.9%만이 가족처럼 친하게 지낸다고 답했다. 더욱이 신오쿠보 코리아타운의 형성에 대해 부정적인 시각이 심각하다. 전반적으로 외국인 거주에 대해 부정적이었으나, 특히 오쿠보 지역에서는 46.7%에 달하는 사람들이 외국인 거주를 바람직하지 않다고 답했다. 신주쿠 주민의 61.7%가 외국인 거주로 범죄가 늘어난다고 답했으며, 오쿠보 지역에서는 84.1%가 외국인에 의한 범죄의 불안을 느낀다고 답했다(사토, 2008: 50-53). 2010년대 들어 혐한 시민들이 늘어나 재특회(재일의 특권을 용납하지 않는 시민모임)와 같은 폭력적 집단이 신오쿠보 지역을 중심으로 활동하고 있는 점도 근본적인 배척의 심리가 폭발한 것이라고 해석된다.

VI. 맺음말

이제 그 첫 세대를 형성하고 있는 뉴커머 집단은 어떻게 변화할까? 일본에서의 체재기간이 길어질수록 일본 사회에 익숙해지고 일본식의 어휘와 표현이 익숙해지는 집단이 생기고 있으며, 그 2세들은 한국보다 일본 사회에 더욱 익숙할 것이다. 귀화도 늘어날 것이다. 코리아타운은 음식점이나 서점 등 여러 민족적 편의를 제공하는 곳으로 남고 일본 사회에 안정적으로 정착한 많은 사람들은 일본인 거주 지역으로 이동할지 모른다. 대부분의 소수민족집단에서 나타나는 경향이다. 그렇다면 올드커머는 특수한 역사적 집단으로 고립되어 남을 것인가.

---

28 구체적인 내용은 신주쿠구 홈페이지(https://www.city.shinjuku.lg.jp/content/000024157.pdf) 참조.

참고문헌

강덕상 · 정진성, 1999, 『근 · 현대 한일관계와 재일동포』, 서울대학교출판부.

강상중, 2004, 『재일 강상중』, 삶과 꿈.

강성은, 2003, 「〈통일교과서〉를 목표로 한 조선학교의 조선사교과서개정에 대하여」, 서중석, 『글로벌화와 인권교과서』, 역사비평사.

강성현, 2002, 「국적의 정치와 조선적 재일」, 숙명여자대학교(편), 『Post-colonial 시대에 있어서 재일조선인』, 숙명여자대학교.

강재언 · 김동훈, 2000, 하우봉 · 홍성덕 옮김, 『재일 한국 · 조선인: 역사와 전망』, 소화.

강철수, 2008, 「재일조선인총련합회의 노선전환에 관한 연구」, 서울대학교 사회학과 석사학위논문.

교육과학기술부 · 한국교육개발원, 2009-2010, 『교육통계연보』, 교육과학기술부.

교육부, 2001, 『교육통계연보』, 교육부.

권숙인, 2000, 「재일한인의 정체성: '제3의 길'을 중심으로」, 『한국문화인류학의 이론과 실천』, 소화.

권숙인, 2008, 「디아스포라 재일한인의 '귀환': 한국사회에서의 경험과 정체성」, 『국제지역연구』 17(4): 33-60.

권숙인, 2011, 「일본의 전통, 교토의 섬유산업을 뒷받침해온 재일조선인」, 『사회와 역사』 91: 325-372.

권일천, 1952, 「在日韓國人對策樹立の急務」, 『共通の廣場』 1(5): 96-98.

권혁태, 2007, 「'재일조선인'과 한국사회: 한국사회는 재일조선인을 어떻게 '표상'해왔는가」, 『역사비평」 78: 234-267.

권혁태 · 이정은 · 조경희 편, 2017, 『주권의 야만』, 한울.

김겨레, 2009, 「다문화공생 일본과 은폐되는 식민」, 서울대학교 인류학과 석사학위논문.

김경근 외, 2005, 『재외한인 민족교육의 실태』, 집문당.

김경숙, 1989, 「재일동포, 축제로 민족을 찾는다」, 『월간 말』 34: 68-72.

김경해, 2006, 정희선 외 공역, 『1948년 한신교육 투쟁: 재일조선인 민족교육의 원점』, 경인문화사.

김광렬, 2003, 「책을 펴내며」, 한일민족문제학회, 『재일조선인 그들은 누구인가』, 삼인.

김광렬, 2010, 『한인의 일본이주사 연구』, 논형.

김광섭, 2005, 「재일코리안과 일본국적 취득문제: 법 · 제도와 아이덴티티」, 서울대학교 사회학과 석사학위논문.

김근오, 2002, 「재일한국인의 국적을 둘러싼 제문제」, 『비교민속학』 22: 403-436.

김대성, 1995, 「GHQ점령하의 재일한국인 민족교육 활동에 관한 고찰」, 『평생교육학연구』 1(1): 161-178.

김대성, 1996, 「재일한국인의 민족교육에 관한 연구」, 건국대학교 교육사회학 박사학위논문.

김덕룡 · 박삼석, 1987, 『재일동포들의 민족교육』, 조선대학교 민족교육연구소.

김상현, 1988, 『재일한국인』, 한민족.

김석범, 1999, 「지금 '재일 조선인'에게 '국적'이란 무엇인가?: 이회성에게 보내는 편지」, 『실천문학』 53: 317-336.

김성희, 2011, 「1970년대 재일동포 모국방문사업에 관한 정치사회학적 연구」, 서울대학교 사회학과 석사학위논문.

김숙자, 2007, 「재일조선인의 정체성과 국적」, 동국대학교 사회학과 석사학위논문.

김요자, 2004, 「1990년대 이후 마당운동과 재일한국 · 조선인의 아이덴티티」, 서울대학교 사회학과 석사학위논문.

김은혜, 2010, 「도쿄 도시레짐과 에다가와조선학교의 역사」, 『사회와 역사』 85: 271-307.

김인덕, 2012, 「재일조선인 민족교육과 東京朝鮮中學校의 설립: 『도꾜조선중고급학교 10년사』를 중심으로」, 『숭실사학』 28: 253-284.

김재기, 2005, 「남북통일과정에서 재일동포의 대북한 경제협력」, 『한국동북아논총』 34: 167-194.

김지영, 1995, 「재일동포사회에서 38선이 무너지고 있다」, 『말』 105: 102-105.

김태기, 2001, 「한국정부와 민단의 협력과 갈등관계」, 『아시아태평양지역연구』 3(1): 60-97.

김태기, 2003, 「분단의 갈등을 넘어 통일의 민족단체로」, 『재일조선인 그들은 누구인가』, 삼인: 38-49.

김태기, 2004, 「미 국무성의 대일점령정책과 재일조선인정책: 일본통의 재일조선인에 대한 인식과 정책결정 과정을 중심으로」, 『한국동북아논총』 33: 127-156.

김현선, 2009, 「국적과 재일 코리안의 정체성: 조선·한국적 유지자의 삶과 의식을 중심으로」, 『경제와 사회』 83: 313-341.

김현선, 2011, 「재일 밀집지역과 축제, 아이덴티티: 오사카 '통일마당 이쿠노'를 중심으로」, 『국제지역연구』 20(1): 1-30.

김현숙, 2003, 「도쿄 오쿠보의 한국인과 관련 상업시설 집중 메커니즘 및 그 영향에 관한 연구」, 『국토계획』 38(1): 67-82.

김홍규, 1993, 「재일동포들의 민족교육에 대하여」, 『이중언어학』 10(1): 164-179.

김효순, 2015, 『조국이 버린 사람들』, 서해문집.

김희정, 2008, 「재일조선학교 교육변화에 관한 연구: 도쿄조선제1초중급학교의 사례를 중심으로」, 이화여자대학교 지역연구협동과정 석사학위논문.

나카무라 일성(中村一成), 2016, 『사상으로서의 조선적-朴正惠씨: 이 아이들에게 민족의 마음을」, 『世界』 3월호, 5월호.

노동부, 1986-1992, 「고용전망조사보고서」.

마츠다 토시히코, 2003, 『해방후 민족 교육의 발자취, 재일조선인 그들은 누구인가』, 삼인.

문옥표, 1992, 「농촌가족의 변화와 여성의 역할: 일본 群馬縣 片品村의 두 마을 사례를 중심으로」, 『한국문화인류학』 24: 231-263.

문일석, 1991, 「해빙무드 맞은 조총련과 민단」, 『옵서버』 18: 567-579.

박경남, 2016, 김경원 역, 『우린 행복하려고 태어난거야』, 북뱅.

박권일·서경식, 2006, 「디아스포라로 살아가는 건 나의 숙명」, 『월간 말』 240: 48-53.

박병윤, 1992, 「남북의 유엔 동시가입과 재일동포의 역할: 91년문제의 총괄과 분단극복을 위하여」, 『재외한인연구』 2: 79-116.

사토 아키히토, 2008, 「도쿄 오쿠보 외국인 집주지구 형성과 '다문화 併生'에 관한 연구」, 서울대학교 사회학과 석사학위논문.

서경식, 1996, 「재일조선인의 위기와 기로에 놓인 민족관」, 『역사비평』 33: 63-86.

서경식, 1998, 「재일조선인의 나아갈 길 : '에스닉마이너리티'인가 '네이션'인가」, 『창작과비평』, 102: 353-371.

서경식, 2002, 「반난민의 위치에서」, 숙명여자대학교(편), 『Post-colonial 시대에 있어서 재일조선인』, 숙명여자대학교.

서경식, 2009, 『고통과 기억의 연대는 가능한가?: 국가, 국민, 고향, 죽음, 희망, 예술에 대한 서경식의 이야기』, 철수와영희.

손애경, 2006, 「총련계 재일조선인 커뮤니티와 조선학교」, 서울대학교 인류학과 석사학위논문.

송기찬, 2002, 「젊은 세대의 대두와 재일동포 민족교육의 새로운 전개」, 『민족학연구』 6: 31-69.

스즈키, 테사 모리스, 2008, 한철호 역, 『북한행 엑소더스』, 책과 함께.

시마 아쯔꼬, 1994, 「재일한국인 교육의 현황과 조사 분석」, 이화여자대학교 한국학과 석사학위논문.

신정화, 2002, 「북일관계의 역사」, 『역사학』 61: 66-79.

안성민, 1996, 「일본학교 내에서의 민족교육: 민족학급을 중심으로」, 『재일동포 민족교육의 어제, 오늘 그리고 내일』(민단창립50주년 기념 '재일동포 민족교육 서울대회' 자료집).

오만, 1993, 「일본의 공립소·중학교에서의 '민족학급'에 대하여」, 『이중언어학』 10: 180-214.

오자와 유사쿠, 1999, 이충호 역, 『재일조선인 교육의 역사』, 혜안.

유병용, 2002, 「한민족의 해외이주와 민족교육 문제」, 『근현대사강좌』 1: 43-132.

유연숙, 2011, 「동경의 코리아타운과 한류: 오쿠보지역을 중심으로」, 『재외한인연구』 25: 79-108.

유혁수, 2014, 「재일한국/조선인 사회의 갈등과 과제; 올드커머와 뉴커머의 관계를 중심으로」, 『일본비평』 10호.

윤건차, 2002, 「21세기를 향한 '在日'의 아이덴티티: '관계성'의 모습」, 강덕상 외(편), 『근·현대 한일관계와 재일동포』, 서울대학교출판부.

윤건차, 2016, 박진우 역, 『자이니치의 정신사』, 한겨레출판.

윤다인, 2014, 「모국수학이 재일동포의 민족정체성에 미치는 영향에 관한 연구」, 서울대학교 사회학과 석사학위논문.

이광규, 1983, 『재일한국인』, 일조각.

이문웅, 2004, 「총련계 재일조선인의 생활세계: 인류학적 접근」, 『한국사회과학』 26: 163-224.

이범준, 2015, 『일본제국 vs. 자이니치』, 북콤마.

이승우, 2005, 「재일동포의 법적 지위의 제한과 분쟁해결」, 『한국동북아논총』 37: 307-327.

이승훈, 2005, 「한국 사회운동가들의 정체성 형성과정: 사회운동 참여경험을 중심으로」, 『경제와 사회』 66: 12-38.

이정훈·윤인진, 1998, 「재일동포의 민족교육과 모국수학의 현황과 발전 방안」, 재외한인학회 월례발표회 발표논문.

이종원, 2005, 「재일동포사회와 남남갈등」, 『통일로』 198: 32-41.

임수연, 2001, 「재일한인 젊은 세대의 민족적 상징의 발화와 민족정체성 재현」, 이화여자대학교 사회학과 석사학위논문.

장윤수, 2004, 「재일 한인 집거지역 사회적 실태조사」, 『한국동북아논총』 31: 381-404.

장인성, 2003, 「총련계 재일한인의 민족정체성」, 『국제지역연구』 12(4): 27-49.

재일본대한민국민단중앙본부, 2003, 「총련항의에 대한 민단의 견해」(민단 홈페이지 〈최신정보〉, 2003. 9. 4, http://www.mindan.org, 검색일: 2017년 11월 18일).

재일본조선인총연합회, 1991, 『총련』, 재일본조선인총연합회.

정갑수, 2000, 「정상회담 이후 재일동포사회의 화해 · 협력: 민단 · 조총련 간의 화해와 협력을 중심으로」, 『통일문제연구』 33: 25-40.

정길화, 1996, 「조총련 교육현장 취재기: 약화되는 민족학교, 박수칠 일만은 아니다」, 『통일한국』 146: 52-55.

정병호, 2003, 「문화적 저항과 교육적 대안: 재일조선학교의 민족정체성 재생산」, 『비교문화연구』 9(2): 125-155.

정인섭, 1996, 『재일교포의 법적 지위』, 서울대학교출판부.

정일균, 2011, 「일제의 식민통치와 식민주의적 근대지식의 형성: 다카하시 도로의 조선학의 사례를 중심으로」, 『사회와 역사』 91: 165-216.

정진성, 1990, 「재일한국조선인의 결혼가족상황」, 『교포정책자료』 33: 7-30.

정진성, 1996, 「일본의 외국인운동: 가와사키 지역의 참정권 획득운동에서 재일한국인과 행정의 만남」, 『사회과학연구』 3: 265-281.

정진성, 2005, 「조총련조직연구」, 『국제지역연구』 14(4): 33-62.

정진성, 2008, 「재일동포 뉴커머 연구」, 서울대학교 일본연구소 제출 보고서.

정진성, 2009, 「민단-총련 관계의 변화: 남북한관계에 미칠 영향에 대한 탐색」, 『사회와 역사』 82: 282-321.

정진성, 2011, 「재일한인 뉴커머 형성과정과 집주지역의 특징」, 『사회와 역사』 90: 313-354.

정진성, 2012, 「'재일동포' 호칭의 역사성과 현재성」, 『일본비평』 7: 258-287.

정진성, 2016, 『일본군 성노예제』(개정판), 서울대학교출판문화원.

정진성 · 김은혜, 2007, 「민족학교(조선 · 한국) · 학급 전수조사를 위한 예비조사: 도쿄권의 초 · 중 · 고 민족학교를 중심으로」, 2007년도 재외동포재단 지원연구.

조기준, 1973, 『日本東京高原書林』, 日本東京高原書林.

조현미, 2000, 「재일동포 집주지역 형성과 민족정체성의 변화」, 『대한지리학회지』 35(1): 141-157.

조현미, 2003, 「일본인의 대한의식과 재일동포의 아이덴티티: 일본의 로칼리즘 · 내셔널리즘 · 리저널리즘」, 『일본어문학』 23: 493-538.

조현미, 2005, 「세계화시대의 로컬리티: 일본의 외국인 집중거주지역을 사례로」, 『지리학논고』 24: 216-229.

조현미, 2008, 「외국인의 거주지 선정과 지역적 특성과의 관계: 일본 도쿄도(東京都) 신주쿠구(新宿區)를 사례로」(미간행 논문).

진희관, 1999, 「재일한국인 사회형성과 조총련 결성배경 연구」, 『통일문제연구』 11(1): 80-106.

진희관, 2003, 「북한과 조총련의 관계 변화 및 민단: 조총련 관계개선 방안 모색」, 『통일문제연구』 15(1): 127-155.

진희관, 2005, 「재일동포사회의 문제와 북일관계: 60년대 한일수교 시기를 중심으로」, 『한국사연구』 131: 133-163.

채영국, 2003, 「해방 후 해외 한인의 귀환문제 연구」, 『한국근현대사연구』 25: 83-103.

채영국, 2006, 「해방 직후 미귀환 재일한인의 민족교육운동」, 『한국근현대사 연구』 37: 7-34.

청암대학교 재일코리안연구소, 2013, 『재일동포 민족교육 현황 조사』, 재일동포재단.

최영호, 1995, 『재일한국인과 조국광복』, 글모인.

최영호, 2003, 「재일동포는 선거권이 없다」, 한일민족문제학회, 『재일조선인 그들은 누구인가』, 삼인.

한상진, 1988, 「도시빈민의 주택문제에 관한 연구」, 서울대학교 사회학과 석사학위 논문.

한영혜, 2006, 「일본의 다문화공생담론과 아이덴티티 재구축」, 『사회와 역사』 71: 155-184.

한영혜, 2008, 「'민족명' 사용을 통해 보는 재일조선인의 아이덴티티: '민족'의 한계와 새로운 의미」, 『일본연구논총』 27: 815-832.

홍석화, 1993, 「모국어 교육의 현장: 민족학교: 금강학원(金剛學園)을 중심으로」, 『이중언어학』 10: 232-244.

Bach, Robert, 1978, "Mexican Immigration and the American State," *The International Migration Review* 12: 536-558.

Barclay, George W., 1954, *Colonial Development and Population in Taiwan*, Princeton

University Press.
Chang, Yunshik, 1967, "Population in Early Modernization: Korea," Ph.D. Dissertation, Princeton University.
Chang, Yunshik, 1971, "Colonization as Planned Changed: The Korea's Case," *Modern Asian Studies* 5(2): 161-186.
Chen, Edward I-te, 1968, "Japanese Colonialism in Korea and Formosa: A Comparison of Its Effects upon the Development of Nationalism," Ph.D. Dissertation, University of Pennsylvania.
Chen, Edward I-te, 1970, "Japanese Colonialism in Korea and Formosa: A Comparison of the Systems of Political Control," *Harvard Journal of Asiatic Studies* 30: 126-158.
Chung, Chin-Sung, 1984, "Colonial Migration from Korea to Japan," Ph.D. Dissertation, University of Chicago.
Cohen, Benjamin J., 1973, *The Question of Imperialism: The Political Economy of Dominance and Dependence*, Basic Books Inc.
Cohen, Jerome B., 1949, *Japan's Economy in War and Reconstruction*, University of Minnesota Press.
Conroy, Hilary, 1960, *The Japanese Seizure of Korea: 1868-1910*, University of Pennsylvania Press.
Gold, Thomas Baron, 1981, "Dependent Development in Taiwan," Ph.D. Dissertation, Harvard University.
Government-General of Chosen, 1911, "Annual Report on Reforms and Progress in Chosen."
Grajdanzev, Andrew J., 1942, *Formosa Today: An Analysis of Economic Development and Strategic Importance of Japan's Tropical Colony*, International Secretariat, Institute of Pacific Relations.
Grajdanzev, Andrew J., 1944, *Modern Korea*, The John Day Company.
Harada, Shuichi, 1928, *Labor Conditions in Japan*, Columbia University Press.
Henderson, Gregory, 1973, "Japan's Chosen: Immigrants, Ruthlessness and Developmental Shock," Andrew C. Hahm(ed.), *Korea under Japanese Colonial Rule*, Western Michigan University.
Ho, Samuel P. S., 1968, "Agricultural Transformation under Colonialism: The Case of Taiwan," *Journal of Economic History* 28: 313-340.

Ho, Samuel P. S., 1978, "The Economic Development of Colonial Taiwan, 1860-1970," *Journal of Asian Studies* 34: 417-439.

Ho, Samuel P. S., 1978, *The Economic Development of Taiwan, 1860-1970*, Yale University Press.

Ho, Yhi-Min, 1966, *Agricultural Development of Taiwan, 1903-1960*, Vanderbilt University Press.

Hyman, Kublin, 1959, "The Evolution of Japanese Colonialism," *Comparative Studies in Society and History* 2(1): 67-84.

Idei, Seishi, 1930, "The Unemployment Problems in Japan," *International Labour Review* 22: 503-523.

Ishii, Ryoichi, 1937, *Population Pressure and Economic Life in Japan*, P. S. King & Son Ltd.

Johnston, Bruce F., 1953, *Japanese Food Management in World War II*, Stanford University Press.

Johnston, Bruce F., 1964, "Agricultural Development and Economic Transformation: A Comparative Study of the Japanese Experience," *Food Research Institution Studies* 3: 223-276.

Kallen, Horace, 1915, "Democracy versus the Melting Pot," *The Nation* 100: 190-194.

Kubota, Sei, 1958, "Day-Laborers; The Pariah of Japanese Labor," *Contemporary Japan* 25: 686-690.

Kuo, Ting-Yee, 1973, "The International Development and Modernization of Taiwan, 1683-1891," K. T. Sih Paul(ed.), *Taiwan in Modern Times*, St. John's University Press.

Kuper, Leo, 1972, "Race, Class and Power: Some Comments on Revolutionary Changes," *Comparative Studies in Society and History* 14(4): 400-421.

Kwon, Ik-whan, 1966, "Japanese Industrialization on Korea, 1930-1945: Idealism or Realism?," *Koreana Quarterly* 8(2): 80-95.

Lee, Changsoo, 1981, "Ethnic Education and National Politics," Changsoo Lee and George De Vos(eds.), *Koreans in Japan*, University of California Press.

Lee, Hoon K., 1936, *Land Utilization and Rural Economy in Korea*, University of Chicago Press.

Light, Ivan, George Sabagh, Mehdi Bozorgmehr and Claudia Der-Martirosian,

1993, "Internal Ethnicity in the Ethnic Economy," *Ethnic and Racial Studies*, 16(4): 581-597.

Lockwood, William W., 1954, *The Economic Development of Japan: Growth and Structural Change 1868-1938*, Princeton University Press.

Luxemburg, Rosa, 1971, *The Accumulation of Capital*, Routledge and Kegan Paul.

Mcdonald, John S. and Leatrice Mcdonald, 1964, "Chain Migration, Ethnic Neighborhood Formation and Social Networks," *The Milbank Memorial Fund Quarterly* 42(1): 82-83.

Moskowitz, Karl, 1975, "The Creation of the Oriental Development Company," *Occasional Papers on Korea* 2, University of Washington.

Nakamura, Takafusa, 1971, translated by Robert A. Fieldman, *Economic Growth in Prewar Japan*, Princeton University Press.

Napier, Ron, 1982, "The Transformation of the Japanese Labor Market, 1894-1937," Tetsuo Najita and Victor Koschmann(eds.), *Conflict in Modern Japanese History*, Princeton University Press.

Ohkawa, Kazushi and Henry Rosovsky, 1965, "A Century of Japanese Economic Growth," William H. Lockwood(ed.), *State and Economic Enterprise in Japan*, Princeton University Press.

Okayama Korean School, 1999, *History and Current State of Ethnic Education: By Korean People in Japan*, Okayama Korean School.

Pempel, T. J., 1982, *Policy and Politics in Japan: Creative Conservatism*, Temple University Press.

Polanyi, Karl, 1957, *The Great Transformation*, Beacon Press.

Ryang, S., 1997, *North Koreans in Japan: Language, Ideology, and Identity*, Westview Press.

Schumpeter, E. B., "Japan, Korea and Manchukuo, 1936-1940," E. B. Schumpeter(ed.), *The Industrialization of Japan and Manchukuo 1930-1940*, Macmillan, 1940.

Steiger, G. Nye, 1936, *A History of the Far East*, Ginn & Company.

Suh, Sang-chul, 1978, *Growth and Structural Changes in the Korean Economy, 1910-1940*, Harvard University Press.

Taira, Koji, 1970, *Economic Development and the Labor Market in Japan*, Columbia University Press.

United Nations, 1975, "Economic and Social Commission for Asia and the Pacific," *Population of the Republic of Korea*, ESCAP Country Monograph Series 2.

Wickberg, Edgar, 1969, "Japanese Land Policies in Taiwan, 1895-1945," *Agricultural History* 43: 369-378.

Wolf, Eric R., 1968, *Peasant Wars of the Twentieth Century*, Harper Colophon Books.

姜在彦, 1996, 『'在日'からの視座』, 新幹社.

京都市社會課, 1937, 『市內在住朝鮮出身者に關する調査』.

堺市, 2006, 「堺市國民保護計画概案に関連して 龍谷大學 李洙任教授からいただいたご意見」.

高鈫起 等, 2001, 「在日コリアンにとっての國籍を考える」, 『週刊金曜日』(2001. 8. 24).

駒井洋, 1990, 「日本における外國人勞動者の實態」, 筑坡大學社會科學系.

九州地方朝鮮人强制連行眞相調査團, 1974, 『九州朝鮮人强制連行力實態』.

宮島博史, 1983, 「朝鮮甲午改革以後の商業的農業」, 『韓國近代經濟史硏究』.

宮田浩人, 1965, 「國內にみる朝鮮政策の歪み-在日韓國朝鮮人處遇問題」, 『朝鮮政策の轉換を求める〈特集〉』.

金敬得, 1995, 『在日コリアンのアイデンテイテイと法的地位』, 明石書店.

金敬得, 2000, 「在日コリアンの法と權利」, 日本法社會學會 編, 『構造變容と法社會學』(3), 有斐閣.

金德龍, 2004, 『[增補改訂版]朝鮮學校の戦後史 1945-1972』, 社會評論社.

金成姫, 2012, 「1970年代在日同胞母國訪問事業に関する政治社會學的研究」, 松田素二・鄭根埴 編, 『コリアン・ディアスポラと東アジア社會』, 京都大學出版會.

金英達, 1992, 『日朝國交樹立と在日朝鮮人の國籍』, 明石書店.

金泰植, 2012, 「在外國民國政參政權と在日朝鮮人の國籍をめぐる政治, アテンスプウニウェルサリス」13卷 2號, 獨協大學國際教養學部.

內尙子, 2006, 『在日コリアンのアイデンテイテイ: 在日文學から見えてくるもの』, 明治學院論文.

勞動科學硏究所, 1943, 『半島勞務者勤勞狀況に關する調查報告』.

大沼保昭, 1946, 「〈資料と解說〉出入國管理法制の成立過程5」, 『法律時報』 50(8).

大阪市社會部調査課, 1924, 「朝鮮人勞動者問題」.

大阪市社會部調査課, 1929; 1931, 『本市に於ける朝鮮人の生活概況』.

大阪地方職業紹介事務局, 1929-1931, 『朝鮮人勞働者調査』.

稲富進, 1988, 『ムグンファの香り』, 亜紀書房.

東京府社會課, 1929,『在京朝鮮人勞動者の現狀』.
東京府社會課, 1936,『在京朝鮮人勞動者の現狀』.
東洋経済新報社 編, 1980,『昭和國勢総覧』下卷.
東洋経済新報社 編, 1991,『完結昭和國勢総覧』第1卷.
東洋拓殖株式會社, 1928,『東洋拓殖株式會社二十年誌』.
藤井光男 外編, 1979,『日本多國籍企業の史的展開』.
民族名おとりもどす會 編, 1990,『民族名おとりもどした日本籍朝鮮人』, 明石書店.
朴慶植, 1975a,「序文」,『在日朝鮮人關係資料集成』, 三一書房.
朴慶植, 1975b,「在日朝鮮人運動史」1,『三千里』1號(1975. 2).
朴慶植, 1975c,「在日朝鮮人運動史」2,『三千里』2號(1975. 5).
朴慶植, 1975d,「在日朝鮮人運動史」3,『三千里』3號(1975. 8).
朴慶植, 1975e,「在日朝鮮人運動史」4,『三千里』4號(1975. 11).
朴慶植, 1976a,「在日朝鮮人運動史」5,『三千里』5號(1976. 2).
朴慶植, 1976b,「在日朝鮮人運動史」6,『三千里』6號(1976. 5).
朴慶植, 1976c,「在日朝鮮人運動史」7,『三千里』7號(1976. 8).
朴慶植, 1979,『在日朝鮮人運動史』, 三一書房.
朴慶植, 1989,『解放後 在日朝鮮人運動史』, 三一書房.
朴三石, 1997,『日本のなかの朝鮮學校: 21世紀にはばたく』, 朝鮮青年社.
朴一, 1999,『在日という生き方』, 講談社.
朴賢珠, 2002,「韓國人ニュ__カマ-コミゅ二テイの形成と展開: 東京都新宿區を事例として」, 立正大學大學院文學研究科地理學專攻博士學位論文.
法務研修所,『在日朝鮮人處遇の推移と現狀』, 1955.
福岡正則, 1993,『在日朝鮮人・韓國人: 若い世代のアイデンテイテイ』, 中公文書.
福岡地方職業紹介事務局, 1929,『勞働調査』7-8.
福岡縣同和教育研究協議會 編, 1982,『在日朝鮮人兒童, 生徒の教育を考える: 日本學教に通う』, 福岡縣同和教育研究協議會.
山口縣警察部特別高等課, 1927,『來周朝鮮人特別査狀況』.
徐龍達先生還曆記念委員會, 1993,「徐龍達先生教育研究業績」,『アジア民族と韓朝鮮人』, 日本評論社.
細井綾女, 2010,「「コリアン・ジャパニ__ズ」・「ブ__ル」の呼称の変遷と國籍問題」,『言葉と文化』11, 名古屋大學大學院國際言語文化研究科日本言語文化專攻.
小林末夫, 1974,『在日朝鮮人勞動者と水平運動』, 部落問題研究所.
小澤有作, 1973,『在日朝鮮人教育論』[歷史編], 亞紀書房.

宋基燦, 2002a, 『「語られないもの」としての朝鮮學校-在日民族教育とアイデンティティ・ポリティクス』, 岩波書店.

宋基燦, 2012b, 「'語られないもの'としての朝鮮學校: 在日民族教育とアイデンテイテイポリテイクス」, 岩波書店.

宋基燦, 2012c, 『朝鮮學校』, 岩波書店.

手塚和彰, 1991, 『續外國人勞動者』, 日本經濟新聞社.

矢内原忠雄, 1937, 『殖民及植民政策』.

矢内原忠雄, 1937, 『帝國主義下の印度』, 大同書院.

神戸市社會課, 1930, 『神戸市要改善地區調査』, 昭和3年12月末.

神戸市役所社會課, 1922, 「在神半島民族の現狀」.

岩村登志夫, 1972, 『在日朝鮮人と日本勞動者皆級』, 校倉書房.

野入直美 外, 2007, 『多文化教育における'日本人性'の實證的研究』, 龍谷大學.

「エスニック集團の社會理論」(http://www.kwansei.ac.jp/s_sociology/kiyou/69/69-ch2.pdf).

奥田道大 編, 1995, 『コミュニティとエスニシティ』, 勁草書房.

外務大臣官房調査課, 1960, 『外務省調査月報』 1(9).

外務省, 『漢字からみた在日朝鮮人』, 1965.

原尻英樹, 1989, 『在日朝鮮人の生活世界』, 弘文堂.

尹健次, 2001, 『在日を考える』, 平凡社.

李月順, 2007, 「第8章 日本籍在日朝鮮人にみる複合的アイデンテイテイの摸索: 日本籍在日朝鮮人のエスニシテイ」, 野入直美 外, 『多文化教育における'日本人性'の實證的研究』, 龍谷大學.

李殷直, 2002, 『物語「在日」民族教育の夜明け 一九四五年一〇月～四八年一〇月』, 高文研.

李殷直, 2003, 『物語「在日」民族教育・苦難の道 一九四八一〇月～五四年四月』, 高文研.

李鍾久, 1991, 『現代日本の勞使關係と勞動者の對應』, 東京大學 博士學位論文.

日本内務省警保局, 1916; 1918; 1920, 『朝鮮人概況』.

日本内務省警保局, 1922, 『朝鮮人近況概要』.

日本内務省警保局, 1923, 『朝鮮人勞動者募集に關する件依命通牒』.

日本内務省警保局, 1925, 『在京朝鮮留學生概況』.

日本内務省警保局, 1929-1936; 1938-1943, 『社會運動の狀況』.

日本内務省警保局, 1937, 『特高月報』.

日本内務省警保局保安課, 1925-1926, 『大正十四年中に於ける在留朝鮮人の狀況』.

日本法務省, 2007-2017, 「在留外國人統計」(旧登録外國人統計)(http://www.moj.go.jp/

housei/toukei/toukei_ichiran_touroku.html).
日本法務省民事局,「帰化許可申請者数等の推移」(http://www.moj.go.jp/MINJI/toukei_t_minj03.html).
日本法務省出入國管理局, 1987,『出入國管理』.
日本法務省出入國管理局, 1989,『昭和63年上半期における上陸拒否者及び入國違反事件の概況について』.
日本法務省出入國管理局, 1990,『平成元年入管法違反事件の概況』.
日本法務研修所, 1955,『在日朝鮮人處遇の推移と現状』.
日本司法省, 1927,『內地に於ける朝鮮人と其犯罪』.
日本司法省刑事局, 1928,『朝鮮人問題』.
日本司法省刑事局, 1973,『朝鮮人の共産主義運動』, 東洋文化社.
林永彦, 2004,『韓國人企業家ーニューカマーの起業過程とエスニック資源』, 長崎出版.
財團法人入管協會, 1993,『平成5年版 在留外國人統計』.
財團法人入管協會, 2014-2016,『在留外國人統計』.
在日本大韓民國居留民團中央本部, 1978; 1981,『差別白書』2(5).
在日本朝鮮人人權協會, 2008,『人権と生活』26.
在日朝鮮科學技術協會, 1978,「在日朝鮮人の生活實態」, 小澤有作 編,『近代民衆の記錄第十卷在日朝鮮人』.
在日コリアンの日本國籍取得権確立協議會編, 2006,『在日コリアンに権利としての日本國籍を』, 明石書店.
田口純一, 1981,「在日コリアン研究の成果と問題點」,『名古屋大學文學部研究論集』81.
「戰時下の朝鮮人勞動者連行政策の展開と勞資関係」(http://www.kisc.meiji.ac.jp/-endokosh/Endo1987KoreanLab.pdf).
田中廣, 2005,「在日の權利闘争の五十年」, 上田正昭 外,『歴史のなかの在日』, 典藤原書店.
田中勝文, 1967,「戦前における在日朝鮮人子弟の教育」,『愛知県立女子短大紀要』18.
田中直樹, 1978,『在日朝鮮人研究』.
朝鮮慶尙南道警察部, 1928,「內地出稼朝鮮人勞動者狀態調査」.
朝鮮大學校民族教育研究所 編, 1991,『在日朝鮮人の民族教育の權利について: 朝・日關係改善と國際化の流れの中で(資料集)』, 學友書房.
朝鮮總督府, 1918,「勞動者募集取締規則」.
朝鮮總督府警務局, 1939,「朝鮮人勞動者內地渡航取締狀況」.
朝鮮總督府警察局東京出張員, 1924,『在京朝鮮人狀況』.
曺賢美, 1998,「在日韓國・朝鮮人集注化過程現像」,『日本語文學會』6.

竹中惠美子, 1970,「恐慌と戰爭下に於ける勞動市場の變貌」,『日本資本主義發達史論』3.
拓務大臣官房文書課 編, 1938,『拓務統計』, 昭和11年版.
拓務大臣官房文書課 編, 1941,『拓務統計』, 昭和14年版.
拓務省, 拓務大臣官房文書課 編, 1930,『拓務要覽』昭和4年版.
拓務省, 拓務大臣官房文書課 編, 1940,『拓務要覽』昭和14年版.
川崎地方自治研究センたー, 1992,『統計から見た川崎市內の外國人』.
樋口雄一, 1978,「在日朝鮮人部落の成立と展開」,『近代民衆の記録 10 在日朝鮮人』.
統一日報社, 1981,『在日朝鮮人名錄』, 統一日報社.
特別高等警察資料, 1929. 12; 1930. 1,『運動月報』.
坂中英德, 1999,『在日韓國・朝鮮人政策論の展開』, 日本加除出版株式會社.
坪江汕二, 1965,『在日本朝鮮人概況』.
坪江汕二, 1966,『朝鮮民族獨立運動秘史』, 巖南堂書店.
河合和男, 1983,「產米增殖計劃と 植民地農業の 展開」,『韓國近代經濟史硏究』.
黑川洋治, 2007,『在日朝鮮・韓國人と日本の精神醫療』, 批評社.

『경향신문』,『동아일보』,『문화일보』,〈민중의소리〉,『산케이 신문(産経新聞)』,『세계일보』,『시사저널』,『아사히 신문(朝日新聞)』,〈연합뉴스〉,『재외동포신문』,『조선신보』,『조선일보』,〈프레시안〉,『한겨레』,『한겨레21』

〈나는 가요, 도쿄 제2학교의 여름〉(https://www.youtube.com/watch?v=PHtlbfKI1kA).
사카이시 홈페이지(https://www.city.sakai.lg.jp/shisei/tokei/jinkoudoutaitou/kokuseki.html).
재일본대한민국민단 홈페이지(www.mindan.org, 검색일: 2017년 11월 18일. 2018년 민단 홈페이지의 개편으로 본문에서 참고한 민단 자료의 출처에 변동이 있을 수 있음을 알려 둔다).
재일본한국인연합회 홈페이지(http://www.haninhe.com).
조선학교와 함께하는 사람들 몽당연필 홈페이지(www.mongdang.org).

찾아보기

지은이 소개

정진성(鄭鎭星)

서울대학교 사회과학대학 사회학과 명예교수(chungcs@snu.ac.kr)

주요 이력
서울대학교 사회학과 학사, 동 대학원 석사
미국 시카고대학 사회학 박사

덕성여자대학교 사회학과 교수
서울대학교 사회과학대학 사회학과 교수
서울대학교 여성연구소 소장
서울대학교 사회발전연구소 소장
서울대학교 인권센터 센터장
서울대학교 여교수회 회장
일본 도쿄대학 사회과학연구소 초빙교수
일본 규슈대학 한국학연구소 초빙교수
한국여성학회 회장
한국사회학회 회장
한국인권학회 회장
한국정신대연구소 소장
한국정신대문제대책협의회 공동대표
한국 유엔인권정책센터 공동대표
한일역사공동연구위원회 위원
유엔 인권소위원회 위원
유엔 인권이사회 자문위원
유엔 인종차별철폐위원회 위원

주요 논저
『유엔과 인권규범의 형성』(나남, 2019)
『끌려가다, 버려지다, 우리 앞에 서다』 1, 2(공저, 푸른역사, 2018)

『일본군 '위안부' 관계 미국 자료』 I, II(편, 선인, 2018)
『식민권력과 근대지식: 경성제국대학 연구』(공저, 서울대학교출판문화원, 2017)
『일본군 성노예제』(서울대학교출판문화원, 2004; 2016)
『인권으로 읽는 동아시아: 한국과 일본의 인권 개선조건』(공저, 서울대학교출판문화원, 2014)
『경계의 여성들』(편저, 한울, 2013)
『위험사회, 위험정치』(공저, 서울대학교출판문화원, 2010)
『한국사회의 트렌드를 읽는다』(공저, 서울대학교출판문화원, 2010)
『여성의 눈으로 본 한일 근현대사』(편저, 한울, 2005)
『한국현대여성사』(편저, 한울, 2004)
『근·현대 한일관계와 재일동포』(공저, 서울대학교출판부, 2002)
『일본의 도시사회』(공저, 서울대학교출판부, 2002)
『현대일본의 사회운동론』(나남, 2001)
『모성의 담론과 현실』(공저, 나남, 1999)
『페미니즘과 포스트모더니즘의 만남』(공편역, 한울, 1997)